Zhōngguó zhī chuāng

新版 第2版

中国之

认识真实的邻国

窗

中国の窓——
真実の隣国を知ろう

村松恵子・前田光子・董紅俊 著

JN024315

白帝社

まえがき

　本テキストは主に大学で使うための中級者向け講読用テキストで、全24課の構成です。今回、すでに出版されている『新版・中国之窗（中国の窓）』の内容を書き改め、『新版・中国之窗　第2版』としました。

　テキストの内容のコンセプトは、中級程度の中国語読解力養成と、「中国」という地域に対する深い理解にあります。このコンセプトに従い、昨今の中国の大きな変化を踏まえて、今回、第一課から第八課までの内容を全面的に書き改めました。

　以下で、本書の構成の特徴と、講義の進め方について、詳細に説明していきます。

＜構成の特徴＞

(1)　6編の構成：本テキストは、①都市編、②社会・世相編、③歴史遺産編、④歴史人物編、⑤成語編、⑥日中交流歴史編の6編の構成となっています。今回、新たに①都市編（第一課から第四課）と②社会・世相編（第五課から第八課）の内容を全面的に書き改めました。

(2)　24課の構成：各編4課ずつで、合計24課です。

(3)　「基礎知識」：各課の最初に「基礎知識」というコーナーを設け、各課の本文の内容を理解するための導入となる基礎的知識を、日本語で説明しています。

(4)　「本文」：各課の「本文」には、その課の中国語の本文が、分かち書きせず、ピンインも書かれていない、本来の中国語の文章の状態で載せてあります。

(5)　「本文を中国語で発音し、精読していきましょう」：ここでは、本文を分かち書きし、さらにピンインが書かれています。

(6)　目次裏のQRコード：これを読み取ることで、ネイティブの発音を聞くことができます。

＜構成の特徴＞

(1)　24課について：必ずしも第一課から順に第二十四課まで読み進めていく必要はありません。興味のある課から精読していくことができるように、各課にある「語注」には重複したものがあります。

(2)　「基礎知識」：各課の本文の内容を理解する導入となる部分ですから、必ずこの「基礎知識」を読んで内容を理解してから、本文に入ってください。

(3)　「本文」：これが本来の中国語の文章です。ここを見て発音することができ、内容も理解できる人は、是非ここを精読してください。

(4)　「本文を中国語で発音し、精読していきましょう」：「本文」が中国語で発音できない場合には、ここを教材として、内容を理解していきましょう。そして最後に「本文」に戻ってもう一度精読してみると、中国語読解力がグーンとアップします。

(5)　目次裏のQRコード：ネイティブの発音を何度も聞いて、ぜひ耳から中国語に慣れる努力もしてください。

著　者

目　次

● 付録　「中華人民共和国政府と日本国政府の共同声明」
　　　　中国歴史年表
　　　　中国全図

WEB 上での音声無料ダウンロードサービスについて

■ 『新版 中国之窓 第 2 版』の音声ファイル（MP3）を無料でダウンロードできます。
「白帝社　中国之窓 第 2 版」で検索、または下記サイトにアクセスしてください。

・ https://www.hakuteisha.co.jp/news/n54866.html
・ スマートフォンからアクセスする場合は
QR コードを読み取ってください。

■ 本文中の DL マークの箇所が音声ファイル（MP3）提供箇所です。
■ ファイルは ZIP 形式で圧縮された形でダウンロードされます。
■ ファイルは「すべて」と「各課」ごとに選んでダウンロードすることができます。

※ パソコンやスマートフォンなどにダウンロードしてご利用ください。ご使用機器、音声
再生ソフトに関する技術的なご質問は、各メーカーにお問い合わせください。本テキス
トと音声は著作権法で保護されています。

Zhōngguó

zhī chuāng

城市篇

北京

基礎知識

　　北京市は中華人民共和国の首都であり、直轄市の一つです。面積は日本の四国に相当し、2022 年の戸籍人口は約 1400 万人、常住人口は約 2200 万人です。常住人口の中の数百万人は、北京の戸籍を持たない "北漂族（北京をさすらう人々）" と呼ばれる常住外来者です。彼らの多くは農村からの出稼ぎ労働者で、この他 IT 企業で働く高学歴者もいます。

　　北京は華北平原北部に位置し、ここは東北地方やモンゴルと、中華文明の発源である中原地域の中間地点で、金、元、明、清の各王朝が都を置きました。1928 年に中華民国政府は南京を首都としましたが、1949 年の中華人民共和国成立により、再び首都となりました。このように北京は都としての長い歴史を持ち、世界遺産だけでも 7 か所（本文に記述）あり、その他、歴史文化遺産としては "胡同" や "四合院"（語注 8、9）などがあります。

　　北京は政治、文化、教育と交通の中心です。現在、北京の「大都市病」を解決するため、北京市の南東部に位置する通州区を北京の副都心にする建設が進んでおり、また河北省には 2017 年から "雄安新区"（語注 17）の建設が進められています。ここは北京から約 100 km離れたところで、ハイテク都市計画構想で注目されています。

　　また北京には、90 余りの高等教育機関および科学研究機関があります。海淀区には「中国のシリコンバレー」と呼ばれる中関村サイエンスパークがあり、そこにはレノボや百度を代表とする 2 万社余りのハイテク企業が集積しています。

　　さらに北京は中国の鉄道輸送と自動車交通輸送の要の都市で、高速鉄道や高速道路は全国各都市とつながっています。また北京市内の公共交通はとても便利で、スマホで「北京市政交通カード」アプリをダウンロードして、地下鉄や路線バスなどに乗車できます。

本文

　　北京位于华北平原北部，历史悠久，名胜古迹众多，光世界遗产就有长城、周口店北京猿人遗址、故宫、颐和园、天坛、明清皇家陵寝和京杭运河等七处。还有，到了北京，最好能到胡同和四合院逛逛，了解一下老百姓的生活。

　　北京是中国的首都，是中国的政治、文化、教育和交通中心，也是绝大多数国企总部所在地。天安门广场位于北京的正中心，周围有人民大会堂、国家博物馆等有名的建筑。外国元首访问中国的时候，往往在天安门广场举行欢迎仪式，在人民大会堂里举行首脑会谈。为了解决北京的 "大城市病"，有序疏解北京非首都功能，调整经济结构和空间结构，一方面在把通州区建成北京城市副中心，另一方面在大力推动 "千年大计" 雄安新区建设，这被官方称为 "京津冀协同发展"。

　　在这座现代化的大都市里生活着两千多万人，其中包括数百万没有北京户口，被称为 "北漂族" 的常住外来人口。"北漂族" 中有当保姆和农民工的，也有在 IT 公司工作的，或者在演艺圈追逐梦想的，拥有高学历的人也不少。

　　北京有北京大学、清华大学、人民大学等九十多所高等院校，以及中国科学院、社会科学院等许多科研机构。在北京的文教区海淀区里，有一个被誉为 "中国的硅谷" 的中关村科技园区，那里聚集着以联想、百度等为代表的两万多家高新技术企业。

　　在北京，不仅可以品尝到宫廷菜、北京烤鸭、涮羊肉等特色菜，还可以品尝到全国各地的名菜。要是您是一位美食家，建议您去尝尝价廉物美的驴打滚、糖耳朵、炒肝儿等传统小吃，更别忘了来一碗老北京最爱吃的炸酱面。

　　北京是中国铁路运输和公路交通运输的枢纽城市，高铁、高速公路将北京和全国各地众多城市连接起来。北京市内公共交通发达，可以利用便利的 "北京市政交通一卡通" 乘坐地铁、轻轨、公共汽车等。随着智能手机的普及，下载北京一卡通 app，扫码乘车的年轻人越来越多了。

　　朋友，别犹豫了，抽时间去北京看看吧，相信您不会失望的！

本文を中国語で発音し、精読していきましょう。

DL 1

北京　位于　华北平原　北部，历史　悠久，名胜古迹[1]　众多，
Běijīng　wèiyú　Huáběi-píngyuán　běibù,　lìshǐ　yōujiǔ,　míngshèng-gǔjì　zhòngduō,

光[2]　世界遗产　就　有　长城、周口店　北京猿人　遗址、故宫[3]、
guāng　shìjiè-yíchǎn　jiù　yǒu　Chángchéng、Zhōukǒudiàn　Běijīng-yuánrén　yízhǐ、Gùgōng、

颐和园[4]、天坛[5]、明　清　皇家　陵寝[6]　和　京杭　运河[7]　等　七处。
Yíhéyuán、Tiāntán、Míng　Qīng　huángjiā　língqǐn　hé　Jīng-Háng　yùnhé　děng　qī-chù.

还有，到了　北京，最好　能　到　胡同[8]　和　四合院[9]　逛逛，了解
Háiyǒu,　dàole　Běijīng,　zuìhǎo　néng　dào　hútòng　hé　sìhéyuàn　guàngguang,　liǎojiě

一下　老百姓[10]　的　生活。
yíxià　lǎobǎixìng　de　shēnghuó.

北京　是　中国　的　首都，是　中国　的　政治、文化、
Běijīng　shì　Zhōngguó　de　shǒudū,　shì　Zhōngguó　de　zhèngzhì、wénhuà、

教育　和　交通　中心，也　是　绝大　多数　国企[11]　总部　所在地。
jiàoyù　hé　jiāotōng　zhōngxīn,　yě　shì　juédà　duōshù　guóqǐ　zǒngbù　suǒzàidì.

天安门广场　位于　北京　的　正　中心，周围　有　人民大会堂[12]、
Tiān'ānmén-guǎngchǎng　wèiyú　Běijīng　de　zhèng　zhōngxīn,　zhōuwéi　yǒu　Rénmín-dàhuìtáng、

国家博物馆　等　有名　的　建筑。外国　元首　访问　中国
Guójiā-bówùguǎn　děng　yǒumíng　de　jiànzhù.　Wàiguó　yuánshǒu　fǎngwèn　Zhōngguó

的　时候，往往　在　天安门广场　举行　欢迎　仪式，在
de　shíhou,　wǎngwǎng　zài　Tiān'ānmén-guǎngchǎng　jǔxíng　huānyíng　yíshì,　zài

人民大会堂里　举行　首脑　会谈。为了[13]解决　北京　的　"大城市病"，
Rénmín-dàhuìtángli　jǔxíng　shǒunǎo　huìtán.　Wèile　jiějué　Běijīng　de　"dàchéngshì-bìng",

有序[14]　疏解[15]　北京　非　首都　功能，调整　经济　结构　和　空间
yǒuxù　shūjiě　Běijīng　fēi　shǒudū　gōngnéng,　tiáozhěng　jīngjì　jiégòu　hé　kōngjiān

語注

1.	名胜古迹　míngshèng-gǔjì	名所旧跡
2.	光　guāng	～だけ
3.	故宫　Gùgōng	明，清時代の宮殿，紫禁城。現在は「故宫博物院」
4.	颐和园　Yíhéyuán	皇帝が行幸する際の仮の宮居。西太后が命名した
5.	天坛　Tiāntán	皇帝が五穀豊穣を祈願した場所。現在は「天壇公園」
6.	明清皇家陵寝　Míng Qīng huángjiā língqǐn	明清時代の皇室陵墓群
7.	京杭运河　Jīng-Háng yùnhé	北京から杭州までを結ぶ，全長 1,794km に及ぶ大運河。

途中，黄河と長江を横断

8.	胡同　hútòng	北京の路地，横丁
9.	四合院　sìhéyuàn	北京の旧い伝統的な住居
10.	老百姓　lǎobǎixìng	一般庶民
11.	国企　guóqǐ	国有企業
12.	人民大会堂　Rénmín-dàhuìtáng	国家最高権力機関である「全国人民代表大会」が開催される場所
13.	为了～　wèile～	～のために
14.	有序　yǒuxù	秩序正しい
15.	疏解　shūjiě	流れをよくする

结构， 一方面 在 把 <u>通州区</u>[16] 建成 <u>北京</u> 城市 副 中心，
jiégòu, yìfāngmiàn zài bǎ Tōngzhōuqū jiànchéng Běijīng chéngshì fù zhōngxīn,

另 一方面 在 大力 推动 "千年 大计" <u>雄安新区</u>[17] 建设， 这
lìng yìfāngmiàn zài dàlì tuīdòng "qiānnián dàjì" Xióng'ānxīnqū jiànshè, zhè

被 官方[18] 称为 "<u>京津冀</u>[19] 协同 发展"。
bèi guānfāng chēngwéi "Jīng-Jīn-Jì xiétóng fāzhǎn".

在 这座 现代化 的 大都市里 生活着 两千多万人， 其中
Zài zhè-zuò xiàndàihuà de dàdūshìli shēnghuózhe liǎngqiānduōwàn-rén, qízhōng

包括 数百万 没有 <u>北京</u> 户口， 被 称为 "北漂族" 的 常住
bāokuò shùbǎiwàn méiyou Běijīng hùkǒu, bèi chēngwéi "Běipiāozú" de chángzhù

外来 人口。 "北漂族" 中 有 当 保姆[20] 和 农民工[21] 的， 也 有
wàilái rénkǒu. "Běipiāozú" zhōng yǒu dāng bǎomǔ hé nóngmíngōng de, yě yǒu

在 IT 公司 工作 的， 或者 在 演艺圈[22] 追逐 梦想 的， 拥有[23]
zài IT gōngsī gōngzuò de, huòzhě zài yǎnyìquān zhuīzhú mèngxiǎng de, yōngyǒu

高学历 的 人 也 不 少。
gāoxuélì de rén yě bù shǎo.

<u>北京</u> 有 <u>北京大学</u>[24]、 <u>清华大学</u>[25]、 <u>人民大学</u>[26] 等 九十多所
Běijīng yǒu Běijīng-dàxué、 Qīnghuá-dàxué、 Rénmín-dàxué děng jiǔshíduō-suǒ

高等 院校[27]， 以及 中国科学院、 社会科学院 等 许多
gāoděng yuànxiào, yǐjí Zhōngguó-kēxuéyuàn、 Shèhuì-kēxuéyuàn děng xǔduō

科研 机构[28]。 在 <u>北京</u> 的 文教区[29] <u>海淀区里</u>， 有 一个 被 誉为
kēyán jīgòu. Zài Běijīng de wénjiàoqū Hǎidiànqūli, yǒu yíge bèi yùwéi

"<u>中国</u> 的 硅谷[30]" 的 <u>中关村</u> 科技园区， 那里 聚集着 以[31] 联想[32]、
"Zhōngguó de Guīgǔ" de Zhōngguāncūn kējìyuánqū, nàli jùjízhe yǐ Liánxiǎng、

---

16. 通州区 Tōngzhōuqū 北京市14区の1つ。
北京市の南東に位置する。2019年に東京の
文京区と友好都市提携調印
17. 雄安新区 Xióng'ānxīnqū 2017年に河北
省に設置された国家レベルの新区。1980年の
「深圳経済特区」，1992年の「上海浦東新区」
に次ぐビッグプロジェクト。スマートシティー
の先駆けとして注目され，将来的には，東京
都に匹敵する規模の開発が構想されている
18. 官方 guānfāng 政府当局
19. 京津冀 Jīng-Jīn-Jì 北京市，天津市，河北
省のこと
20. 保姆 bǎomǔ ベビーシッター
21. 农民工 nóngmíngōng 農村からの出稼ぎ労
働者
22. 演艺圈 yǎnyìquān 芸能界
23. 拥有 yōngyǒu (学歴や財産などを) 持つ

24. 北京大学 Běijīng-dàxué 第八課参照
25. 清华大学 Qīnghuá-dàxué 第八課参照
26. 人民大学 Rénmín-dàxué 1950年新中国
が設立した最初の大学（前身は1937年に，
中国共産党によって創立された陝北公学）
27. 高等院校 gāoděng yuànxiào 単科大学，
総合大学及び「高等専科学校」を含む教育機関
28. 科研机构 kēyán jīgòu 科学研究機関
29. 文教区 wénjiàoqū 文教地区。住宅地で大学
や研究所等の教育研究施設や文化施設がまと
まった地区
30. 硅谷 Guīgǔ シリコンバレー。米国カリフォルニ
ア州サンフランシスコ・ベイエリアにある
31. 以A为B yǐ A wéi B AをBとする
32. 联想 Liánxiǎng レノボ。世界的なパソコ
ンメーカー。本社は北京にある

百度[33] 等 为 代表 的 两万多家 高新技术 企业。
Bǎidù děng wéi dàibiǎo de liǎngwànduō-jiā gāoxīnjìshù qǐyè.

在 北京，不仅[34] 可以 品尝到 宫廷菜、北京烤鸭[35]、涮羊肉[36]
Zài Běijīng, bùjǐn kěyǐ pǐnchángdào gōngtíngcài、 Běijīng-kǎoyā、 shuànyángròu

等 特色 菜，还 可以 品尝到 全国 各地 的 名菜。要是 您 是
děng tèsè cài, hái kěyǐ pǐnchángdào quánguó gèdì de míngcài. Yàoshi nín shì

一位 美食家，建议[37] 您 去 尝尝 价廉物美[38] 的 驴打滚[39]、糖耳朵[40]、
yí-wèi měishíjiā, jiànyì nín qù chángchang jiàliánwùměi de lúdǎgǔn、 táng'ěrduo、

炒肝儿[41] 等 传统 小吃，更 别 忘了 来 一碗 老北京 最
chǎogānr děng chuántǒng xiǎochī, gèng bié wàngle lái yì-wǎn lǎoběijīng zuì

爱 吃 的 炸酱面[42]。
ài chī de zhájiàngmiàn.

北京 是 中国 铁路 运输 和 公路[43] 交通 运输 的 枢纽[44]
Běijīng shì Zhōngguó tiělù yùnshū hé gōnglù jiāotōng yùnshū de shūniǔ

城市，高铁[45]、高速 公路 将[46] 北京 和 全国 各地 众多 城市
chéngshì, gāotiě、 gāosù gōnglù jiāng Běijīng hé quánguó gèdì zhòngduō chéngshì

连接起来。北京 市内 公共 交通 发达，可以 利用 便利 的
liánjiēqilai. Běijīng shìnèi gōnggòng jiāotōng fādá, kěyǐ lìyòng biànlì de

"北京市政交通一卡通[47]" 乘坐 地铁、轻轨[48]、公共 汽车 等。
"Běijīng-shìzhèng-jiāotōng-yìkǎtōng" chéngzuò dìtiě、 qīngguǐ、 gōnggòng qìchē děng.

随着 智能 手机[49] 的 普及，下载[50] 北京一卡通app[51]，扫 码[52] 乘 车
Suízhe zhìnéng shǒujī de pǔjí, xiàzài Běijīng-yìkǎtōng app, sǎo mǎ chéng chē

的 年轻人 越 来 越 多 了。
de niánqīngrén yuè lái yuè duō le.

朋友，别 犹豫[53] 了，抽 时间 去 北京 看看 吧，相信 您
Péngyou, bié yóuyù le, chōu shíjiān qù Běijīng kànkan ba, xiāngxìn nín

不 会 失望 的！
bú huì shīwàng de!

---

33. 百度 Bǎidù バイドゥ。中国最大の検索エンジン会社
34. 不仅A, 还B bùjǐn A, hái B Aだけでなく，さらにBでもある
35. 北京烤鸭 Běijīng-kǎoyā 北京ダック
36. 涮羊肉 shuànyángròu 羊肉のシャブシャブ
37. 建议 jiànyì 提案する
38. 价廉物美 jiàliánwùměi 値段が安くて品物が良い
39. 驴打滚 lúdǎgǔn 黄粉や砂糖をまぶした粟餅
40. 糖耳朵 táng'ěrduo 耳の形をした甘い油菓子
41. 炒肝儿 chǎogānr 豚の大腸に肝臓を少し加えて醤油で煮込んだもの
42. 炸酱面 zhájiàngmiàn ジャージャー麺

43. 公路 gōnglù 自動車道路
44. 枢纽 shūniǔ 中枢，かなめ
45. 高铁 gāotiě 高速鉄道
46. 将 jiāng 〈書き言葉〉"把"と同じ
47. 北京市政交通一卡通 Běijīng-shìzhèng-jiāotōng-yìkǎtōng 北京市政交通カード。TOICA, Suica のような交通系IC カード
48. 轻轨 qīngguǐ ライトレール
49. 智能手机 zhìnéng shǒujī スマホ
50. 下载 xiàzài ダウンロードする
51. app アプリ
52. 扫码 sǎo mǎ QR コードやバーコードを読み取る
53. 犹豫 yóuyù 躊躇する

上海

🌑 基礎知識

　　中国の戦国時代（前 403〜前 221）、今の上海のあたりは「楚」という国の領土でした。楚の政治家であった「春申君」は、国勢の傾いた楚を立て直したため、のちに「戦国四君」と呼ばれました。そのため上海は「申城」とも呼ばれています。

　　上海が世界的に名を知られるようになったのは「アヘン戦争」以降のことです。「南京条約」（1842 年締結）によって条約港として開港し、「租界」（治外法権地域）が設けられました。また 19 世紀後半に商工業が発展し、「東洋のパリ」と呼ばれる都市となりました。

　　現在の上海市は直轄市の一つで、2022 年の戸籍人口は約 1500 万人、常住人口は約 2500万人です。そして中国最大の国際的な経済・貿易・金融の都市であり、その象徴として、上海証券取引所や上海先物取引所、上海港（中国最大の貿易港）、上海自由貿易区（中国初の自由貿易区）、浦東国際空港（中国三大国際空港の一つ）などがあります。

　　上海市内には黄浦江と呼ばれる河川があり、この川の西側は浦西と呼ばれ、浦西の外灘には、租界時代の西洋建築物が多数残されています。東側は浦東と呼ばれ、鄧小平の「南巡講話」（語注 18、19）以後に開発された浦東新区（語注 20）が現在も発展を続けています。

　　現在、上海には 6 千余りの日系企業があり、その数は中国 1 位で、4 万人近くの日本人が生活しています。その理由は、インフラが整備され、市内に 60 以上の高等教育機関があり、日本人向けのスーパー、医療機関などが整備されていることが挙げられます。

　　中国共産党の誕生地であり、また国家レベルの歴史文化都市でもある上海には、名所旧跡（本文に記述）が多数あります。このような歴史を持つ上海の文化は、江南文化と欧米文化が融合していて「上海スタイル文化」と称され、開放的で多様性と創造性が豊かです。

🌑 本文

　　上海简称"沪"，别名"申城"，它是中国现代工业的摇篮，早在上个世纪二、三十年代，就已经发展成东亚最大的城市和工商业中心，被誉为"东方巴黎"。

　　上海是四大直辖市之一，是中国国际经济、贸易和金融中心，有上海证券交易所、上海期货交易所等等。它还是中国的航运中心，上海港是世界最大的国际贸易港。上海自由贸易区是中国首个自由贸易区，浦东国际机场是中国三大国际机场之一。上海的发展，带动着中国的发展，也为世界经济的发展做着重要贡献。

　　在上海市内，有一条叫黄浦江的河流。它是上海的母亲河，也是一条黄金水道。人们把这条河的西侧叫浦西，把东侧叫浦东。在浦西的外滩，租界时代留下的众多西方建筑代表着这个城市昔日的繁华。位于浦西的南京路一年四季都熙熙攘攘的，热闹非凡。而浦东呢，过去阡陌纵横，发展滞后。1992 年邓小平"南巡讲话"发表后，国家级新区浦东新区成立，从此获得了日新月异的发展。

　　上海有六千多家日资企业，居中国首位，有近四万名日本侨民。上海为什么受到日本人青睐呢？这个国际化大都市不仅基础设施建设得好，而且市民普遍素质高，政府部门办事效率高。还有，面向日本人的超市、餐厅、医疗机构等很多，便于生活。上海和日本之间的航班相当多，空中交通便利。再加上教育发展水平高，全市有 60 多所高校，其中包括复旦大学、同济大学、上海交通大学等名牌大学，因而有丰富的人力资源。

　　上海是中国共产党的诞生地，是国家历史文化名城。名胜古迹有豫园、玉佛寺、静安寺、孙中山故居、鲁迅故居等等。2016 年开园的上海迪士尼乐园，在纯正的迪士尼风格之上，融汇了中国风，受到国内外游客的欢迎。

　　上海的文化被称为"海派文化"，它是在江南文化的基础上，借鉴、融汇了欧美文化形成的，具有开放性、多元性和创造性，这种独具一格的文化体现在文学、建筑、戏曲、音乐、饮食等各个方面。如果您有机会在上海生活一段时间，一定能品味到海派文化的妙处。

本文を中国語で発音し、精読していきましょう。 ■■■■■■■■■■■■■■■■

DL 2

上海 简称 "沪[1]", 别名 "申城", 它 是 中国 现代 工业
Shànghǎi jiǎnchēng "Hù", biémíng "Shēnchéng", tā shì Zhōngguó xiàndài gōngyè

的 摇篮[2], 早在 上个 世纪 二、三十 年代, 就 已经 发展成
de yáolán, zǎo zài shàngge shìjì èr、sānshí-niándài, jiù yǐjīng fāzhǎnchéng

东亚[3] 最大 的 城市 和 工商业 中心, 被 誉为 "东方 巴黎".
Dōng-Yà zuìdà de chéngshì hé gōngshāngyè zhōngxīn, bèi yùwéi "dōngfāng Bālí".

上海 是 四大 直辖市 之 一, 是 中国 国际 经济、贸易 和
Shànghǎi shì sìdà zhíxiáshì zhī yī, shì Zhōngguó guójì jīngjì、màoyì hé

金融 中心, 有 上海证券交易所、 上海期货[4]交易所 等等.
jīnróng zhōngxīn, yǒu Shànghǎi-zhèngquàn-jiāoyìsuǒ、Shànghǎi-qīhuò-jiāoyìsuǒ děngděng.

它 还 是 中国 的 航运[5] 中心, 上海港 是 世界 最大 的
Tā hái shì Zhōngguó de hángyùn zhōngxīn, Shànghǎigǎng shì shìjiè zuìdà de

国际 贸易港。 上海 自由 贸易区[6]是 中国 首个[7] 自由 贸易区,
guójì màoyìgǎng. Shànghǎi zìyóu màoyìqū shì Zhōngguó shǒu-ge zìyóu màoyìqū,

浦东 国际 机场 是 中国 三大 国际 机场[8] 之 一。 上海 的
Pǔdōng guójì jīchǎng shì Zhōngguó sāndà guójì jīchǎng zhī yī. Shànghǎi de

发展, 带动[9]着 中国 的 发展, 也 为 世界 经济 的 发展 做着
fāzhǎn, dàidòngzhe Zhōngguó de fāzhǎn, yě wèi shìjiè jīngjì de fāzhǎn zuòzhe

重要 贡献。
zhòngyào gòngxiàn.

在 上海 市内, 有 一条 叫 黄浦江[10] 的 河流。 它 是 上海
Zài Shànghǎi shìnèi, yǒu yì-tiáo jiào Huángpǔjiāng de héliú. Tā shì Shànghǎi

的 母亲河, 也 是 一条 黄金 水道[11]。 人们 把 这条 河 的 西侧
de mǔqīnhé, yě shì yì-tiáo huángjīn shuǐdào. Rénmen bǎ zhè-tiáo hé de xīcè

叫 浦西, 把 东侧 叫 浦东。 在 浦西 的 外滩[12], 租界[13] 时代
jiào Pǔxī, bǎ dōngcè jiào Pǔdōng. Zài Pǔxī de Wàitān, zūjiè shídài

語注

1. 沪 Hù 滬, コ, 上海の別称
2. 摇篮 yáolán ゆりかご。文化などの発祥地
3. 东亚 Dōng-Yà 東アジア
4. 期货 qīhuò 先物取引商品
5. 航运 hángyùn 水上運輸事業の総称
6. 自由贸易区 zìyóu màoyìqū 輸出入貨物に関税を課さないなどの，税法上の優遇を受けている地域
7. 首个 shǒu-ge 初の

8. 中国三大国际机场 Zhōngguó sāndà guójì jīchǎng 北京首都国際空港, 上海浦東国際空港, 広州白雲国際空港
9. 带动 dàidòng 先導する, 促進する
10. 黄浦江 Huángpǔjiāng コウホコウ
11. 黄金水道 huángjīn shuǐdào ある国の貨物輸送量の一番多い河川を指す。長江は中国の「黄金水道」と呼ばれる
12. 外滩 Wàitān ワイタン, 上海バンド
13. 租界 zūjiè 19世紀後半から中国の港町に設けられた，治外法権の外国租借地

留下 的 众多 西方 建筑 代表着 这个 城市 昔日 的 繁华。
liúxià de zhòngduō xīfāng jiànzhù dàibiǎozhe zhège chéngshì xīrì de fánhuá.

位于 浦西 的 南京路[14] 一年 四季 都 熙熙攘攘[15] 的，热闹 非凡。
Wèiyú Pǔxī de Nánjīnglù yìnián sìjì dōu xīxīrǎngrǎng de, rènao fēifán.

而 浦东 呢，过去 阡陌 纵横[16]，发展 滞后[17]。 1992 年 邓小平[18]
Ér Pǔdōng ne, guòqù qiānmò zònghéng, fāzhǎn zhìhòu. Yījiǔjiǔ'èr-nián Dèng-Xiǎopíng

"南巡讲话[19]" 发表 后，国家级 新区 浦东新区[20] 成立，从此
"Nánxún-jiǎnghuà" fābiǎo hòu, guójiājí xīnqū Pǔdōngxīnqū chénglì, cóngcǐ

获得了 日新月异[21] 的 发展。
huòdéle rìxīnyuèyì de fāzhǎn.

上海 有 六千多家 日资 企业，居 中国 首位，有 近
Shànghǎi yǒu liùqiānduō-jiā Rìzī qǐyè, jū Zhōngguó shǒuwèi, yǒu jìn

四万名 日本 侨民[22]。 上海 为什么 受到 日本人 青睐[23] 呢?
sìwàn-míng Rìběn qiáomín. Shànghǎi wèishénme shòudào Rìběnrén qīnglài ne?

这个 国际化 大都市 不仅[24] 基础 设施[25] 建设得 好，而且 市民 普遍
Zhège guójìhuà dàdūshì bùjǐn jīchǔ shèshī jiànshède hǎo, érqiě shìmín pǔbiàn

素质 高，政府 部门[26] 办事 效率 高。还有，面向[27] 日本人 的
sùzhì gāo, zhèngfǔ bùmén bànshì xiàolù gāo. Háiyǒu, miànxiàng Rìběnrén de

超市、 餐厅、 医疗 机构 等 很 多，便于 生活。 上海 和 日本
chāoshì, cāntīng, yīliáo jīgòu děng hěn duō, biànyú shēnghuó. Shànghǎi hé Rìběn

之间 的 航班[28] 相当 多， 空中 交通[29] 便利。 再 加上 教育
zhījiān de hángbān xiāngdāng duō, kōngzhōng jiāotōng biànlì. Zài jiāshang jiàoyù

发展 水平 高，全 市 有 60 多所 高校[30]，其中 包括 复旦大学[31]、
fāzhǎn shuǐpíng gāo, quán shì yǒu liùshíduō-suǒ gāoxiào, qízhōng bāokuò Fùdàn-dàxué、

---

14. 南京路 Nánjīnglù 上海一の繁華街で，ほとんどが歩行者天国になっている
15. 熙熙攘攘 xīxīrǎngrǎng 成語 人の往来が盛んでにぎやかなこと
16. 阡陌纵横 qiānmò zònghéng あぜ道が縦横に通っている
17. 滞后 zhìhòu 立ち遅れている
18. 邓小平 Dèng-Xiǎopíng 鄧小平，トウショウヘイ（1904～1997）。1978 年に改革・開放政策をスタートさせた政治家。"改革" は経済体制の全面的改革，"开放" は対外開放政策のこと
19. 南巡讲话 Nánxún-jiǎnghuà 南巡講話。1992 年に鄧小平が南方各地を視察した際に，地方幹部たちに語ったことをまとめたもの
20. 浦东新区 Pǔdōngxīnqū 面積 1210 平方km（東京 23 区の 2 倍近くで，上海市の約 5 分の 1），常住人口約 577 万人（上海市の常

住人口の約 5 分の 1）
21. 日新月异 rìxīnyuèyì 成語 日進月歩
22. 侨民 qiáomín 本国に国籍があるが，外国で暮らしている人のこと
23. 青睐 qīnglài 歓迎。書き言葉
24. 不仅 A，而且 B bùjǐn A, érqiě B A だけでなく，かつ B である
25. 基础设施 jīchǔ shèshī インフラ
26. 政府部门 zhèngfǔ bùmén 役所
27. 面向～ miànxiàng ～のために配慮する
28. 航班 hángbān 飛行機の便
29. 空中交通 kōngzhōng jiāotōng 飛行機のこと
30. 高校 gāoxiào "高等学校"の略。総合大学，単科大学など，大学レベルの学校の総称
31. 复旦大学 Fùdàn-dàxué 復旦大学。1905 年に創立した国立総合大学で，北の北京大学，南の復旦大学とも言われている

同济大学³²、　　上海交通大学³³　　等　　名牌　　大学，　因而　有　丰富　的
Tóngjì-dàxué、　Shànghǎi-jiāotōng-dàxué　děng　míngpái　dàxué,　yīn'ér　yǒu　fēngfù　de

人力　资源。
rénlì　zīyuán.

　　上海　是　中国　共产党³⁴　的　诞生地，是　国家　历史　文化
　　Shànghǎi　shì　Zhōngguó　gòngchǎndǎng　de　dànshēngdì,　shì　guójiā　lìshǐ　wénhuà

名城。　　名胜古迹³⁵　有　豫园³⁶、玉佛寺³⁷、静安寺³⁸、孙中山³⁹　故居、
míngchéng. Míngshèng-gǔjì　yǒu　Yùyuán、Yùfósì、Jìng'ānsì、Sūn-Zhōngshān　gùjū、

鲁迅⁴⁰　故居　等等。　　2016 年　开园　的　上海迪士尼乐园⁴¹，　在
Lǔ-Xùn　gùjū　děngděng.　Èrlíngyīliù-nián　kāiyuán　de　Shànghǎi-Díshìní-lèyuán,　zài

纯正　的　迪士尼　风格　之上，融汇⁴²了　中国风，　受到　国内外
chúnzhèng　de　Díshìní　fēnggé　zhīshàng,　rónghuìle　Zhōngguófēng,　shòudào　guónèiwài

游客　的　欢迎。
yóukè　de　huānyíng.

　　上海　的　文化　被　称为　"海派⁴³文化"，它　是　在　江南　文化
　　Shànghǎi　de　wénhuà　bèi　chēngwéi　"hǎipài wénhuà",　tā　shì　zài　Jiāngnán　wénhuà

的　基础上，借鉴⁴⁴、融汇了　欧美　文化　形成　的，具有　开放性、
de　jīchǔshang,　jièjiàn、rónghuìle　Ōu-Měi　wénhuà　xíngchéng　de,　jùyǒu　kāifàngxìng、

多元性　和　创造性，　这种　独具一格⁴⁵的　文化　体现　在　文学、
duōyuánxìng　hé　chuàngzàoxìng,　zhè-zhǒng　dújùyìgé　de　wénhuà　tǐxiàn　zài　wénxué、

建筑、戏曲、音乐、饮食　等　各个　方面。　如果　您　有　机会　在
jiànzhù、xìqǔ、yīnyuè、yǐnshí　děng　gègè　fāngmiàn.　Rúguǒ　nín　yǒu　jīhuì　zài

上海　生活　一段　时间，一定　能　品味到　海派　文化　的　妙处⁴⁶。
Shànghǎi　shēnghuó　yíduàn　shíjiān,　yídìng　néng　pǐnwèidào　hǎipài　wénhuà　de　miàochù.

---

³² 同济大学　Tóngjì-dàxué　1907 年にドイ
ツ人医師が開設した「徳文学堂」が前身。
1927 年から「同済大学」となり，現在は総
合理工大学

³³ 上海交通大学　Shànghǎijiāotōng-dàxué
洋務運動の代表人物である盛宣懐によって
1896 年に創立された「南洋公堂」が前身。
初めて中国人によって創立された大学で,
1959 年から「上海交通大学」となった。理
工系総合大学

³⁴ 中国共产党　Zhōngguó gòngchǎndǎng
1921 年 7 月 1 日に上海で創立

³⁵ 名胜古迹　míngshèng-gǔjì　名所旧跡

³⁶ 豫园　Yùyuán　豫園（ヨエン）。明の 16 世
紀後期の私庭園で，四川省の役人だった潘允
端（ハンインタン）が父親のために造営した

³⁷ 玉佛寺　Yùfósì　玉仏寺。清代の 1882 年に
仏教僧の慧根（スイコン）によって創建され
た，上海最古の禅宗寺院

³⁸ 静安寺　Jìng'ānsì　静安寺。三国時代に創建
された,上海最古の寺院。たびたび戦禍に遭い,
現在は仏殿と山門が残る，威厳のある寺院

³⁹ 孙中山　Sūn-Zhōngshān　孙中山，ソンチュ
ウザン，孫文（1866～1925）。中華民国の
政治家，革命家，思想家。1911 年に辛亥革
命を指導し，1912 年に中華民国臨時大総統
となる。また 1919 年に中国国民党を創設

⁴⁰ 鲁迅　Lǔ-Xùn　鲁迅,ロジン（1881～1936）。
中国の小説家，翻訳家，思想家。本名は周樹
人。第十六課「基礎知識」参照

⁴¹ 迪士尼乐园　Díshìní-lèyuán　ディズニーラ
ンド

⁴² 融汇　rónghuì　融合する

⁴³ 海派　hǎipài　上海風，上海スタイル

⁴⁴ 借鉴　jièjiàn　参考にする

⁴⁵ 独具一格　dújùyìgé　成語 独特の風格を備え

⁴⁶ 妙处　miàochù　面白み，妙味

西安

🔵 基礎知識

西安は陝西省の省都で、2022年の戸籍人口は約1000万人、常住人口は1200万人です。

西安は古くは長安と呼ばれ、また世界四大文明古都の一つです。かつて周、秦、漢、隋、唐など十数個の王朝がここに都を建設しました。前漢（西汉）（前206～後8）の時期、漢の武帝は2度張騫を西域に使節として派遣し、西安（長安）を起点として、欧州とアジアをつなぐ東西交通の動脈である「シルクロード」を切り開きました。唐王朝の時代には、人口100万人を超える世界最大の国際都市として繁栄しました。現在中国が提唱し主導している、西安を中心地とした「一帯一路」の構想（語注21）は、この時代の長安がモデルであり、「シルクロード経済ベルト」と「21世紀海上シルクロード」を指しています。

西安は中国西部地方の教育と科学研究の中心地で、西安交通大学など（語注10、11）の60余りの教育機関と、460あまりの各種の科学研究機関があり、人材資源の宝庫です。

また西安は交通の要所でもあり、中央アジア5か国（語注24）と飛行航路が開けている、全国で唯一の都市です。2023年5月に第一回中国—中央アジアサミットが西安で行われ、中国と中央アジア5か国の戦略的協力関係が新しい局面に踏み出しました。

さらに西安の観光資源は中国一で、新石器時代から10世紀ごろまでの歴史遺産は数えきれません。また1974年には日本の奈良市と京都市が姉妹都市提携を結び、1981年にユネスコは西安を「世界歴史都市」に指定しました。このように東西交通の要所であった西安には東西文化の混じりあった食品（本文に記述）が多数あり、観光客を楽しませています。

🔵 本文

西安古称长安，和罗马、雅典、开罗并称为"世界四大文明古都"，曾经有周、秦、汉、隋、唐等十多个王朝在这里建都，是中国历史上建都朝代最多，时间最长，影响力最大的都城。西安是当今陕西省省会，是西北地区最重要、最发达的城市，是教育、科研、国防科技工业基地，也是这个地区的金融中心和交通枢纽。

西安拥有西安交通大学、西北工业大学等六十多所高等院校，拥有各类科研机构460多个，人才资源居全国大中城市前列。

西汉时期，汉武帝曾两次派遣张骞出使西域，开辟了以西安为起点，连接欧亚大陆的交通动脉"丝绸之路"，它在人类文明史上有重要的意义。当今中国倡议和主导的"一带一路"就来源于此，指"丝绸之路经济带"和"21世纪海上丝绸之路"。

西安是全国唯一一座通航中亚五国的城市。2023年5月，首届中国—中亚峰会在西安成功举行，中国同中亚五国的战略合作关系迈上了一个新台阶。

早在1974年，西安就分别和奈良市、京都市缔结为友好城市。1981年，联合国教科文组织把西安确定为"世界历史名城"。1982年，西安入选首批"国家历史文化名城"。

在日本广为人知的唐代诗人李白、杜甫、王维都和西安结下不解之缘，著名的遣唐使阿倍仲麻吕、最澄、空海等人曾在这座古都潜心钻研，他们都为后世留下了光辉的业绩。还有被誉为中国古代四大美女之一的杨贵妃，她和唐玄宗的爱情故事也发生在这里，当年她入浴的华清宫如今游客可以参观，也可以泡温泉。

西安的旅游资源在中国首屈一指。有新石器时代的半坡遗址、被誉为"世界第八大奇迹"的秦始皇兵马俑坑、出土了裸体彩俑"东方维纳斯"的汉阳陵、玄奘法师为供奉从天竺带回来的佛像、舍利和经文而建造的大雁塔、中国最大的石质书库碑林博物馆、中国现存最完整的西安古城墙、佛祖释迦牟尼佛指舍利存放之处法门寺等等。

西安有饺子宴、牛羊肉泡馍、肉夹馍、凉皮等许多种特色食品，可以满足广大"吃货"的兴趣和胃口。尤其推荐回民街，那里是西安著名的美食文化街区，到了西安，不妨去逛一逛，尝一尝。

DL 3

西安　古　称　长安，　和　罗马[1]、雅典[2]、开罗[3]　并称为
Xī'ān　gǔ　chēng　Cháng'ān,　hé　Luómǎ、Yǎdiǎn、Kāiluó　bìngchēngwéi

"世界　四大　文明　古都"，曾经　有　周、秦、汉、隋、唐　等　十多个
"shìjiè　sìdà　wénmíng　gǔdū",　céngjīng　yǒu　Zhōu、Qín、Hàn、Suí、Táng　děng　shíduō-ge

王朝　在　这里　建都[4]，是　中国　历史上　建都　朝代　最　多，　时间
wángcháo　zài　zhèli　jiàndū,　shì　Zhōngguó　lìshǐshang　jiàndū　cháodài　zuì　duō,　shíjiān

最　长，影响力　最　大　的　都城。西安　是　当今　陕西省　省会[5]，
zuì　cháng,　yǐngxiǎnglì　zuì　dà　de　dūchéng.　Xī'ān　shì　dāngjīn　Shǎnxī-shěng　shěnghuì,

是　西北　地区　最　重要、　最　发达　的　城市，是　教育、科研[6]、国防
shì　Xīběi　dìqū　zuì　zhòngyào、　zuì　fādá　de　chéngshì,　shì　jiàoyù、kēyán、guófáng

科技[7]工业　基地，也　是　这个　地区　的　金融　中心　和　交通　枢纽[8]。
kējì　gōngyè　jīdì,　yě　shì　zhège　dìqū　de　jīnróng　zhōngxīn　hé　jiāotōng　shūniǔ.

西安　拥有[9]　西安交通大学[10]、西北工业大学[11]　等　六十多所　高等
Xī'ān　yōngyǒu　Xī'ān-jiāotōng-dàxué、Xīběi-gōngyè-dàxué　děng　liùshíduō-suǒ　gāoděng

院校[12]，拥有　各类　科研　机构[13]　460多个，　人才　资源　居　全国
yuànxiào,　yōngyǒu　gèlèi　kēyán　jīgòu　sìbǎiliùshíduō-ge,　réncái　zīyuán　jū　quánguó

大　中　城市　前列。
dà　zhōng　chéngshì　qiánliè.

西汉[14]　时期，汉武帝[15]　曾　两次　派遣　张骞[16]　出使[17]　西域，
Xī-Hàn　shíqī,　Hàn-Wǔdì　céng　liǎng-cì　pàiqiǎn　Zhāng-Qiān　chūshǐ　xīyù,

开辟[18]了[19]　以　西安　为　起点，连接　欧亚大陆　的　交通　动脉　"丝绸之路"，
kāipìle　yǐ　Xī'ān　wéi　qǐdiǎn,　liánjiē　Ōu-Yà-dàlù　de　jiāotōng　dòngmài　"sīchóuzhīlù",

它　在　人类　文明史上　有　重要　的　意义。当今　中国　倡议[20]
tā　zài　rénlèi　wénmíngshǐshang　yǒu　zhòngyào　de　yìyì.　Dāngjīn　Zhōngguó　chàngyì

语注

1. 罗马　Luómǎ　ローマ
2. 雅典　Yǎdiǎn　アテネ
3. 开罗　Kāiluó　カイロ
4. 建都　jiàndū　国都を定める
5. 省会　shěnghuì　省都
6. 科研　kēyán　科学研究
7. 科技　kējì　科学技術
8. 枢纽　shūniǔ　中枢, かなめ
9. 拥有　yōngyǒu　（土地, 人口, 財産を）持つ
10. 西安交通大学　Xī'ān-jiāotōng-dàxué　理工系の全国トップクラスの大学
11. 西北工业大学　Xīběi-gōngyè-dàxué　1938年に開設された理工系中心の大学

12. 高等院校　gāoděng yuànxiào　単科大学, 総合大学及び「高等専科学校」を含む教育機関
13. 科研机构　kēyán jīgòu　科学研究機関
14. 西汉　Xī-Hàn　前漢のこと。紀元前206年から紀元後8年まで
15. 汉武帝　Hàn-Wǔdì　漢の武帝。前漢第7代皇帝
16. 张骞　Zhāng-Qiān　張騫, チョウケン（？〜前114）
17. 出使　chūshǐ　使節として外国に行く
18. 开辟　kāipì　切り開く
19. 以Aを为B　yǐ A wéi B　AをBとする
20. 倡议　chàngyì　提唱する

和 主导 的 "一带 一路[21]" 就 来源于[22] 此, 指 "丝绸之路 经济带"
hé zhǔdǎo de "yídài yílù" jiù láiyuányú cǐ, zhǐ "sīchóuzhīlù jīngjì-dài"

和 "21世纪 海上 丝绸之路"。
hé "èrshiyī-shìjì hǎishàng sīchóuzhīlù".

西安 是 全国 唯一 一座 通航[23] 中亚 五国[24] 的 城市。
Xī'ān shì quánguó wéiyī yí-zuò tōngháng Zhōng-Yà wǔguó de chéngshì.

2023年 5月, 首届[25] 中国 — 中亚 峰会[26] 在 西安 成功 举行,
Èrlíng'èrsān-nián wǔ-yuè, shǒujiè Zhōngguó Zhōng-Yà fēnghuì zài Xī'ān chénggōng jǔxíng,

中国 同 中亚 五国 的 战略 合作 关系 迈上[27]了 一个 新 台阶[28]。
Zhōngguó tóng Zhōng-Yà wǔguó de zhànlüè hézuò guānxi màishangle yíge xīn táijiē.

早 在 1974年, 西安 就 分别[29] 和 奈良市、 京都市
Zǎo zài yījiǔqīsì-nián, Xī'ān jiù fēnbié hé Nàiliáng-shì、 Jīngdū-shì

缔结为 友好 城市。 1981年, 联合国 教科文组织[30] 把 西安
dìjiéwéi yǒuhǎo chéngshì. Yījiǔbāyī-nián, Liánhéguó jiàokēwén-zǔzhī bǎ Xī'ān

确定为 "世界 历史 名城"。 1982年, 西安 入选 首批[31]
quèdìngwéi "shìjiè lìshǐ míngchéng". Yījiǔbā'èr-nián, Xī'ān rùxuǎn shǒupī

"国家 历史 文化 名城"。
"guójiā lìshǐ wénhuà míngchéng".

在 日本 广为 人知[32] 的 唐代 诗人 李白[33]、 杜甫[34]、 王维[35]
Zài Rìběn guǎngwéi rén zhī de Táng-dài shīrén Lǐ-Bái、 Dù-Fǔ、 Wáng-Wéi

都 和 西安 结下 不解之缘[36], 著名 的 遣唐使 阿倍仲麻吕[37]、
dōu hé Xī'ān jiéxià bùjiězhīyuán, zhùmíng de Qiǎn-Táng-shǐ Ābèi-Zhòngmálǚ、

最澄[38]、 空海[39] 等 人 曾 在 这座 古都 潜心[40] 钻研[41], 他们 都
Zuìchéng、 Kōnghǎi děng rén céng zài zhè-zuò gǔdū qiánxīn zuānyán, tāmen dōu

为 后世 留下了 光辉 的 业绩。 还有 被 誉为 中国 古代 四大
wèi hòushì liúxiàle guānghuī de yèjì. Háiyǒu bèi yùwéi Zhōngguó gǔdài sìdà

---

21. 一带一路　yídài yílù　2013年に習近平が提唱した中国中心の経済・外交圏構想
22. 来源于〜　láiyuányú　〜に因る
23. 通航　tōngháng　航路が開けている
24. 中亚五国　Zhōng-Yà wǔguó　中央アジア5か国。カザフスタン，キルギス，タジキスタン，トルクメニスタン，ウズベキスタン
25. 首届　shǒujiè　第一回
26. 峰会　fēnghuì　サミット
27. 迈上　màishang　踏み出す
28. 新台阶　xīn táijiē　新しい局面
29. 分别　fēnbié　それぞれ
30. 联合国教科文组织　Liánhéguó jiàokēwén-zǔzhī　ユネスコ。国連教育科学文化機関
31. 首批　shǒupī　第1期の

32. 广为人知　guǎngwéi rén zhī　よく人に知られている
33. 李白　Lǐ-Bái　リハク (701〜762)，盛唐の詩人。李白は「詩仙」，杜甫は「詩聖」
34. 杜甫　Dù-Fǔ　トホ (712〜770)，盛唐の詩人
35. 王维　Wáng-Wéi　オウイ (701頃〜761)，盛唐の詩人。「詩仏」と呼ばれた自然詩人
36. 不解之缘　bùjiězhīyuán　成語 切っても切れない深い縁
37. 阿倍仲麻吕　Ābèi-Zhòngmálǚ　第二十一課語注45参照
38. 最澄　Zuìchéng　第二十一課語注47参照
39. 空海　Kōnghǎi　第二十一課語注48参照
40. 潜心　qiánxīn　心を打ち込む
41. 钻研　zuānyán　研鑽を積む

美女　之　一　的　<u>杨贵妃</u>，　她　和　<u>唐玄宗</u>[42]　的　爱情　故事　也
měinǚ　zhī　yī　de　Yáng-guìfēi,　tā　hé　Táng-Xuánzōng　de　àiqíng　gùshi　yě

发生在　这里，　当年　她　入浴　的　<u>华清宫</u>[43]　如今　游客　可以　参观，
fāshēngzài　zhèli,　dāngnián　tā　rùyù　de　Huáqīnggōng　rújīn　yóukè　kěyǐ　cānguān,

也　可以　泡　温泉。
yě　kěyǐ　pào　wēnquán.

　　<u>西安</u>　的　旅游　资源　在　中国　首屈一指[44]。　有　新石器时代　的
　　Xī'ān　de　lǚyóu　zīyuán　zài　Zhōngguó　shǒuqūyīzhǐ.　Yǒu　xīnshíqì-shídài　de

半坡遗址[45]、　被　誉为　"世界　第八大　奇迹"　的　<u>秦始皇</u>　兵马俑坑[46]、
Bànpō-yízhǐ、　bèi　yùwéi　"shìjiè　dì-bādà　qíjì"　de　Qín-Shǐhuáng　bīngmǎyǒng-kēng、

出土了　裸体　彩俑[47]　"东方　维纳斯[48]"　的　汉阳陵[49]、　<u>玄奘</u>[50]　法师　为[51]
chūtǔle　luǒtǐ　cǎiyǒng　"dōngfāng　Wéinàsī"　de　Hàn-Yánglíng、　Xuánzàng　fǎshī　wèi

供奉　从　<u>天竺</u>[52]　带回来　的　佛像、　舍利　和　经文而　建造　的　大雁塔、
gòngfèng　cóng　Tiānzhú　dàihuílai　de　fóxiàng、　shèlì　hé　jīngwén　ér　jiànzào　de　Dàyàntǎ、

中国　最大　的　石质　书库　碑林博物馆[53]、　中国　现存　最　完整　的
Zhōngguó　zuìdà　de　shízhì　shūkù　Bēilín-bówùguǎn、　Zhōngguó　xiàncún　zuì　wánzhěng　de

<u>西安</u>　古城墙、　佛祖　<u>释迦牟尼</u>[54]　佛指　舍利　存放　之　处　法门寺[55]　等等。
Xī'ān　gǔchéngqiáng、　fózǔ　Shìjiāmóuní　fózhǐ　shèlì　cúnfàng　zhī　chù　Fǎménsì　děngděng.

　　<u>西安</u>　有　饺子宴[56]、　牛羊肉泡馍[57]、　肉夹馍[58]、　凉皮[59]　等　许多　种
　　Xī'ān　yǒu　jiǎozi-yàn、　niúyángròupàomó、　ròujiāmó、　liángpí　děng　xǔduō　zhǒng

特色　食品，　可以　满足　广大　"吃货[60]"　的　兴趣　和　胃口[61]。　尤其[62]　推荐
tèsè　shípǐn,　kěyǐ　mǎnzú　guǎngdà　"chīhuò"　de　xìngqù　hé　wèikǒu.　Yóuqí　tuījiàn

回民街[63]，　那里　是　<u>西安</u>　著名　的　美食　文化　街区，　到了　<u>西安</u>，　不妨
Huímínjiē,　nàli　shì　Xī'ān　zhùmíng　de　měishí　wénhuà　jiēqū,　dàole　Xī'ān,　bùfáng

去　逛一逛，　尝一尝。
qù　guàngyiguàng,　chángyicháng.

---

[42]　玄宗　Xuánzōng　唐の第6代皇帝

[43]　华清宫　Huáqīnggōng　華清宮。西安市郊外
　　　にある，唐代に造られた離宮

[44]　首屈一指　shǒuqūyīzhǐ　[成語] 第1番。最
　　　初に親指を曲げて数を数えることから

[45]　半坡遗址　Bànpō-yízhǐ　新石器時代の仰
　　　韶（ギョウショウ）文化に属する村落遺跡

[46]　秦始皇兵马俑坑　Qín-Shǐhuáng bīng-
　　　mǎyǒng-kēng　第十一課「基礎知識」参照

[47]　彩俑　cǎiyǒng　色のついた土製の人形

[48]　维纳斯　Wéinàsī　ヴィーナス

[49]　汉阳陵　Hàn-Yánglíng　前漢第四代皇帝で
　　　ある景帝と皇后の陵墓

[50]　玄奘　Xuánzàng　唐代の高僧。玄奘三蔵

[51]　为～而V　wèi～ér V　～のためにVする

[52]　天竺　Tiānzhú　てんじく。古代インドのこと

[53]　碑林博物馆　Bēilín-bówùguǎn　宋代に建
　　　てられた孔子廟を利用した博物館

[54]　释迦牟尼　Shìjiāmóuní　仏教の開祖

[55]　法门寺　Fǎménsì　西安の扶鳳県にある寺院

[56]　饺子宴　jiǎozi-yàn　餃子の西安名物料理

[57]　牛羊肉泡馍　niúyángròupàomó　"馍"はナ
　　　ンのようなもの

[58]　肉夹馍　ròujiāmó　西安風ハンバーガー

[59]　凉皮　liángpí　中国の麺類の一つ

[60]　吃货　chīhuò　グルメ，食いしん坊

[61]　胃口　wèikǒu　食欲

[62]　尤其　yóuqí　特に

[63]　回民街　Huímínjiē　イスラム大通り

广州

基礎知識

　　広州は広東省の省都で、華南地区最大の政治、商工業、文化の中心都市です。2022 年の戸籍人口は 860 万人、常住人口は約 1880 万人で、1000 万人以上は出稼ぎ労働者です。

　　広州は唐代から宋代に貿易港として急速に発展し、「海のシルクロード」の起点の国際貿易の商業都市として発展しました。また、清王朝の鎖国時代の唯一の対外貿易港でした。

　　広州では 1957 年から、中国最大規模の輸出入商品商談会である広州交易会が春と秋の 2 回開催され、現在では "电商平台"（語注 19）ができ、年中サービスが提供されています。

　　現在の広州は「北上広深（北京、上海、広州、深圳）」と言われ、その経済規模は全国大都市の上位です。広州を中心とする "粤港澳大湾区"（語注 7）は市場環境がすぐれており、国内外の企業家には "投资广州，就是投资未来" という共通の認識があり、フォーチュングローバル（語注 9）500 社のうちの 300 社が広州に投資しています。日本企業の中の自動車産業界ではホンダが一早く広州に進出し、1998 年から自家用車の生産を開始しました。現在では 1600 社を超える日系企業が広州に進出しています。

　　また、歴史に目を転じると、広州には名所旧跡が多数あり（本文に記述）、さらに近代においては「アヘン戦争」、「辛亥革命」、「国共合作」、「北伐戦争」など、すべて広州と切り離せません。その他、広州は亜熱帯地域に位置しているため、物産が豊かで、古くから "食在广州" と言われ、広東料理（"粤菜"）は中国四大料理体系（本文に記述）の 1 つです。

本文

　　广州简称 "穗"，还有 "羊城"、"穗城"、"仙城"、"花城" 等几个别称。自汉代开始，它就是国际贸易的商业都市，被誉为 "千年商都"。

　　广州是广东省省会，"北上广深" 一词足以证明其重要地位。它是华南地区第一大城市，经济总量居全国大城市前列，还是重要的交通枢纽。以广州为中心的粤港澳大湾区市场环境优越，受到国内外企业的欢迎。"投资广州，就是投资未来" 成为很多企业家的共识，在广州投资的世界 500 强企业有 300 多家。比如本田汽车公司早在 1998 年就进军广州，开始轿车生产。其品牌深受广大消费者欢迎。如今广州日资企业超过 1600 家，大都获得良好的收益。

　　自 1957 年以来，中国进出口商品交易会即 "广交会" 每年春秋两季在广州举行。这是中国历史最长、层次最高、规模最大、商品种类最全、成交量最多的综合性国际贸易盛会，被公认为 "中国第一展"。 近年来，广交会与时俱进，除了传统的看样成交以外，还推出了电商平台，一年 365 天为供货和采购双方提供全面服务。

　　还有 ,改革开放以来，广州率先开办 "三资企业"，在农业、物价、土地管理等诸多领域的改革走在全国的前列。

　　广东方言主要有广东话、客家话和潮汕话。在广东省，使用广东话的人最多，不但在广东中西部，在广西东南部、海南部分地区、香港、澳门、东南亚部分国家和地区，也在广泛使用着。普通话里的 "买单"、"煲电话粥"、"派对" 等词汇是从广东话来的。

　　广州地处亚热带，物产丰富。很早以前就有 "食在广州，衣在苏州" 的说法。粤菜与川菜、鲁菜、淮扬菜并称中国四大菜系。广东饮茶也是 "食在广州" 的一部分，各个酒店、茶楼都提供早茶、下午茶、晚茶，人们喝着茶，吃着点心，唠家常，谈生意。

　　说起中国近现代史，离不开广州。从鸦片战争到北伐战争，这里都是主舞台和 "见证人"。销毁鸦片的林则徐，民主革命之父孙中山，中华人民共和国缔造者毛泽东，伟大的文学家鲁迅等人都在这里留下了足迹。

　　广州名胜古迹很多，有南越王墓、镇海楼、陈家祠、三元宫、中山纪念堂、黄埔军校旧址纪念馆等，它们向人们叙说着广州悠久的历史。

DL
4

広州で

4

广州　　　简称　"穗"，　还有　"羊城"、　"穗城"、　"仙城"、
Guǎngzhōu jiǎnchēng "Suì", háiyǒu "Yángchéng"、 "Suìchéng"、 "Xiānchéng"、

"花城"　等　几个　别称。自　汉代　开始，　它　就　是　国际　贸易　的
"Huāchéng" děng jǐ-ge biéchēng. Zì Hàn-dài kāishǐ, tā jiù shì guójì màoyì de

商业　都市，　被　誉为　"千年　商都"。
shāngyè dūshì, bèi yùwéi "qiānnián shāngdū".

广州　　是　广东省　省会[1]，　"北上广深[2]"　一　词
Guǎngzhōu shì Guǎngdōng-shěng shěnghuì, "Běi-Shàng-Guǎng-Shēn" yì cí

足以[3]　证明　其　重要　地位。它　是　华南　地区　第一　大城市，
zúyǐ zhèngmíng qí zhòngyào dìwèi. Tā shì Huánán dìqū dì-yī dàchéngshì,

经济　总量[4]　居　全国　大城市　前列，　还是　重要　的　交通　枢纽[5]。
jīngjì zǒngliàng jū quánguó dàchéngshì qiánliè, hái shì zhòngyào de jiāotōng shūniǔ.

以[6]　广州　为　中心　的　粤港澳　大湾区[7]　市场　环境　优越，
Yǐ Guǎngzhōu wéi zhōngxīn de Yuè-Gǎng-Ào dàwānqū shìchǎng huánjìng yōuyuè,

受到　国内外　企业　的　欢迎。"投资　广州，　就　是　投资　未来"
shòudào guónèiwài qǐyè de huānyíng. "Tóuzī Guǎngzhōu, jiù shì tóuzī wèilái"

成为　很　多　企业家　的　共识[8]，　在　广州　投资　的　世界 500 强
chéngwéi hěn duō qǐyèjiā de gòngshí, zài Guǎngzhōu tóuzī de shìjiè wǔbǎi qiáng

企业[9]　有　300 多家。比如　本田汽车公司　早　在　1998 年　就　进军
qǐyè yǒu sānbǎiduō-jiā. Bǐrú Běntián-qìchē-gōngsī zǎo zài yījiǔjiǔbā-nián jiù jìnjūn

广州，　开始　轿车[10]　生产，　其　品牌　深　受　广大　消费者　欢迎。
Guǎngzhōu, kāishǐ jiàochē shēngchǎn, qí pǐnpái shēn shòu guǎngdà xiāofèizhě huānyíng.

如今　广州　日资　企业　超过　1600 家，　大都　获得　良好　的　收益。
Rújīn Guǎngzhōu Rìzī qǐyè chāoguò yìqiānliùbǎi-jiā, dàdōu huòdé liánghǎo de shōuyì.

語注

1. 省会　shěnghuì　省都
2. 北上广深　Běi-Shàng-Guǎng-Shēn　北
   京, 上海, 广州, 深圳
3. 足以〜　zúyǐ　十分に〜するに足る
4. 经济总量　jīngjì zǒngliàng　経済規模
5. 枢纽　shūniǔ　中心, かなめ
6. 以 A 为 B　yǐ A wéi B　A を B とする
7. 粤港澳大湾区　Yuè-Gǎng-Ào dàwānqū
   グレーターベイエリア。香港・マカオ・広東
   省珠江デルタ 9 都市（広州・深圳・珠海・仏

山・恵州・東莞・中山・江門・肇慶）を統合
したベイエリア
8. 共识　gòngshí　共通認識
9. 世界 500 强企业　shìjiè wǔbǎi qiáng
   qǐyè　フォーチュン・グローバル（Fortune
   Global）500。フォーチュン誌（米国）が年
   1 回発表する世界中の企業を対象とした総収
   益ランキング
10. 轿车　jiàochē　自家用車, セダン

自 1957 年 以来， 中国 进出口[11] 商品 交易会 即 "广交会[12]"
Zì yījiǔwǔqī-nián yǐlái, Zhōngguó jìnchūkǒu shāngpǐn jiāoyìhuì jí "Guǎngjiāohuì"

每年 春秋 两季 在 广州 举行。 这 是 中国 历史 最 长、
měinián chūnqiū liǎngjì zài Guǎngzhōu jǔxíng. Zhè shì Zhōngguó lìshǐ zuì cháng、

层次[13] 最高、 规模 最 大、 商品 种类 最 全、 成交量[14] 最 多
céngcì zuì gāo、 guīmó zuì dà、 shāngpǐn zhǒnglèi zuì quán、chéngjiāoliàng zuì duō

的 综合性 国际 贸易 盛会， 被 公认为 "中国 第一 展"。
de zōnghéxìng guójì màoyì shènghuì, bèi gōngrènwéi "Zhōngguó dì-yī zhǎn".

近年 来， 广交会 与时俱进[15]， 除了[16] 传统 的 看 样[17] 成交[18] 以外，
Jìnnián lái, Guǎngjiāohuì yǔshíjùjìn, chúle chuántǒng de kàn yàng chéngjiāo yǐwài,

还 推出了 电商 平台[19]， 一年 365 天 为 供货[20] 和 采购[21]
hái tuīchūle diànshāng píngtái, yìnián sānbǎiliùshiwǔ-tiān wèi gōnghuò hé cǎigòu

双方 提供 全面 服务。
shuāngfāng tígōng quánmiàn fúwù.

还有， 改革开放[22] 以来， 广州 率先 开办 "三资 企业[23]"， 在
Háiyǒu, gǎigé-kāifàng yǐlái, Guǎngzhōu shuàixiān kāibàn "sānzī qǐyè", zài

农业、 物价、 土地 管理 等 诸多 领域 的 改革 走在 全国 的 前列。
nóngyè、 wùjià、 tǔdì guǎnlǐ děng zhūduō lǐngyù de gǎigé zǒuzài quánguó de qiánliè.

广东 方言 主要 有 广东话、 客家话[24] 和 潮汕话[25]。
Guǎngdōng fāngyán zhǔyào yǒu Guǎngdōnghuà、 Kèjiāhuà hé Cháoshànhuà.

在 广东省， 使用 广东话 的 人 最多，不但[26] 在 广东
Zài Guǎngdōng-shěng, shǐyòng Guǎngdōnghuà de rén zuì duō, búdàn zài Guǎngdōng

---

11. 进出口 jìnchūkǒu 輸入と輸出
12. 广交会 Guǎngjiāohuì "广州交易会" の略称
13. 层次 céngcì ランク
14. 成交量 chéngjiāoliàng 取引成立量
15. 与时俱进 yǔshíjùjìn 成語 時代とともに発展変化する
16. 除了～以外，还… chúle~yǐwài, hái…～を除いてそれ以外に，さらに…
17. 样 yàng 見本，サンプル
18. 成交 chéngjiāo 取引が成立する
19. 电商平台 diànshāng píngtái 電子ビジネスプラットフォーム
20. 供货 gōnghuò 商品を提供する

21. 采购 cǎigòu 買い付ける，仕入れる
22. 改革开放 gǎigé-kāifàng 鄧小平が1978年にスタートさせた政策。"改革" は経済体制の全面的改革，"开放" は対外開放政策のこと
23. 三资企业 sānzī qǐyè 外国からの直接投資による企業の総称。合弁，合作経営，独資（外資100%）の3種類
24. 客家话 Kèjiāhuà ハッカ語，客家の言葉（"客家" については第十二課「基礎知識」参照）
25. 潮汕话 Cháoshànhuà 潮州語のこと。潮州（現在の広東省東部の潮安県のあたり）の方言
26. 不但 A，也 B búdàn A, yě B Aだけでなく，またBでもある

中西部, 在 广西 东南部、 海南 部分 地区、 香港、 澳门[27]、
zhōngxībù, zài Guǎngxī dōngnánbù、 Hǎinán bùfen dìqū、 Xiānggǎng、 Àomén、

东南亚 部分 国家 和 地区, 也 在 广泛 使用着。 普通话里 的
Dōngnán-Yà bùfen guójiā hé dìqū, yě zài guǎngfàn shǐyòngzhe. Pǔtōnghuàli de

"买单[28]"、 "煲 电话粥[29]"、 "派对[30]" 等 词汇 是 从 广东话 来 的。
"mǎidān"、 "bāo diànhuàzhōu"、 "pàiduì" děng cíhuì shì cóng Guǎngdōnghuà lái de.

广州 地处[31] 亚热带, 物产 丰富。 很 早 以前 就 有"食 在
Guǎngzhōu dìchǔ yàrèdài, wùchǎn fēngfù. Hěn zǎo yǐqián jiù yǒu "shí zài

广州, 衣 在 苏州[32]"的 说法。 粤菜[33] 与 川菜[34]、鲁菜[35]、淮扬菜[36]
Guǎngzhōu, yī zài Sūzhōu" de shuōfǎ. Yuècài yǔ Chuāncài、Lǔcài、Huáiyángcài

并称 中国 四大 菜系。 广东 饮茶[37] 也 是 "食 在 广州"
bìngchēng Zhōngguó sìdà càixì. Guǎngdōng yǐnchá yě shì "shí zài Guǎngzhōu"

的 一部分, 各个 酒店[38]、 茶楼[39] 都 提供 早茶[40]、 下午茶[41]、 晚茶[42],
de yíbùfèn, gègè jiǔdiàn、 chálóu dōu tígōng zǎochá、 xiàwǔchá、 wǎnchá,

人们 喝着 茶, 吃着 点心[43], 唠 家常[44], 谈 生意[45]。
rénmen hēzhe chá, chīzhe diǎnxin, lào jiācháng, tán shēngyi.

说起 中国 近现代史, 离不开 广州。 从 鸦片战争[46]
Shuōqǐ Zhōngguó jìnxiàndàishǐ, líbukāi Guǎngzhōu. Cóng Yāpiàn-zhànzhēng

到 北伐战争[47], 这里 都 是 主舞台 和 "见证人[48]"。 销毁[49] 鸦片
dào Běifá-zhànzhēng, zhèli dōu shì zhǔwǔtái hé "jiànzhèngrén". Xiāohuǐ yāpiàn

---

27. 澳门　　Àomén　　マカオ
28. 买单　　mǎidān　　（食事の時などの）お勘定
29. 煲电话粥　bāo diànhuàzhōu　長電話する
30. 派对　　pàiduì　　パーティー
31. 地处　　dìchǔ　　位置している
32. 苏州　　Sūzhōu　　蘇州, ソシュウ。江蘇省南部の都市で，絹織物工業が盛んな地
33. 粤菜　　Yuècài　　広東料理
34. 川菜　　Chuāncài　　四川料理
35. 鲁菜　　Lǔcài　　山東省料理
36. 淮扬菜　Huáiyángcài　江蘇省揚州市のあたりの料理
37. 饮茶　　yǐnchá　　広東語で「ヤムチャ」。中国茶を飲みながら "点心"（語注43）を食べる
38. 酒店　　jiǔdiàn　　ホテル

39. 茶楼　　chálóu　　二階建ての茶館
40. 早茶　　zǎochá　　朝のヤムチャ
41. 下午茶　xiàwǔchá　午後のヤムチャ
42. 晚茶　　wǎnchá　　夜のヤムチャ
43. 点心　　diǎnxin　　主菜とスープ以外の料理
44. 唠家常　lào jiācháng　世間話をする
45. 生意　　shēngyi　　商売
46. 鸦片战争　Yāpiàn-zhànzhēng　アヘン戦争。広州が舞台となったのは第一次アヘン戦争（1840 ～ 1842）
47. 北伐战争　Běifá-zhànzhēng　1926～1928 年, 蒋介石指揮下の国民革命軍による北京軍閥政府打倒の軍事行動
48. 见证人　jiànzhèngrén　目撃者
49. 销毁　　xiāohuǐ　　焼き捨てる

的　　林则徐⁵⁰，　民主　　革命　　之　　父　　孙中山⁵¹，　　中华人民共和国
de　　Lín-Zéxú,　　mínzhǔ　　gémìng　zhī　fù　Sūn-Zhōngshān,　　Zhōnghuárénmíngònghéguó

缔造⁵²者　　毛泽东⁵³，　伟大　的　文学家　　鲁迅⁵⁴　等　人　都　在　　这里
dìzàozhě　Máo-Zédōng,　wěidà　de　wénxuéjiā　Lǔ-Xùn　děng　rén　dōu　zài　zhèli

留下了　足迹。
liúxiàle　zújì.

　　广州　　　　名胜古迹　很　多，有　　南越王墓⁵⁵、　镇海楼⁵⁶、陈家祠⁵⁷、
　　Guǎngzhōu　míngshèng-gǔjì　hěn　duō,　yǒu　Nányuèwáng-mù、Zhènhǎilóu、　Chénjiācí、

三元宫⁵⁸、　中山纪念堂⁵⁹、　黄埔军校⁶⁰　旧址纪念馆　　等，它们　　向
Sānyuángōng、Zhōngshān-jìniàntáng、Huángpǔ-jūnxiào　jiùzhǐ-jìniànguǎn　děng,　tāmen　xiàng

人们　　叙说⁶¹着　广州　　悠久　的　历史。
rénmen　xùshuōzhe　Guǎngzhōu　yōujiǔ　de　lìshǐ.

---

50. 林则徐　Lín-Zéxú　林則徐，リンソクジョ（1785～1850）。清末の官僚
51. 孙中山　Sūn-Zhōngshān　孫中山，ソンチュウザン，孫文。第二課注 39 参照
52. 缔造　dìzào　（偉大な事業を）創建する
53. 毛泽东　Máo-Zédōng　毛沢東，モウタクトウ（1893～1976）。中国共産党および中華人民共和国の最高指導者。
54. 鲁迅　Lǔ-Xùn　魯迅，ロジン。第十六課「基礎知識」参照
55. 南越王墓　Nányuèwáng-mù　前漢（西汉）時代に華南地域を支配した南越国の第二代国王の墓。1983 年に発見された
56. 镇海楼　Zhènhǎilóu　明の建国者である洪武帝の代に築かれた 5 階建ての古代建築
57. 陈家祠　Chénjiācí　19 世紀末に陳姓を持つ家族が共同出資して建設した書院と祠。広大な敷地に，伝統的な南方洋式を伝える大小

19 棟の建物が立ち並ぶ
58. 三元宫　Sānyuángōng　孫悟空が生まれたとして知られる花果山，"三元宫"はその花果山三元宫殿建築群の中にある宮殿の 1 つ。唐代に建設が始まり，現在の山門は明代の遺物，正門右側の松は宋代のもの
59. 中山纪念堂　Zhōngshān-jìniàntáng　1931 年に，市民や華僑の寄付で造られた孫文の紀念堂。建物の上部は八角形の独特な宮殿式建築で，堂内には舞台と 4,800 名収容可能なホールが設けられている
60. 黄埔军校　Huángpǔ-jūnxiào　1924 年，広州市長州島に創設された，中国史上初の軍官（士官）学校。総理は孫文，校長は蒋介石，政治部主任は周恩来。孫文は第二課語注 39，蒋介石は第二十三課語注 50，周恩来は第二十三課語注 53 をそれぞれ参照
61. 叙说　xùshuō　口述する

Zhōngguó

zhī chuāng

社会·世态篇

中国的人口问题

基礎知識

1949 年中国建国当初の人口は 5.4 億人でした。北京大学学長で経済・人口学者であった馬寅初の建議により、53 年に初めて人口一斉調査を行うと、6 億人に達していました。馬は「人口の増加速度が速すぎる」と警鐘を鳴らしましたが、国家主席だった毛沢東は、58 年に『紅旗』（語注 17）創刊号で人口が多いことを称賛し、60 年には馬を免職しました。

1978 年から改革開放時代（語注 35）に入り、翌 79 年に馬は名誉を回復しましたが、人口は 9.7 億人に達していました。また 78 年から基本的国策とした「一人っ子政策」（2015 年廃止発表）によって、人口増加率は抑制できましたが、1.5 億の一人っ子家庭と、3 ～ 4 千万人の独身男性を産み出し、さらには人口年齢分布の逆ピラミッド化にもつながりました。

そこで中国政府は、2016 年に、一組の夫婦が二人の子どもをもうけることを許可し、21 年には三人の子どもをもうけても良いという"三孩政策"と、それを支援する政策をセットで発表しました。しかしあえて三人の子どもを持ちたいと思う夫婦が少ないのが現状です。なぜなら、保育施設の不足、教育にかかるコストの上昇など、家庭における育児負担は非常に重く、さらには住宅価格の高騰など、現実に問題が山積しているからです。

2022 年末、中国の人口は前年末より 85 万人減少し、14 億 1175 万人となり、そして 2023 年には、インドが中国の人口を抜いて、世界第一位の人口大国となりました。

人口の減少は日中両国において、高齢化、労働力不足、国力低下などの問題を引き起こす社会問題ですが、現在人口減少に歯止めをかけるための解決策は見つかっていません。

本文

中华人民共和国建国之初，有 5.4 亿人口。建国前夕的 1949 年 9 月，毛泽东写过一篇题为《唯心历史观的破产》的文章，他说中国人口多是一件好事，只要在共产党的领导下发展生产，就可以建设一个人口众多、物产丰富、生活优裕、文化昌盛的新中国。

1953 年，中国政府接受经济学家、人口学者、北京大学校长马寅初的建议，进行第一次人口普查，发现人口上升到 6 亿。马寅初在 1954 年的一份调查报告中敲警钟说"人口出生率高得不得了！人口增长速度快得不得了！这样发展下去简直不得了！" 1957 年 7 月，他在《人民日报》发表《新人口论》一文，就控制人口增长提出独到的见解，得到党内外一些人的支持。

然而，毛泽东在人口问题上的看法和马寅初相左，他在 1958 年《红旗》创刊号上发表文章说"人多议论多，热气高，干劲大"。马寅初遭到来自各方面的批评，指控他的人口论源于马尔萨斯人口论，企图怀疑社会主义优越性，蔑视人民大众等。1960 年 3 月，马寅初被免去北大校长职务。文革结束三年后即 1979 年，他才获得彻底平反。那时候邓小平已经复出，中国迈入改革开放时代。当时人口猛增到 9.7 亿，独生子女政策作为一项基本国策登上了历史舞台。无论城乡居民，谁违反都会受到严厉的制裁。这在遏制人口增长方面取得一定的成效，但也带来不少副作用，比如造成 1.5 亿单孩家庭，产生三四千万"剩男"，人口老龄化等等。

2015 年，中国政府决定废止实行了多年的独生子女政策，从 2016 年 1 月 1 日起，允许一对夫妻生育两个子女；2021 年，宣布一对夫妻可以生育三个子女政策（即"三孩政策"）及配套支持措施。可是，由于托育机构不足、教育成本上升等原因，导致家庭育儿负担过重，再加上高房价等等现实问题，有多少夫妻敢生育三个孩子呢？ 2022 年末，中国人口为 14 亿 1175 万人，比上一年年末减少 85 万人。这是继 1960 年代初遭遇大饥荒以来，首次出现人口负增长。2023 年，印度人口超过中国，成为世界第一人口大国。

日本和中国一样，面临着人口减少问题。人口减少会导致老龄化、劳动力短缺、国力下降等一系列问题，这需要政府和民间从各个方面努力解决。

DL 5

中华人民共和国　　　　建国　之　初，有　5.4亿　人口。建国　前夕[1]
Zhōnghuárénmíngònghéguó jiànguó zhī chū, yǒu wǔ-diǎn-sìyì rénkǒu. Jiànguó qiánxī

的　1949年　9月，毛泽东　写过　一篇　题为　《唯心历史观[2]　的　破产》
de yījiǔsìjiǔ-nián jiǔ-yuè, Máo-Zédōng xiěguo yì-piān tíwéi 《Wéixīn-lìshǐguān de pòchǎn》

的　文章，他　说　中国　人口　多　是　一件　好事，只要[3]　在
de wénzhāng, tā shuō Zhōngguó rénkǒu duō shì yí-jiàn hǎoshì, zhǐyào zài

共产党　的　领导　下　发展　生产，就　可以　建设　一个　人口　众多、
gòngchǎndǎng de lǐngdǎo xià fāzhǎn shēngchǎn, jiù kěyǐ jiànshè yíge rénkǒu zhòngduō、

物产　丰富、生活　优裕、文化　昌盛[4]　的　新　中国。
wùchǎn fēngfù、shēnghuó yōuyù、wénhuà chāngshèng de xīn Zhōngguó.

　　1953年，　中国　政府　接受　经济学家、人口学者、北京大学
Yījiǔwǔsān-nián, Zhōngguó zhèngfǔ jiēshòu jīngjìxuéjiā、rénkǒuxuézhě、Běijīng-dàxué

校长　马寅初[5]　的　建议，进行　第一次　人口　普查[6]，发现[7]　人口
xiàozhǎng Mǎ-Yínchū de jiànyì, jìnxíng dì-yī-cì rénkǒu pǔchá, fāxiàn rénkǒu

上升[8]到　6亿。马寅初　在　1954年　的　一份　调查　报告　中
shàngshēngdào liùyì. Mǎ-Yínchū zài yījiǔwǔsì-nián de yí-fèn diàochá bàogào zhōng

敲　警钟[9]　说　"人口出生率　高得 不得了[10]！人口　增长　速度
qiāo jǐngzhōng shuō "rénkǒu-chūshēnglǜ gāode bùdéliǎo! Rénkǒu zēngzhǎng sùdù

快得　不得了！这样　发展下去　简直[11]　不得了！"　1957年　7月，
kuàide bùdéliǎo! Zhèyàng fāzhǎnxiàqu jiǎnzhí bùdéliǎo!" Yījiǔwǔqī-nián, qī-yuè,

他　在　《人民日报[12]》　发表　《新人口论》　一　文，就[13]　控制　人口
tā zài 《Rénmín-rìbào》 fābiǎo 《Xīnrénkǒulùn》 yì wén, jiù kòngzhì rénkǒu

增长　提出　独到　的　见解，得到　党　内外　一些　人　的　支持。
zēngzhǎng tíchū dúdào de jiànjiě, dédào dǎng nèiwài yìxiē rén de zhīchí.

　　然而[14]，毛泽东　在　人口　问题上　的　看法[15]　和　马寅初　相左[16]，
Rán'ér, Máo-Zédōng zài rénkǒu wèntíshang de kànfǎ hé Mǎ-Yínchū xiāngzuǒ,

語注

1. 前夕　qiánxī　前夜
2. 唯心历史观　Wéixīn-lìshǐguān　精神的なもの（精神，意識，観念，理念など）が歴史的発展の究極の原動力だとする観念的歴史観 ←→唯物史観
3. 只要Aだ就B　zhǐyào A jiù B　AさえすればBである
4. 昌盛　chāngshèng　大いに栄える
5. 马寅初　Mǎ-Yínchū　馬寅初，バインショ（1882～1982）。中国の経済学者，人口学者
6. 普查　pǔchá　一斉調査

7. 发现　fāxiàn　発見する，気付く
8. 上升　shàngshēng　上昇する，増加する
9. 敲警钟　qiāo jǐngzhōng　警鐘を鳴らす
10. 不得了　bùdéliǎo　（程度が高くて）大変だ
11. 简直　jiǎnzhí　まったく
12. 人民日报　Rénmín-rìbào　中国共産党中央委員会の機関紙
13. 就～　jiù~　～について
14. 然而　rán'ér　しかしながら
15. 看法　kànfǎ　見方，考え
16. 相左　xiāngzuǒ　〈書き言葉〉食い違う

他 在 1958 年 《红旗[17]》 创刊号上 发表 文章 说 "人 多
tā zài yījiǔwǔbā-nián 《Hóngqí》 chuàngkānhàoshang fābiǎo wénzhāng shuō "Rén duō

议论 多, 热气 高, 干劲[18] 大"。 马寅初 遭到 来自[19] 各 方面 的
yìlùn duō, rèqì gāo, gànjìn dà". Mǎ-Yínchū zāodào láizì gè fāngmiàn de

批评[20], 指控[21] 他 的 人口论 源于[22] 马尔萨斯[23] 人口论, 企图[24] 怀疑[25]
pīpíng, zhǐkòng tā de rénkǒulùn yuányú Mǎ'ěrsàsī rénkǒulùn, qǐtú huáiyí

社会主义 优越性, 蔑视[26] 人民 大众 等。 1960 年 3 月,
shèhuì-zhǔyì yōuyuèxìng, mièshì rénmín dàzhòng děng. Yījiǔliùlíng-nián sān-yuè,

马寅初 被 免去[27] 北大 校长 职务。 文革[28] 结束 三年 后
Mǎ-Yínchū bèi miǎnqù Běi-dà xiàozhǎng zhíwù. Wéngé jiéshù sān-nián hòu

即 1979 年, 他 才 获得[29] 彻底[30] 平反[31]。 那 时候 邓小平[32] 已经
jí yījiǔqījiǔ-nián, tā cái huòdé chèdǐ píngfǎn. Nà shíhou Dèng-Xiǎopíng yǐjīng

复出[33], 中国 迈入[34] 改革开放[35] 时代。 当时 人口 猛增[36]到
fùchū, Zhōngguó màirù gǎigé-kāifàng shídài. Dāngshí rénkǒu měngzēngdào

9.7 亿, 独生子女政策[37] 作为 一项 基本 国策 登上了 历史
jiǔ-diǎn-qīyì, dúshēngzǐnǚ-zhèngcè zuòwéi yí-xiàng jīběn guócè dēngshangle lìshǐ

舞台。 无论[38] 城乡[39] 居民, 谁 违反 都 会 受到 严厉 的 制裁。
wǔtái. Wúlùn chéngxiāng jūmín, shéi wéifǎn dōu huì shòudào yánlì de zhìcái.

这 在 遏制[40] 人口 增长 方面 取得 一定 的 成效[41], 但 也
Zhè zài èzhì rénkǒu zēngzhǎng fāngmiàn qǔdé yídìng de chéngxiào, dàn yě

带来 不少 副作用, 比如[42] 造成 1.5 亿 单孩家庭[43], 产生
dàilai bùshǎo fùzuòyòng, bǐrú zàochéng yī-diǎn-wǔyì dānhái-jiātíng, chǎnshēng

---

17. 红旗 Hóngqí 中国共産党の理論雑誌。
    1958 年創刊, 1988 年『求是』に改名

18. 干劲 gànjìn （物事に対する）意気込み

19. 来自～ láizì～ ～から来る

20. 批评 pīpíng 批判

21. 指控 zhǐkòng 非難して訴える

22. 源于～ yuányú～ ～を起源とする, ～から
    出ている

23. 马尔萨斯 Mǎ'ěrsàsī トマス・ロバート・
    マルサス（1766 ～ 1834）。イギリスの古典
    派経済学者。『人口論』を著し, 人口増加が
    貧困の要因となると論じ, 人口抑制を説いた

24. 企图 qǐtú たくらむ

25. 怀疑 huáiyí 疑いを抱く

26. 蔑视 mièshì 蔑視する, 軽んじる

27. 免去 miǎnqù 免職する

28. 文革 Wéngé 文化大革命。1966 年から
    1976 年まで続いた中国の大規模な政治運動

29. 获得 huòdé 獲得する

30. 彻底 chèdǐ 徹底的に

31. 平反 píngfǎn 判決を見直す, 名誉回復
    する

32. 邓小平 Dèng-Xiǎopíng 鄧小平, トウショ
    ウヘイ（1904 ～ 1997）。1977 年に三度目
    の失脚から復活

33. 复出 fùchū 復職する, カムバックする

34. 迈入 màirù （ある段階, 時代などに）
    入る

35. 改革开放 gǎigé-kāifàng 鄧小平が1978
    年にスタートさせた政策。"改革" は経済体制
    の全面的改革, "开放" は対外開放政策

36. 猛增 měngzēng 急増する, 激増する

37. 独生子女政策 dúshēngzǐnǚ-zhèngcè
    一人っ子政策

38. 无论～ wúlùn～ ～に関わらず, ～を問わず

39. 城乡 chéngxiāng 都市と農村

40. 遏制 èzhì 抑制する

41. 成效 chéngxiào 効果

42. 比如 bǐrú 例えば

43. 单孩家庭 dānhái-jiātíng 一人っ子家庭

三　四千万　"剩男[44]"，人口　老龄化[45]　等等。
sān　sìqiānwàn　"shèngnán"，rénkǒu　lǎolínghuà　děngděng.

2015 年，　中国　政府　决定　废止[46]　实行了　多年　的
Èrlíngyīwǔ-nián，Zhōngguó　zhèngfǔ　juédìng　fèizhǐ　shíxíngle　duōnián　de

独生子女政策，　从　2016 年　一月　一日　起，允许[47]　一对　夫妻
dúshēngzǐnǚ-zhèngcè，cóng　èrlíngyīliù-nián　yī-yuè　yī-rì　qǐ，yǔnxǔ　yí-duì　fūqī

生育[48]　两个　子女；2021 年，宣布　一对　夫妻　可以　生育　三个
shēngyù　liǎng-ge　zǐnǚ；èrlíng'èryī-nián，xuānbù　yí-duì　fūqī　kěyǐ　shēngyù　sān-ge

子女　政策　（即"三孩政策"）及　配套[49]　支持　措施[50]。可是，由于[51]　托育
zǐnǚ　zhèngcè　（jí"sānhái-zhèngcè"）jí　pèitào　zhīchí　cuòshī。Kěshì，yóuyú　tuōyù

机构[52]　不足、教育　成本[53]　上升　等　原因，导致[54]　家庭　育儿[55]　负担
jīgòu　bùzú、jiàoyù　chéngběn　shàngshēng　děng　yuányīn，dǎozhì　jiātíng　yù'ér　fùdān

过重，　再　加上　高　房价[56]　等等　现实　问题，有　多少　夫妻
guòzhòng，zài　jiāshang　gāo　fángjià　děngděng　xiànshí　wèntí，yǒu　duōshao　fūqī

敢[57]　生育　三个　孩子　呢？2022 年　末，中国　人口　为
gǎn　shēngyù　sān-ge　háizi　ne？Èrlíng'èr'èr-nián，mò，Zhōngguó　rénkǒu　wéi

14 亿 1175 万人，　比　上　一年　年末　减少　85 万人。
shísìyìyìqiānyìbǎiqīshiwǔwàn-rén，bǐ　shàng　yì-nián　niánmò　jiǎnshǎo　bāshiwǔwàn-rén.

这　是　继[58]　1960 年代　初　遭遇　大　饥荒[59]　以来，首次　出现　人口
Zhè　shì　jì　yījiǔliùlíng-niándài　chū　zāoyù　dà　jīhuang　yǐlái，shǒucì　chūxiàn　rénkǒu

负　增长。2023 年，印度[60]　人口　超过　中国，　成为　世界
fù　zēngzhǎng。Èrlíng'èrsān-nián，Yìndù　rénkǒu　chāoguò　Zhōngguó，chéngwéi　shìjiè

第一　人口　大国。
dì-yī　rénkǒu　dàguó.

日本　和　中国　一样，面临[61]着　人口　减少　问题。人口　减少
Rìběn　hé　Zhōngguó　yíyàng，miànlínzhe　rénkǒu　jiǎnshǎo　wèntí。Rénkǒu　jiǎnshǎo

会　导致　老龄化、劳动力　短缺[62]、国力　下降　等　一系列　问题，
huì　dǎozhì　lǎolínghuà、láodònglì　duǎnquē、guólì　xiàjiàng　děng　yí-xìliè　wèntí，

这　需要　政府　和　民间　从　各个　方面　努力　解决。
zhè　xūyào　zhèngfǔ　hé　mínjiān　cóng　gègè　fāngmiàn　nǔlì　jiějué.

[44]. 剩男	shèngnán	婚期を逃した男性		[54]. 导致	dǎozhì	（悪い結果を）招く
[45]. 老龄化	lǎolínghuà	高齢化		[55]. 育儿	yù'ér	育児
[46]. 废止	fèizhǐ	廃止する		[56]. 房价	fángjià	住宅価格
[47]. 允许	yǔnxǔ	許可する		[57]. 敢～	gǎn~	あえて~する
[48]. 生育	shēngyù	出産する		[58]. 继	jì	続く
[49]. 配套	pèitào	組み合わせてセットにする		[59]. 饥荒	jīhuang	飢饉, 凶作
[50]. 支持措施	zhīchí cuòshī	支援策		[60]. 印度	Yìndù	インド
[51]. 由于～	yóuyú~	～によって, ～のために		[61]. 面临	miànlín	直面する
[52]. 托育机构	tuōyù jīgòu	保育施設		[62]. 短缺	duǎnquē	不足
[53]. 成本	chéngběn	コスト, 原価				

中国的户籍制度

● 基礎知識

中国の戸籍制度は、中華人民共和国内に定住している公民に対して、世帯を単位として人口を管理する制度です。政府は 1958 年 1 月に初めて戸籍管理法規である《中華人民共和国戸口登記》を公布。この中の"户口"が「戸籍」と訳されるもので、世帯ごとに家族全員の姓名、生年月日、性別、出生場所、原籍、民族、宗教、職業や所属する政党・団体などが記入してあり、各家庭ごとに"居民户口簿(住民戸籍簿)"が発給されます。これを俗に"户口本"と呼び、"户口登記"された固定住所に定住する中国居民を"常住人口"と言います。したがって現役軍人、武装警察部隊の士官と兵士、華僑は"户口"を持っていません。

また、戸籍制度の大きな特徴として、1958 年以来、公民が"农业户口(農業戸籍)"と"非农业户口(非農業戸籍)"に二分されました。前者が"农村人(農村の人)"、後者が"城里人(町の人)"で、都市間の自由な移動による居住地選択は制限され、農村部の各種保証は不十分です。長年の都市と農村の二元体制が、農民に対する偏見の原因と言えます。

改革開放後(語注 47)、政府は戸籍制度改革を進め、2014 年には農業・非農業戸籍の区別を停止、統一して"居民户口(住民戸籍)"としました。2021 年 4 月、国家発展改革委員会は文書を配布し、常住人口 300 万人以下の都市について、2025 年までに、居住する都市間の移動制限を全廃する計画です。しかし、人口が 300 万人を超える大中都市が 30 以上もあり、全国民が自由に居住地を選べるようになるには、まだまだ時間がかかりそうです。

日本の戸籍制度では、居住地選択に対して国内の移動が制限されることはなく、国民は一元的扱いです。日本人には中国の戸籍制度を理解するのが難しいかも知れません。

● 本文

户籍制度是中国政府对定居在中国大陆的本国公民实施的、以户为单位的人口管理制度。现役军人、武警官兵和华侨不拥有户籍。

1949 年新中国成立后，在各个方面学习、效仿苏联，比如在经济上实行计划经济政策，而且优先发展重工业。这样，大量劳动力流入城市，使商品粮的需求大大地增加。当时农产品的生产能力比较弱，粮食供应不足。1953 年 11 月，政府制定了粮食等农产品统购统销政策，要求农民将所有剩余农产品卖给指定的商业部门，然后再低价转卖给城市居民。

另一方面，政府大力推行农业合作化，先后在全国各地建设初级合作社、高级合作社和人民公社。1958 年 1 月，第一部户籍管理法规《中华人民共和国户口登记条例》出台，它包括常住、暂住、出生、死亡、迁出、迁入、变更等 7 项人口登记制度，公民被划分为"农业户口"和"非农业户口"。从此，前者被称为"农村人"，后者被称为"城里人"；城市间自由流动受到限制，城乡二元体制造成对农村人的制度性歧视。人们被绑在了户口所在地，粮食配额、住房、医疗、卫生、就业、结婚等都根据户口进行管理。相对于城里人，农村人缺乏各种保障，三年困难时期饿死的千百万人，绝大多数是农村人。对农村人来说，高考几乎是实现"鲤鱼跳龙门"，改变自己和后代命运的唯一途径。城里人和农村人谈婚论嫁，往往被认为"门不当户不对"，从而遭到家人的反对。

改革开放后，从中央到各级地方政府逐渐对户籍制度动手术，比如北京、上海、深圳等城市实行蓝印户口政策或居住证制度，给满足一定条件的人准市民待遇。2014 年 7 月，中国政府公布《国务院关于进一步推进户籍制度改革的意见》,停止划分农业和非农业户口,把户口类型统一登记为"居民户口"。2021 年 4 月，国家发改委印发文件，要求常住人口 300 万以下的城市在 2025 年前全面取消落户限制，这无疑是一项值得称赞的重大举措。不过这项政策只面向人口 300 万以下的城市，估计在全国范围内取消落户限制，所有公民能够自由地选择居住地，恐怕还需要相当长的年数，因为人口超过 300 万的大中城市有 30 多个呢！

DL 6

户籍　制度　是　中国　　政府　　对　定居在　　中国大陆　　的　本国
Hùjí　zhìdù　shì　Zhōngguó　zhèngfǔ　duì　dìngjūzài　Zhōngguó-dàlù　de　běnguó

公民　实施　的、以¹　户²　为　单位　的　人口　管理　制度。现役　军人、
gōngmín　shíshī　de、yǐ　hù　wéi　dānwèi　de　rénkǒu　guǎnlǐ　zhìdù. Xiànyì　jūnrén、

武警　官兵³　和　华侨⁴　不　拥有⁵　户籍。
wǔjǐng　guānbīng　hé　huáqiáo　bù　yōngyǒu　hùjí.

1949 年　　新　中国　　成立　后，在　各个　方面　学习、效仿⁶
Yījiǔsìjiǔ-nián　xīn　Zhōngguó　chénglì　hòu，zài　gègè　fāngmiàn　xuéxí、xiàofǎng

苏联⁷，比如　在　经济上　实行　计划　经济　政策，而且　优先　发展
Sūlián，bǐrú　zài　jīngjìshang　shíxíng　jìhuà　jīngjì　zhèngcè，érqiě　yōuxiān　fāzhǎn

重工业。这样，大量　劳动力　流入　城市，使　商品粮⁸　的　需求⁹
zhònggōngyè. Zhèyàng，dàliàng　láodònglì　liúrù　chéngshì，shǐ　shāngpǐnliáng　de　xūqiú

大大　地　增加。当时　农产品　的　生产　能力　比较　弱，粮食
dàdà　de　zēngjiā. Dāngshí　nóngchǎnpǐn　de　shēngchǎn　nénglì　bǐjiào　ruò，liángshi

供应　不足。1953 年　11 月，政府　制定了　粮食　等　农产品
gōngyìng　bùzú. Yījiǔwǔsān-nián　shíyī-yuè，zhèngfǔ　zhìdìngle　liángshi　děng　nóngchǎnpǐn

统购　统销¹⁰　政策，要求　农民　将　所有　剩余　农产品　卖给
tǒnggòu　tǒngxiāo　zhèngcè，yāoqiú　nóngmín　jiāng　suǒyǒu　shèngyú　nóngchǎnpǐn　màigěi

指定　的　商业　部门，然后　再¹¹　低价　转卖¹²　给　城市　居民。
zhǐdìng　de　shāngyè　bùmén，ránhòu　zài　dījià　zhuǎnmàigěi　chéngshì　jūmín.

另　一方面，政府　大力　推行¹³　农业　合作化¹⁴，先后¹⁵　在　全国
Lìng　yìfāngmiàn，zhèngfǔ　dàlì　tuīxíng　nóngyè　hézuòhuà，xiānhòu　zài　quánguó

各地　建设　初级合作社、高级合作社　和　人民公社¹⁶。1958 年　1 月，
gèdì　jiànshè　chūjí-hézuòshè、gāojí-hézuòshè　hé　rénmíngōngshè. Yījiǔwǔbā-nián　yī-yuè，

第一部¹⁷　户籍　管理　法规　《中华人民共和国　户口　登记　条例》
dì-yī-bù　hùjí　guǎnlǐ　fǎguī　《Zhōnghuárénmíngònghéguó　hùkǒu　dēngjì　tiáolì》

語注

1. 以 A 为 B　yǐ A wéi B　AをBとする
2. 户　　hù　　世帯，家
3. 武警官兵　wǔjǐng guānbīng　武装警察部隊の士官と兵士
4. 华侨　　huáqiáo　華僑。外国に居住する中国国籍を持つ中国人
5. 拥有　yōngyǒu　（土地，人口，財産を）持つ
6. 效仿　xiàofǎng　見習う，まねをする
7. 苏联　Sūlián　蘇聯。旧ソ連のこと
8. 商品粮　shāngpǐnliáng　商品化食糧
9. 需求　xūqiú　需要，ニーズ
10. 统购统销　tǒnggòu tǒngxiāo　統一購入

（"统购"）と統一買い付け（"统销"）
11. 再　zài　さらに，もっと
12. 转卖　zhuǎnmài　転売する
13. 大力推行　dàlì tuīxíng　強力に推し進める
14. 合作化　hézuòhuà　協同化
15. 先后　xiānhòu　相次いで
16. 人民公社　rénmíngōngshè　1958 年から中国の農村を基盤に設立された農業集団化の組織。行政、経済の基本単位で、教育機関、軍事、医療などの部門も併せ持った
17. 部　bù　書籍や映画などを数える量詞

出台[18]， 它 包括[19] 常住、 暂住[20]、 出生、 死亡、 迁出[21]、 迁入[22]、 变更
chūtái, tā bāokuò chángzhù, zànzhù, chūshēng, sǐwáng, qiānchū, qiānrù, biàngēng

等 7项 人口 登记 制度， 公民 被 划分[23]为 "农业户口" 和
děng qī-xiàng rénkǒu dēngjì zhìdù, gōngmín bèi huàfēnwéi "nóngyè-hùkǒu" hé

"非农业户口"。 从此[24]， 前者 被 称为 "农村人"， 后者 被 称为
"fēinóngyè-hùkǒu". Cóngcǐ, qiánzhě bèi chēngwéi "nóngcūnrén", hòuzhě bèi chēngwéi

"城里人"； 城市 间 自由 流动[25] 受到 限制， 城乡[26] 二元 体制
"chénglǐrén"; chéngshì jiān zìyóu liúdòng shòudào xiànzhì, chéngxiāng èryuán tǐzhì

造成 对 农村人 的 制度性[27] 歧视[28]。 人们 被 绑[29]在了 户口 所在地，
zàochéng duì nóngcūnrén de zhìdùxìng qíshì. Rénmen bèi bǎngzàile hùkǒu suǒzàidì,

粮食 配额[30]、 住房、 医疗、 卫生[31]、 就业[32]、 结婚 等 都 根据 户口
liángshi pèi'é, zhùfáng, yīliáo, wèishēng, jiùyè, jiéhūn děng dōu gēnjù hùkǒu

进行 管理。 相对于[33] 城里人， 农村人 缺乏[34] 各种 保障，
jìnxíng guǎnlǐ. Xiāngduìyú chénglǐrén, nóngcūnrén quēfá gèzhǒng bǎozhàng,

三年困难时期[35] 饿死 的 千百万[36]人， 绝大 多数 是 农村人。 对[37]
Sān-nián-kùnnan-shíqī èsǐ de qiānbǎiwàn-rén, juédà duōshù shì nóngcūnrén. Duì

农村人 来 说， 高考[38] 几乎[39] 是 实现 "鲤鱼 跳 龙门[40]"， 改变
nóngcūnrén lái shuō, gāokǎo jīhū shì shíxiàn "lǐyú tiào lóngmén", gǎibiàn

自己 和 后代[41] 命运 的 唯一 途径[42]。 城里人 和 农村人 谈婚 论嫁[43]，
zìjǐ hé hòudài mìngyùn de wéiyī tújìng. Chénglǐrén hé nóngcūnrén tánhūn lùnjià,

往往[44] 被 认为 "门 不 当 户 不 对[45]"， 从而[46] 遭到 家人 的 反对。
wǎngwǎng bèi rènwéi "mén bù dāng hù bú duì", cóng'ér zāodào jiārén de fǎnduì.

---

18. 出台　chūtái　（政策や施策などが）公布される
19. 包括　bāokuò　含む
20. 暂住　zànzhù　一時滞在
21. 迁出　qiānchū　転出
22. 迁入　qiānrù　転入
23. 划分　huàfēn　区別する
24. 从此　cóngcǐ　この時から
25. 流动　liúdòng　移動
26. 城乡　chéngxiāng　都市と農村
27. 制度性　zhìdùxìng　制度上の
28. 歧视　qíshì　差別, 偏見
29. 绑　bǎng　縛る
30. 配额　pèi'é　割り当て額
31. 卫生　wèishēng　保健
32. 就业　jiùyè　就職
33. 相对于～　xiāngduìyú~　～と比べて
34. 缺乏　quēfá　不足する
35. 三年困难时期　Sān-nián-kùnnan-shíqī

「三年大飢饉」と呼ばれ、1959～1961年の中国全土での大飢饉
36. 千百万　qiānbǎiwàn　何千万何百万。おびただしい数の形容
37. 对～来说　duì~lái shuō　～にとって
38. 高考　gāokǎo　大学入学試験。第八課参照
39. 几乎～　jīhū~　ほとんど～
40. 鲤鱼跳龙门　lǐyú tiào lóngmén　鯉の滝登り。黄河上流の滝、竜門を登った鯉は竜になる（『後漢書』の故事）、立身出世
41. 后代　hòudài　子孫
42. 途径　tújìng　道, 手段
43. 谈婚论嫁　tánhūn lùnjià　結婚のことを考える, 相談する。"谈婚"は男性の立場から, "论嫁"は女性の立場からの表現
44. 往往　wǎngwǎng　しばしば
45. 门不当户不对 mén bù dāng hù bú duì　家の格式が釣り合わない
46. 从而　cóng'ér　したがって

改革开放[47] 后， 从 中央 到 各级[48] 地方 政府 逐渐 对
Gǎigé-kāifàng hòu, cóng zhōngyāng dào gè-jí dìfāng zhèngfǔ zhújiàn duì

户籍 制度 动 手术[50]， 比如 北京、 上海、 深圳 等 城市
hùjí zhìdù dòng shǒushù, bǐrú Běijīng、 Shànghǎi、 Shēnzhèn děng chéngshì

实行 蓝印户口政策[51] 或 居住证制度， 给 满足 一定 条件
shíxíng lányìn-hùkǒu-zhèngcè huò jūzhùzhèng-zhìdù, gěi mǎnzú yídìng tiáojiàn

的 人 准市民[52] 待遇。 2014 年 7 月， 中国 政府 公布
de rén zhǔn-shìmín dàiyù. Èrlíngyīsì-nián qī-yuè, Zhōngguó zhèngfǔ gōngbù

《国务院 关于 进一步[53] 推进 户籍 制度 改革 的 意见》， 停止 划分
《Guówùyuàn guānyú jìnyíbù tuījìn hùjí zhìdù gǎigé de yìjiàn》, tíngzhǐ huàfēn

农业 和 非农业户口， 把 户口 类型[54] 统一 登记为 "居民户口"。
nóngyè hé fēinóngyè-hùkǒu, bǎ hùkǒu lèixíng tǒngyī dēngjìwéi "jūmín-hùkǒu".

2021 年 4 月， 国家发改委[56] 印发[57] 文件， 要求 常住 人口
Èrlíng'èryī-nián sì-yuè, guójiā-fāgǎiwěi yìnfā wénjiàn, yāoqiú chángzhù rénkǒu

300 万 以下 的 城市 在 2025 年 前 全面 取消[58] 落户[59] 限制[60]，
sānbǎiwàn yǐxià de chéngshì zài èrlíng'èrwǔ-nián qián quánmiàn qǔxiāo luòhù xiànzhì,

这 无疑[61] 是 一项 值得[62] 称赞 的 重大 举措[63]。 不过 这项
zhè wúyí shì yí-xiàng zhíde chēngzàn de zhòngdà jǔcuò. Búguò zhè-xiàng

政策 只 面向[64] 人口 300 万 以下 的 城市， 估计[65] 在 全国
zhèngcè zhǐ miànxiàng rénkǒu sānbǎiwàn yǐxià de chéngshì, gūjì zài quánguó

范围 内 取消 落户 限制， 所有 公民 能够 自由 地 选择
fànwéi nèi qǔxiāo luòhù xiànzhì, suǒyǒu gōngmín nénggòu zìyóu de xuǎnzé

居住地， 恐怕[66] 还 需要 相当 长 的 年数， 因为 人口 超过
jūzhùdì, kǒngpà hái xūyào xiāngdāng cháng de niánshù, yīnwei rénkǒu chāoguò

300 万 的 大 中 城市 有 30 多个 呢！
sānbǎiwàn de dà zhōng chéngshì yǒu sānshí duō-ge ne!

---

47. 改革开放 gǎigé-kāifàng 第四課語注22参照
48. 级 jí 級、レベル。"各级地方政府" とは，各省・直轄市・自治区とその管轄下の市における行政機関のこと
49. 逐渐 zhújiàn しだいに，だんだんと
50. 手术 shǒushù 手術。"动手术" は「手術する，メスを入れる」
51. 蓝印户口政策 lányìn-hùkǒu-zhèngcè 北京，上海，深圳など一部の都市で実施している戸籍政策。その都市の商品住宅を購入したり，その都市の会社などに採用されたりした他省の出身者に，戸籍に青色の印が押される
52. 准市民 zhǔn-shìmín 準市民。市民に準ずる人
53. 进一步 jìnyíbù 一歩進んで
54. 类型 lèixíng 種類

55. 居民户口 jūmín-hùkǒu 住民戸籍
56. 国家发改委 guójiā-fāgǎiwěi 国家発展改革委員会
57. 印发 yìnfā 印刷して配布する
58. 取消 qǔxiāo 廃止する
59. 落户 luòhù 戸籍を移して定住する，移り住む
60. 限制 xiànzhì 制限
61. 无疑 wúyí 疑いなく
62. 值得～ zhíde～ ～に値する
63. 举措 jǔcuò 措置
64. 面向～ miànxiàng～ ～の方を向く
65. 估计 gūjì 見積もる
66. 恐怕～ kǒngpà～ （よくない結果を予測して）恐らく～だろう

不断进化的支付方式

● 基礎知識

1949 年の新中国成立以降、現在まで、買い物の際の支払い方法は激変してきました。

まず、1950 年代から 1978 年に改革開放時代（語注 14）に入るまでの計画経済の時代は、現金以外に、必ずさまざまな配給切符（語注 8 ～ 11）が必要でした。その後 80 年代に入って物が豊かになると、配給切符は次第に姿を消し、現金のみでの支払いとなりました。

21 世紀に入ると銀行カードが普及し、カード支払いが増加した結果、それまで偽札に悩まされていた中国経済は、悩みが軽減しました。その後インターネットが普及し、街に出かけての買い物から電子商取引に代わり、銀行支払がオンライン支払に代わりました。

またスマートフォンが急速に普及した結果、モバイル決済が登場。2003 年に"淘宝網"（語注 34）は"支付宝（Alipay）"（語注 36）のサービスを開始、翌年には正式に独立決済プラットフォームとなりました。また 2013 年には"騰訊公司（テンセント）"が"微信支付（We Chat Pay）"（語注 38）を世に出し、"苹果支付（Apple Pay）"（語注 40）も市場に出ました。現在、中国では Alipay と We Chat Pay がスマホ決済市場を独占しており、これらは便利である一方で、個人身分証（語注 50）か実名によるスマホの番号を紐付けしなければなりません。その結果、すべての取引の個人情報（買い物履歴など）は記録されています。

さらにまた、2020 年に中国人民銀行はデジタル人民元を世に出し、多くの省や市において試行テストを行いました。その先駆けとして江蘇省常熟市では、2023 年 5 月から市の公的機関の職員に、デジタル人民元による給与の支払いを行っています。

● 本文

近年来，手机成为人们主要的支付工具。出门在外，只要手机带在身上就什么都能解决了。回顾一下支付方式在中国的演变，我们会发现短短几十年时间里，发生了天翻地覆的变化。

上世纪 50 年代到 80 年代，中国处于计划经济时代。那时候物资短缺，买东西时仅仅支付现金不行，还要同时支付粮票、肉票、布票等名目繁杂的票证。没有这些票证，就无法生活，出门后寸步难行。

随着改革开放的深入，物资日益丰富，各类票证渐渐退出历史舞台。取而代之的是现金支付，钱包鼓鼓的、提着大包一度成为大款的象征。

随着千禧年的到来，银行卡大踏步地走进人们的生活，可以随时随地刷卡消费。没过多久，互联网进入千家万户，电子商务逐渐代替上街购物，传统的银行支付变成在线支付，成了新的支付方式。

当智能手机被广泛使用后，移动支付出台了。2003 年，淘宝网推出支付宝服务。第二年，支付宝脱离淘宝网，正式成为第三方移动支付平台。2013 年，微信支付出现了。紧接着，苹果支付也问世了。 在这样的大潮流中，支持多种支付方式的聚合支付闪亮登场，它给人们带来更大的便利，也为银行节约了大量的管理成本。

阿里巴巴集团推出的支付宝，腾讯公司推出的微信支付，几乎垄断了手机支付市场。有利必有弊。支付宝和微信支付都必须要绑定个人身份证或实名制手机号码。因此，任何交易都会记录在身份证个人信息名下，手机主人的行踪、购物履历、消费趣向、消费能力都会留下一清二楚的记录，个人隐私被无形地掌控着。

你方唱罢我登场。不知从哪天起，由一家芬兰企业最先推出的"刷脸支付"在中国迅速普及起来了。这种基于人工智能和大数据技术的新型支付方式安全，便利，正在得到越来越广泛的应用。

2020 年，中国人民银行率先推出了数字人民币，并在全国多个省市进行测试。2023 年 5 月起，江苏省常熟市所有公务员、事业人员和国资单位人员的工资全额由数字人民币发放，开创了数字人民币利用的先河。

本文を中国語で発音し、精読していきましょう。 ■■■■■■■■■■■■■■■

DL 7

近年 来，手机[1] 成为 人们 主要 的 支付 工具[2]。 出门 在外，
Jìnnián lái, shǒujī chéngwéi rénmen zhǔyào de zhīfù gōngjù. Chūmén zàiwài,

只要[3] 手机 带在 身上 就 什么 都 能 解决 了。回顾[4] 一下 支付
zhǐyào shǒujī dàizài shēnshang jiù shénme dōu néng jiějué le. Huígù yíxià zhīfù

方式 在 中国 的 演变[5]，我们 会 发现 短短 几十年 时间里，
fāngshì zài Zhōngguó de yǎnbiàn, wǒmen huì fāxiàn duǎnduǎn jǐshí-nián shíjiānli,

发生了 天翻地覆[6] 的 变化。
fāshēngle tiānfāndìfù de biànhuà.

上世纪 50 年代 到 80 年代，中国 处于[7] 计划 经济 时代。
Shàngshìjì wǔshí-niándài dào bāshí-niándài, Zhōngguó chǔyú jìhuà jīngjì shídài.

那 时候 物资 短缺，买 东西 时 仅仅 支付 现金 不行，还 要 同时
Nà shíhou wùzī duǎnquē, mǎi dōngxi shí jǐnjǐn zhīfù xiànjīn bùxíng, hái yào tóngshí

支付 粮票[8]、肉票[9]、布票[10] 等 名目 繁杂 的 票证[11]。没有 这些
zhīfù liángpiào、ròupiào、bùpiào děng míngmù fánzá de piàozhèng. Méiyou zhèxiē

票证，就 无法 生活，出门 后 寸步难行[12]。
piàozhèng, jiù wúfǎ shēnghuó, chūmén hòu cùnbùnánxíng.

随着[13] 改革开放[14] 的 深入，物资 日益 丰富，各类 票证 渐渐[15]
Suízhe gǎigé-kāifàng de shēnrù, wùzī rìyì fēngfù, gèlèi piàozhèng jiànjiàn

退出 历史 舞台。取而代之[16] 的 是 现金支付，钱包 鼓鼓[17] 的、提着
tuìchū lìshǐ wǔtái. Qǔ'érdàizhī de shì xiànjīn-zhīfù, qiánbāo gǔgǔ de、tízhe

大包 一度[18] 成为 大款[19] 的 象征。
dàbāo yídù chéngwéi dàkuǎn de xiàngzhēng.

随着 千禧年[20] 的 到来，银行卡[21] 大踏步[22] 地 走进 人们 的
Suízhe qiānxǐnián de dàolái, yínháng-kǎ dàtàbù de zǒujìn rénmen de

语注

1. 手机　　shǒujī　　スマートフォン
2. 工具　　gōngjù　　手段，道具
3. 只要 A 就 B　zhǐyào A jiù B　A さえすればB である
4. 回顾　　huígù　　回顾する，振り返る
5. 演变　　yǎnbiàn　　変遷
6. 天翻地覆　tiānfāndìfù　天地がひっくり返る
7. 处于～　chǔyú（～の位置・環境）に身を置く
8. 粮票　　liángpiào　　食糧購入切符
9. 肉票　　ròupiào　　肉購入切符
10. 布票　　bùpiào　　布購入切符
11. 票证　　piàozhèng　　配給切符の総称

12. 寸步难行　cùnbùnánxíng　成語一歩も進めない
13. 随着～　suízhe~　～につれて、～にしたがって
14. 改革开放 gǎigé-kāifàng 第四課語注 22 参照
15. 渐渐　　jiànjiàn　　次第に，だんだんと
16. 取而代之　qǔ'érdàizhī　取って代わる
17. 鼓鼓　　gǔgǔ　　膨れてパンパンである
18. 一度　　yídù　　かつて
19. 大款　　dàkuǎn　　大金持ち
20. 千禧年 qiānxǐnián　千年紀。西暦二千年
21. 银行卡 yínháng-kǎ　銀行カード
22. 大踏步 dàtàbù　大股で

生活， 可以 随时[23] 随地[24] 刷卡 消费。 没 过 多久， 互联网[25] 进入
shēnghuó, kěyi suíshí suídì shuākǎ xiāofèi. Méi guò duōjiǔ, hùliánwǎng jìnrù

千家万户[26]， 电子商务[27] 逐渐[28] 代替 上街 购物， 传统 的 银行支付
qiānjiāwànhù, diànzǐ-shāngwù zhújiàn dàitì shàngjiē gòuwù, chuántǒng de yínháng-zhīfù

变成 在线支付[29]， 成了 新 的 支付 方式。
biànchéng zàixiàn-zhīfù, chéngle xīn de zhīfù fāngshì.

当[30] 智能 手机[31] 被 广泛 使用 后， 移动支付[32] 出台[33]了。
Dāng zhìnéng shǒujī bèi guǎngfàn shǐyòng hòu, yídòng-zhīfù chūtáile.

2003 年， 淘宝网[34] 推出[35] 支付宝[36] 服务。 第二年， 支付宝 脱离
Èrlínglíngsān-nián, Táobǎowǎng tuīchū Zhīfùbǎo fúwù. Dì-èr-nián, Zhīfùbǎo tuōlí

淘宝网， 正式 成为 第三方 移动支付 平台[37]。 2013 年，
Táobǎowǎng, zhèngshì chéngwéi dì-sān-fāng yídòng-zhīfù píngtái. Èrlíngyīsān-nián,

微信支付[38] 出现了。 紧接着[39]， 苹果支付[40] 也 问世[41]了。 在 这样 的 大
Wēixìn-zhīfù chūxiànle. Jǐnjiēzhe, Píngguǒ-zhīfù yě wènshìle. Zài zhèyàng de dà

潮流 中， 支持[42] 多种 支付 方式 的 聚合支付[43] 闪亮 登场[44]， 它 给
cháoliú zhōng, zhīchí duōzhǒng zhīfù fāngshì de jùhé-zhīfù shǎnliàng dēngchǎng, tā gěi

人们 带来 更 大 的 便利， 也 为 银行 节约了 大量 的 管理 成本[45]。
rénmen dàilai gèng dà de biànlì, yě wèi yínháng jiéyuēle dàliàng de guǎnlǐ chéngběn.

阿里巴巴集团 推出 的 支付宝， 腾讯公司 推出 的 微信支付，
Ālǐbābā-jítuán tuīchū de Zhīfùbǎo, Téngxùn-gōngsī tuīchū de Wēixìn-zhīfù,

几乎[46] 垄断[47]了 手机支付[48] 市场。 有 利 必 有 弊。 支付宝 和
jīhū lǒngduànle shǒujī-zhīfù shìchǎng. Yǒu lì bì yǒu bì. Zhīfùbǎo hé

---

23. 随时　　suíshí　　いつでも
24. 随地　　suídì　　どこでも
25. 互联网　hùliánwǎng　インターネット
26. 千家万户　qiānjiāwànhù　多くの家々
27. 电子商务　diànzǐ-shāngwù　電子商取引
28. 逐渐　　zhújiàn　次第に，だんだんと
29. 在线支付　zàixiàn-zhīfù　オンライン支払い
30. 当〜后　dāng ～ hòu　〜の後
31. 智能手机　zhìnéng shǒujī　スマートフォン
32. 移动支付　yídòng-zhīfù　携帯電話による支払い。モバイル決済
33. 出台　　chūtái　登場する
34. 淘宝网　Táobǎowǎng　中国を拠点とする大手IT企業のアリババグループ（"阿里巴巴集団"）が設立したオンラインモール
35. 推出　　tuīchū　（新しいものを）世に出す
36. 支付宝　Zhīfùbǎo　アリペイ。アリババグループが提供する，中国の通貨（人民元）で支払うQRコード決済サービス

37. 第三方移动支付平台 dì-sān-fāng yídòng-zhīfù píngtái　独立決済プラットフォーム
38. 微信支付　Wēixìn-zhīfù　ウィーチャットペイ。メッセージアプリの"We Chat"を利用した決済サービス
39. 紧接着　jǐnjiēzhe　すぐに続いて
40. 苹果支付　Píngguǒ-zhīfù　アップルペイ
41. 问世　　wènshì　市場に出る
42. 支持　　zhīchí　サポートする
43. 聚合支付　jùhé-zhīfù　総合的な支払いサービス
44. 闪亮登场　shǎnliàng dēngchǎng　さっそうと登場する
45. 管理成本　guǎnlǐ chéngběn　マネジメントの失敗で発生したコスト
46. 几乎　　jīhū　ほとんど全部
47. 垄断　　lǒngduàn　思いのまま左右する
48. 手机支付　shǒujī-zhīfù　スマホ決済

微信支付　都　必须　要　绑定[40]　个人　身份证[50]　或　实名制　手机
Wēixìn-zhīfù dōu bìxū yào bǎngdìng gèrén shēnfènzhèng huò shímíngzhì shǒujī

号码。　因此[51]，　任何[52]　交易[53]　都　会　记录在　身份证　个人　信息[54]
hàomǎ. Yīncǐ, rènhé jiāoyì dōu huì jìlùzài shēnfènzhèng gèrén xìnxī

名　下，手机　主人　的　行踪[55]、购物　履历、消费　趣向、消费　能力
míng xià, shǒujī zhǔrén de xíngzōng、 gòuwù lǚlì、 xiāofèi qùxiàng、 xiāofèi nénglì

都　会　留下　一清二楚[56]　的　记录，个人　隐私[57]　被　无形[58]　地　掌控[59]着。
dōu huì liúxià yìqīng'èrchǔ de jìlù, gèrén yǐnsī bèi wúxíng de zhǎngkòngzhe.

　　你　方　唱罢　我　登场[60]　不知　从　哪天　起，由　一家　芬兰[61]　企业
Nǐ fāng chàngbà wǒ dēngchǎng. Bùzhī cóng nǎ-tiān qǐ, yóu yì-jiā Fēnlán qǐyè

最先　推出　的　"刷脸支付[62]"　在　中国　迅速　普及起来了。　这种
zuìxiān tuīchū de "shuāliǎn-zhīfù" zài Zhōngguó xùnsù pǔjíqǐlaile. Zhè-zhǒng

基于[63]　人工　智能　和　大数据[64]　技术　的　新型　支付　方式　安全，便利，
jīyú réngōng zhìnéng hé dàshùjù jìshù de xīnxíng zhīfù fāngshì ānquán, biànlì,

正在　得到　越　来　越　广泛　的　应用[65]。
zhèngzài dédào yuè lái yuè guǎngfàn de yìngyòng.

　　2020年，　　中国人民银行　　率先　推出了　数字人民币[66]，并
Èrlíng'èrlíng-nián, Zhōngguórénmínyínháng shuàixiān tuīchūle shùzì-rénmínbì, bìng

在　全国　多个　省　市　进行　测试[67]。　2023年　5月　起，　江苏省
zài quánguó duō-ge shěng shì jìnxíng cèshì. Èrlíng'èrsān-nián wǔ-yuè qǐ, Jiāngsū-shěng

常熟市　　所有　公务员、事业　人员　和　国资　单位[68]　人员　的　工资[69]
Chángshú-shì suǒyǒu gōngwùyuán、 shìyè rényuán hé guózī dānwèi rényuán de gōngzī

全额　由　数字人民币　发放[70]，开创[71]了　数字人民币　利用　的　先河[72]。
quán'é yóu shùzì-rénmínbì fāfàng, kāichuàngle shùzì-rénmínbì lìyòng de xiānhé.

7

不断进化的支付方式

---

49. 绑定　bǎngdìng　紐付けする，連携する
50. 个人身份证　gèrén shēnfènzhèng　中国公民各個人に発行される身分証明書の"居民身份证"。満16歳以上の者に申請義務があり，常住戸籍の所在地の公安局，派出所に申請し，国内で常に携帯
51. 因此　yīncǐ　これにより
52. 任何～　rènhé~　どのような～でも
53. 交易　jiāoyì　取引
54. 个人信息　gèrén xìnxī　個人情報
55. 行踪　xíngzōng　行動
56. 一清二楚　yìqīng'èrchǔ　はっきりと
57. 隐私　yǐnsī　プライバシー
58. 无形　wúxíng　いつの間にか，知らぬ間に
59. 掌控　zhǎngkòng　コントロールする
60. 你方唱罢我登场　nǐ fāng chàngbà wǒ

dēngchǎng　先を争って次々に登場するという意味
61. 芬兰　Fēnlán　フィンランド
62. 刷脸支付　shuāliǎn-zhīfù　顔認証決済
63. 基于～　jīyú~　～に基づく
64. 大数据　dàshùjù　ビッグデータ
65. 应用　yìngyòng　使用
66. 数字人民币　shùzì-rénmínbì　デジタル人民元
67. 测试　cèshì　テスト
68. 国资单位　guózī dānwèi　国営組織
69. 工资　gōngzī　給与
70. 发放　fāfàng　支給する
71. 开创　kāichuàng　切り開く
72. 先河　xiānhé　先駆け

中国的高等教育

基礎知識

　　中国の学制は6-3-3-4制で、小学校と中学が義務教育です。高校を卒業すると、大学に進学します。大学は普通大学と成人大学があり、普通大学の入学試験を"高考（普通高等学校招生全国統一考試）"と呼んでいます。毎年一千万人を超える受験者が6月7日と8日に"高考"を受験し、それは"一考定終身（一度の試験で人生が決まる）"と言われるほど熾烈な、言わば「戦場」です。また、世界一流大学と世界一流学科を建設して、中国の高等教育の総合的な実力と国際競争力を高めること目的とした「双一流大学プロジェクト」が2017年から始動し、2022年発表のリストでは、147大学と428学科が選ばれました。

　　中国の大学と言えば、双璧を成すのが北京大学と清華大学です。2024年度タイムズ・ハイヤー・エデュケーション（語注26）において、清華大学は全世界の12位、北京大学は14位でした。ちなみに、日本の東京大学は29位、京都大学は55位です。

　　北京大学の前身の「京師大学堂」は「戊戌の変法」（語注6）の遺産です。1905年に科挙試験制度を廃止した清朝政府は、西洋の試験制度を導入し、1912年に北京大学と改名しました。また清華大学の前身は、「清華学堂」で、アメリカが返還した庚子賠款（語注21）の一部によって建てられた、アメリカ留学の予備校でした。1928年に清華大学と改名、新中国成立後は理工系の総合大学として改組され、現在では北京大学と同様の国立総合大学です。現在の国家主席の習近平と前国家主席の胡錦涛は清華大学の卒業生です。

本文

　　1898年6月，康有为、梁启超等维新派人士通过光绪帝进行了一场"戊戌变法"，倡导学习西方，改革政治、教育制度等。遗憾的是，在西太后为代表的守旧派势力抵抗下，仅仅三个多月后就失败了。作为"戊戌变法"产物，当年7月，中国第一所官办现代大学"京师大学堂"诞生了。1905年，清政府废除了科举考试制度，引进了西方的考试制度。1912年，京师大学堂改名为北京大学，因翻译、介绍进化论而知名的启蒙思想家严复就任第一代校长，该校发展成为中国最早的国立综合大学。

　　与北京大学齐名的清华大学前身，是创办于1911年的"清华学堂"，它是由美国退还的部分庚子赔款建立的留美预备学校，1928年更名为清华大学。新中国成立后，在上世纪50年代，由于政府的院系调整，清华大学被改组为理工科综合大学，成为一所培养理工科科技人才的高校。如今，它与北京大学一样，是一所综合性大学。

　　2024年度英国《泰晤士高等教育》世界大学排名榜中，清华大学第12名、北京大学第14名，而日本的东京大学和京都大学排在第29名、55名。除了北大和清华，还有9所中国大陆的大学进入前200名。由此可见，中国高等教育还是有可圈可点之处的。

　　现行中国学制是6-3-3-4制，其中小学6年和初中3年是义务教育，高中毕业后，通过考试的人升入大学。中国目前有三千多所大学，包括普通高等学校和成人高等学校。普通高等学校的入学考试叫"普通高等学校招生全国统一考试"，简称"高考"，考生连年超过一千万人。考生们在成绩公布后选择学校，也就是说能考入哪所学校，完全取决于高考分数。高考是选拔人才的主要形式，但考场成为学子们的"战场"，被称为"千军万马过独木桥"、"一考定终身"。对家长和考生来讲，高考是人生中一大重要"战役"。另外，成人高等学校包括广播电视大学、函授大学等。

　　2019年11月，教育部将全国的重点大学和重点学科都统筹到双一流大学工程中了。所谓"双一流"，指的是世界一流大学和一流学科建设，2017年正式启动的，目的是提升中国高等教育综合实力和国际竞争力。2022年2月，教育部公布了第二轮（2022年～2026年）双一流大学和学科名单，147所大学的428个学科入选。为了考上大学，并争取考上双一流大学，考生们每年6月7、8日走进考场。在激烈的竞争中取得好成绩的学子9月份迈进大学校园，迎接新学期和人生新开端。

本文を中国語で発音し、精読していきましょう。 ■■■■■■■■■■■■■■■

DL 8

1898 年　　6 月，　康有为[1]、　　梁启超[2]　等　维新派[3]　人士　通过[4]
Yībājiǔbā-nián liù-yuè, Kāng-Yǒuwéi、Liáng-Qǐchāo děng wéixīnpài rénshì tōngguò

光绪帝[5]　进行了　一场　"戊戌变法[6]"，　倡导[7]　学习　西方，改革　政治、
Guāngxùdì jìnxíngle yì-chǎng "Wùxūbiànfǎ", chàngdǎo xuéxí xīfāng, gǎigé zhèngzhì、

教育　制度　等。遗憾　的　是，在　西太后[8]　为　代表　的　守旧派[9]　势力
jiàoyù zhìdù děng. Yíhàn de shì, zài Xī-Tàihòu wéi dàibiǎo de shǒujiùpài shìlì

抵抗　下，　仅仅[10]　三个　多　月　后　就　失败了。作为　"戊戌变法"　产物，
dǐkàng xià, jǐnjǐn sān-ge-duō yuè hòu jiù shībàile. Zuòwéi "Wùxūbiànfǎ" chǎnwù,

当年　　7 月，　中国　第一所　官办[11]　现代　大学　"京师大学堂"
dàngnián qī-yuè, Zhōngguó dì-yī-suǒ guānbàn xiàndài dàxué "Jīngshī-dàxuétáng"

诞生了。　　1905 年，　清政府　废除了　科举[12]　考试[13]　制度，引进[14]了
dànshēngle. Yījiǔlíngwǔ-nián, Qīng zhèngfǔ fèichúle kējǔ kǎoshì zhìdù, yǐnjìnle

西方　的　考试　制度。　1912 年，　京师大学堂　改名　为　北京大学，
xīfāng de kǎoshì zhìdù. Yījiǔyī'èr-nián, Jīngshī-dàxuétáng gǎi míng wéi Běijīng-dàxué,

因[15]　翻译、介绍　进化论　而　知名　的　启蒙　思想家　严复[16]　就任
yīn fānyì、jièshào jìnhuàlùn ér zhīmíng de qǐméng sīxiǎngjiā Yán-Fù jiùrèn

第一代　校长，该[17]校　发展　成为　中国　最早的　国立　综合　大学。
dì-yī-dài xiàozhǎng, gāi xiào fāzhǎn chéngwéi Zhōngguó zuì zǎo de guólì zōnghé dàxué.

8

中国的高等教育

語注

1. 康有为 Kāng-Yǒuwéi　康有為, コウユウイ (1858～1927)。清末から民国初期の思想家, 政治家, 学者。新しい儒教学説を掲げた

2. 梁启超 Liáng-Qǐchāo　梁啓超, リョウケイチョウ (1873～1929)。康有為の弟子。清末から民国初期の思想家, 政治家, ジャーナリスト。上海で『時務報』を発刊し, 中国の近代化を促す啓蒙活動を行った

3. 维新派 wéixīnpài　日本の明治維新に学ぶことを主張した人々

4. 通过 tōngguò　（人や組織の）同意や承認を得る

5. 光绪帝 Guāngxùdì　清朝第 11 代皇帝（在位 1875～1908）

6. 戊戌变法 Wùxūbiànfǎ　立憲君主制の樹立を目指した政治改革。3 か月で失敗に終わると, 康有為, 梁啓超は日本に亡命した

7. 倡导 chàngdǎo　先導して主張する

8. 西太后 Xī-Tàihòu　清朝第 9 代皇帝咸豊帝の側妃, 第 10 代皇帝同治帝の生母。光緒帝は甥

9. 守旧派 shǒujiùpài　昔からの習慣・制度などを守る勢力

10. 仅仅 jǐnjǐn　わずか

11. 官办 guānbàn　官営の, 国営の

12. 科举 kējǔ　隋代に始まり清代末期に廃止された官吏登用の試験制度

13. 考试 kǎoshì　試験

14. 引进 yǐnjìn　導入する

15. 因 A 而 B yīn A ér B　A によってそして B である

16. 严复 Yán-Fù　厳復, ゲンブク。清末の思想家, 翻訳家。1877 年にイギリスに留学

17. 该 gāi　この

与　　北京大学　　齐名[18]　的　　清华大学　　前身，　是　　创办[19]于　1911 年
Yǔ　Běijīng-dàxué　qímíng　de　Qīnghuá-dàxué　qiánshēn,　shì　chuàngbànyú　yījiǔyīyī-nián

的　"清华学堂"，　它　是　由　美国　退还[20]　的　部分　庚子赔款[21]　建立　的
de　"Qīnghuá-xuétáng",　tā　shì　yóu　Měiguó　tuìhuán　de　bùfen　Gēngzǐpéikuǎn　jiànlì　de

留美[22]　预备　　学校，　　1928 年　　更名[23]为　　清华大学。　新　　中国
liú-Měi　yùbèi　xuéxiào,　yījiǔ'èrbā-nián　gēngmíngwéi　Qīnghuá-dàxué.　Xīn　Zhōngguó

成立　后，　在　上世纪　50 年代，　由于　政府　的　院系[24]　调整，
chénglì　hòu,　zài　shàngshìjì　wǔshí-niándài,　yóuyú　zhèngfǔ　de　yuànxì　tiáozhěng,

清华大学　　被　　改组为　　理工科　　综合　大学，　成为　　一所　　培养
Qīnghuá-dàxué　bèi　gǎizǔwéi　lǐgōng-kē　zōnghé　dàxué,　chéngwéi　yì-suǒ　péiyǎng

理工科　　科技　人才　的　高校[25]。　如今，　它　与　北京大学　一样，　是
lǐgōng-kē　kējì　réncái　de　gāoxiào.　Rújīn,　tā　yǔ　Běijīng-dàxué　yíyàng,　shì

一所　综合性　大学。
yì-suǒ　zōnghéxìng　dàxué.

2024 年度　　英国　《泰晤士　高等教育[26]》　世界　大学　排名榜[27]
Èrlíng'èrsì-niándù　Yīngguó　《Tàiwùshì gāoděngjiàoyù》　shìjiè　dàxué　páimíngbǎng

中，　清华大学　第 12 名、　北京大学　第 14 名，　而　日本　的
zhōng,　Qīnghuá-dàxué　dì-shí'èr-míng、　Běijīng-dàxué　dì-shísì-míng,　ér　Rìběn　de

东京大学　和　京都大学　排在　　第 29 名、　55 名。　除了[28]　北大
Dōngjīng-dàxué　hé　Jīngdū-dàxué　páizài　dì-èrshíjiǔ-míng、wǔshiwǔ-míng.　Chúle　Běi-dà

和　清华，　还有　9 所　中国　大陆　的　大学　进入　前　200 名。
hé　Qīnghuá,　háiyǒu　jiǔ-suǒ　Zhōngguó　dàlù　de　dàxué　jìnrù　qián　èrbǎi-míng.

由此可见[29]，　中国　高等　教育　还是　有　可圈可点[30]　之　处　的。
Yóucǐkějiàn,　Zhōngguó　gāoděng　jiàoyù　hái　shì　yǒu　kěquānkědiǎn　zhī　chù　de.

---

18. 齐名　qímíng　名声を等しくする
19. 创办　chuàngbàn　創設する
20. 退还　tuìhuán　返還する
21. 庚子赔款　Gēngzǐpéikuǎn　こうしばいかん。1900 年に起こった義和団事件に対する賠償金。4 億 5 千万海関両で, 返済期間 40 年
22. 留美　liú-Měi　アメリカ留学
23. 更名　gēngmíng　改名する
24. 院系　yuànxì　（大学の）学部と学科
25. 高校　gāoxiào　"高等学校"の略。総合大学, 単科大学など, 大学レベルの学校の総称

26. 泰晤士高等教育　Tàiwùshì gāoděngjiàoyù　"The Times Higher Education"。イギリスのタイムズが新聞の付録冊子として毎年秋に発行している高等教育情報誌
27. 排名榜　páimíngbǎng　ランキング一覧
28. 除了 A, 还有 B　chúle A, háiyǒu B　A を除いて, さらに B である
29. 由此可见〜　yóucǐkějiàn〜　このことから〜がわかる
30. 可圈可点　kěquānkědiǎn　称賛に値する

现行　　中国　学制是 6-3-3-4 制，其中　小学[31] 6年 和　初中[32]
Xiànxíng Zhōngguó xuézhì shì liù-sān-sān-sì-zhì, qízhōng xiǎoxué liù-nián hé chūzhōng

3年　是 义务 教育，高中[33] 毕业[34] 后，通过 考试 的 人 升入[35] 大学。
sān-nián shì yìwù jiàoyù, gāozhōng bìyè hòu, tōngguò kǎoshì de rén shēngrù dàxué.

中国　目前 有　三千多所　大学，包括 普通　高等学校[36] 和　成人
Zhōngguó mùqián yǒu sānqiānduō-suǒ dàxué, bāokuò pǔtōng gāoděngxuéxiào hé chéngrén

高等学校。　普通　高等学校　的 入学 考试 叫 "普通　高等学校
gāoděngxuéxiào. Pǔtōng gāoděngxuéxiào de rùxué kǎoshì jiào "pǔtōng gāoděngxuéxiào

招生　　全国 统一 考试"，　简称 "高考"，考生[37] 连年　超过
zhāoshēng quánguó tǒngyī kǎoshì", jiǎnchēng "gāokǎo", kǎoshēng liánnián chāoguò

一千万人。　考生们　在　成绩 公布 后 选择[38] 学校，也　就是
yìqiānwàn-rén. Kǎoshēngmen zài chéngjì gōngbù hòu xuǎnzé xuéxiào, yě jiùshi

说 能 考入[39] 哪所 学校，完全 取决于[40] 高考 分数。高考 是 选拔[41]
shuō néng kǎorù nǎ-suǒ xuéxiào, wánquán qǔjuéyú gāokǎo fēnshù. Gāokǎo shì xuǎnbá

人才 的 主要 形式，但 考场[42] 成为　学子[43]们 的 "战场"，被
réncái de zhǔyào xíngshì, dàn kǎochǎng chéngwéi xuézǐmen de "zhànchǎng", bèi

称为 "千军万马 过 独木桥[44]"、"一 考 定 终身[45]"。对[46] 家长[47]
chēngwéi "qiānjūnwànmǎ guò dúmùqiáo"、"yì kǎo dìng zhōngshēn". Duì jiāzhǎng

和 考生 来 讲，高考 是 人生 中 一大 重要 "战役[48]"。
hé kǎoshēng lái jiǎng, gāokǎo shì rénshēng zhōng yídà zhòngyào "zhànyì".

另外，　成人 高等学校 包括 广播电视大学[49]、 函授大学[50] 等。
Lìngwài, chéngrén gāoděngxuéxiào bāokuò Guǎngbō-diànshì-dàxué、Hánshòu-dàxué děng.

31. 小学　xiǎoxué　小学校	42. 考场　kǎochǎng　試験場
32. 初中　chūzhōng　初級中学。日本の中学校に当たる	43. 学子　xuézǐ　学生，生徒。書き言葉
33. 高中　gāozhōng　高級中学。日本の高校に当たる	44. 千军万马过独木桥　qiānjūnwànmǎ guò dúmùqiáo　千軍万馬が丸木橋を渡る。競争が異常なほど熾烈であることの譬え
34. 毕业　bìyè　卒業する	45. 一考定终身　yì kǎo dìng zhōngshēn　一度の試験が一生を決める
35. 升入　shēngrù　（上級の学校へ）進学する	46. 对～来讲　duì~lái jiǎng　～にとっては
36. 普通高等学校　pǔtōng gāoděngxuéxiào　総合大学と単科大学のこと	47. 家长　jiāzhǎng　家長，親
37. 考生　kǎoshēng　受験生	48. 战役　zhànyì　戦い，戦争
38. 选择　xuǎnzé　選択する	49. 广播电视大学　Guǎngbō-diànshì-dàxué　ラジオ・テレビ大学
39. 考入　kǎorù　受かる	50. 函授大学　Hánshòu-dàxué　通信教育大学
40. 取决于～　qǔjuéyú~　～によって決まる	
41. 选拔　xuǎnbá　選抜する	

2019 年　　11 月，教育部⁵¹　将⁵²　全国　的　重点　大学⁵³和　重点
Èrlíngyījiǔ-nián shíyī-yuè, jiàoyù-bù jiāng quánguó de zhòngdiǎn dàxué hé zhòngdiǎn

学科⁵⁴　都　统筹⁵⁵到　　双一流大学工程⁵⁶　　中　了。所谓　"双一流"，
xuékē dōu tǒngchóudào shuāngyìliú-dàxué-gōngchéng zhōng le. Suǒwèi "shuāngyìliú",

指　的　是　世界　一流　大学　和　一流　学科　建设，　2017 年　正式　启动⁵⁷
zhǐ de shì shìjiè yìliú dàxué hé yìliú xuékē jiànshè, èrlíngyīqī-nián zhèngshì qǐdòng

的，目的　是　提升　中国　高等　教育　综合　实力　和　国际　竞争力。
de, mùdì shì tíshēng Zhōngguó gāoděng jiàoyù zōnghé shílì hé guójì jìngzhēnglì.

2022 年　　2 月，　教育部　公布了　第二轮⁵⁸　（2022 年 ～ 2026 年）
Èrlíng'èr'èr-nián èr-yuè, jiàoyù-bù gōngbùle dì-èr-lún (èrlíng'èr'èr-nián ～ èrlíng'èrliù-nián)

双一流　大学　和　学科　名单，　　147 所　大学　的　428 个　学科
shuāngyìliú dàxué hé xuékē míngdān, yìbǎisìshíqī-suǒ dàxué de sìbǎi'èrshíbā-ge xuékē

入选。为了　考上⁵⁹大学，　并　争取⁶⁰考上　双一流　大学，考生们
rùxuǎn. Wèile kǎoshang dàxué, bìng zhēngqǔ kǎoshang shuāngyìliú dàxué, kǎoshēngmen

每年　6 月 7、8 日走进　考场。在　激烈　的　竞争　中 取得　好　成绩
měinián liù-yuè qī、bā-rì zǒujìn kǎochǎng. Zài jīliè de jìngzhēng zhōng qǔdé hǎo chéngjì

的　学子　9 月份　迈进⁶¹大学　校园，　迎接　新　学期　和　人生　新　开端⁶²。
de xuézǐ jiǔ-yuèfèn màijìn dàxué xiàoyuán, yíngjiē xīn xuéqī hé rénshēng xīn kāiduān.

51.	教育部 jiàoyù-bù	日本の文部科学省にあたる役所	55.	统筹 tǒngchóu 統合して計画案配する
52.	将 jiāng	〈書き言葉〉"把" と同じ	56.	工程 gōngchéng プロジェクト
53.	重点大学 zhòngdiǎn dàxué	中国の中央政府から名門と認められ，高いレベルの支援を受けている大学	57.	启动 qǐdòng 始動する
			58.	轮 lún サイクル
			59.	考上 kǎoshang 試験に合格する
54.	重点学科 zhòngdiǎn xuékē	中国の中央政府から高いレベルの支援を受けている学科	60.	争取 zhēngqǔ 勝ち取る
			61.	迈进 màijìn 邁進する，突き進む
			62.	开端 kāiduān 始まり

Zhōngguó

zhī chuāng

历史遗产篇

万里长城

基礎知識

　　万里の長城はユネスコ文化遺産に登録された建造物です。以前は全長が、東端の河北省山海関から西端の甘粛省嘉峪関まで 6352km とされていました。しかし 2009 年 4 月 18 日に中華人民共和国国家文物局は、東端を遼寧省虎山とすると発表し、それによって、万里の長城の全長は 8851.8km となりました。

　　万里の長城の英語名は 'The Great Wall' で、「巨大な壁」という意味です。この巨大な壁は中国古代最大の防御工事でした。戦国時代（前 403 ～前 221）、秦、趙、燕の三国は自国の北で活動している匈奴、東胡などの遊牧民族の侵入を防ぐために、それぞれ狼煙（のろし）台を作り、それを壁でつなぎました。秦の始皇帝が中国を統一してからは、それらの壁をつなぎ合わせ、更に延長しました。

　　それ以来、歴代王朝は国を防衛するために万里の長城を修復したり、作り直したりし続けました。そして明代に入ってから本格的な修復工事を行い、石や煉瓦などを大量に使用して、長城をより強固なものにしました。

　　万里の長城は宇宙から肉眼で見える地球唯一の建造物と長い間言われてきましたが、どうやらそれは根拠のない話のようです。2003 年、中国初の有人宇宙船「神舟 5 号」に搭乗した楊利偉飛行士は「万里の長城は見えなかった」と証言しました。

　　それでも万里の長城は中華民族の知恵の結晶であり、人類共通の財産と言えるでしょう。

本文

　　长城，在中国人心目中不仅仅是一座宏大的建筑物，更是一种象征性符号。孟姜女哭长城的故事在中国流传了千百年，它在歌颂忠贞不渝的爱情的同时，折射了普通老百姓对封建王朝强征劳役修筑长城的怨恨。唐代诗人王昌龄、王维等人的作品中也多次出现"长城"。今天人们常说的"不到长城非好汉"则出自毛泽东的笔下。

　　长城是人类建筑史上罕见的古代军事防御工程。春秋战国时期，出于防御目的，各国纷纷修筑长城。楚长城和齐长城是最古老的长城。北方的秦国、赵国和燕国为了抵御匈奴、东胡等游牧民族，也在本国的北边修筑烽火台，用城墙连接起来，并派兵驻守。

　　秦始皇统一中国以后，命令将军蒙恬负责修建长城。蒙恬把秦、赵、燕三国修筑的长城连起来，又向东延伸到辽东，向西延伸到临洮。这样，一个总长度超过一万里的伟大建筑诞生了。

　　后来的历代王朝，都不断地对长城进行修复、加固，到明朝时进行了最大规模的修复、建设。在明朝二百多年间，几乎没停止过长城的修筑工程。明长城在材料上有了很大的改进，不少地方的土垣改成了石墙或砖墙，因而非常坚固。它是防御体系和结构极为合理的长城，对防御蒙古族、女真族的入侵发挥了重要作用，保护了人民的生产和生活。

　　明朝不仅修筑了"外长城"，还修筑了"内长城"和"内三关"长城。

　　如果把历代长城连接起来，总长度超过两万一千公里。不过，人们通常说的万里长城指明代修筑的长城，它东起辽宁省的鸭绿江边，西至甘肃省的嘉峪关，总长度为八千八百多公里。

　　孙中山先生说："中国最有名之工程者，万里长城也。……工程之大，古无其匹，为世界独一之奇观。"

　　1987 年 12 月，长城被列入《世界遗产名录》，成为全人类共同的财富。如今，每天慕名而来的世界各国游客络绎不绝。

本文を中国語で発音し、精読していきましょう。

DL 9

长城，　　　在　中国人　心目　中　不仅仅[1]　是　一座　宏大　的
Chángchéng,　zài　Zhōngguórén　xīnmù　zhōng　bùjǐnjǐn　shì　yí-zuò　hóngdà　de

建筑物，　更　是　一种　　象征性　符号[2]。孟姜女[3]　哭　长城
jiànzhùwù,　gèng　shì　yì-zhǒng　xiàngzhēngxìng　fúhào.　Mèng-Jiāngnǚ　kū　Chángchéng

的　故事　在　中国　流传了　千百年，　它　在　歌颂[4]　忠贞不渝[5]
de　gùshi　zài　Zhōngguó　liúchuánle　qiānbǎinián,　tā　zài　gēsòng　zhōngzhēnbùyú

的　爱情　的　同时，　折射[6]了　普通　老百姓[7]　对　封建　王朝　强[8]
de　àiqíng　de　tóngshí,　zhéshèle　pǔtōng　lǎobǎixìng　duì　fēngjiàn　wángcháo　qiǎng

征[9]　劳役　修筑[10]　长城　的　怨恨。唐代　诗人　王昌龄[11]、　王维[12]
zhēng　láoyì　xiūzhù　Chángchéng　de　yuànhèn.　Táng-dài　shīrén　Wáng-Chānglíng、　Wáng-Wéi

等　人　的　作品　中　也　多次　出现　"长城"。今天　人们　常
děng　rén　de　zuòpǐn　zhōng　yě　duōcì　chūxiàn　"Chángchéng".　Jīntiān　rénmen　cháng

说　的　"不到　长城　非　好汉"则　出自[13]　毛泽东　的　笔下[14]。
shuō　de　"bú　dào　Chángchéng　fēi　hǎohàn"　zé　chūzì　Máo-Zédōng　de　bǐxià.

长城　　是　人类　建筑史上　罕见[15]　的　古代　军事　防御
Chángchéng　shì　rénlèi　jiànzhùshǐshang　hǎnjiàn　de　gǔdài　jūnshì　fángyù

工程[16]。春秋　战国　时期，出于　防御　目的，各国　纷纷[17]　修筑
gōngchéng.　Chūnqiū　Zhànguó　shíqī,　chūyú　fángyù　mùdì,　gèguó　fēnfēn　xiūzhù

▲ 八達嶺長城

語注

1. 不仅仅A，更B　bù jǐnjǐn A, gèng B
   Aだけでなく，さらにBだ
2. 符号　fúhào　シンボル
3. 孟姜女　Mèng-Jiāngnǚ　モウキョウジョ。
   秦の始皇帝の時代の女性
4. 歌颂　gēsòng　歌い上げる
5. 忠贞不渝　zhōngzhēnbùyú　[成語]忠誠で二
   心がない
6. 折射　zhéshè　反映する
7. 老百姓　lǎobǎixìng　一般庶民
8. 强　qiǎng　無理に，強制的に
9. 征　zhēng　（政府が）召集する，徴用

   する
10. 修筑　xiūzhù　築造する
11. 王昌龄　Wáng-Chānglíng　オウショウレイ
    （698～765）。盛唐の詩人。辺塞詩に佳作が
    多い
12. 王维　Wáng-Wéi　オウイ（701頃～761）。盛
    唐の詩人。「詩仏」と呼ばれた自然詩人
13. 出自　chūzì　（…から）出る
14. 笔下　bǐxià　筆で書いた文字や文章
15. 罕见　hǎnjiàn　まれに見る
16. 工程　gōngchéng　工事
17. 纷纷　fēnfēn　次々と

长城。 楚[18]长城 和 齐[19]长城 是 最 古老 的 长城。 北方
Chángchéng. Chǔ-Chángchéng hé Qí-Chángchéng shì zuì gǔlǎo de Chángchéng. Běifāng

的 秦国、 赵国 和 燕国 为了 抵御[20] 匈奴、 东胡 等 游牧民族,
de Qínguó、 Zhàoguó hé Yānguó wèile dǐyù Xiōngnú、 Dōnghú děng yóumù-mínzú,

也 在 本国 的 北边 修筑 烽火台, 用 城墙 连接[21]起来, 并
yě zài běnguó de běibian xiūzhù fēnghuǒtái, yòng chéngqiáng liánjiēqǐlai, bìng

派兵 驻守[22]。
pàibīng zhùshǒu.

　　秦始皇[23] 统一 中国 以后, 命令 将军 蒙恬[24] 负责 修建
Qín-Shǐhuáng tǒngyī Zhōngguó yǐhòu, mìnglìng jiāngjūn Méng-Tián fùzé xiūjiàn

长城。 蒙恬 把 秦、 赵、 燕 三国 修筑 的 长城 连起来,
Chángchéng. Méng-Tián bǎ Qín、 Zhào、 Yān sān-guó xiūzhù de Chángchéng liánqǐlai,

又 向 东 延伸到 辽东[25], 向 西 延伸到 临洮[26]。 这样, 一个
yòu xiàng dōng yánshēndào Liáodōng, xiàng xī yánshēndào Líntáo. Zhèyàng, yíge

总 长度 超过 一万里 的 伟大 建筑 诞生 了。
zǒng chángdù chāoguò yíwàn-lǐ de wěidà jiànzhù dànshēng le.

　　后来 的 历代 王朝, 都 不断 地 对 长城 进行 修复、
Hòulái de lìdài wángcháo, dōu búduàn de duì Chángchéng jìnxíng xiūfù、

加固[27], 到 明朝 时 进行了 最 大 规模 的 修复、 建设。 在
jiāgù, dào Míng-cháo shí jìnxíngle zuì dà guīmó de xiūfù、 jiànshè. Zài

明朝 二百多年 间, 几乎[28] 没 停止过 长城 的 修筑
Míng-cháo èrbǎiduō-nián jiān, jīhū méi tíngzhǐguo Chángchéng de xiūzhù

工程。 明长城 在 材料上 有了 很 大 的 改进, 不少
gōngchéng. Míng-Chángchéng zài cáiliàoshang yǒule hěn dà de gǎijìn, bùshǎo

地方 的 土垣 改成了 石墙 或 砖墙[29], 因而[30] 非常 坚固。
dìfang de tǔyuán gǎichéngle shíqiáng huò zhuānqiáng, yīn'ér fēicháng jiāngù.

◀敦煌の漢長城

18. 楚　　Chǔ　楚。周代の国名。現在の湖南,
　　湖北, 安徽, 浙江, 河南南部を領有していた
19. 齐　　Qí　齐。周代の国名。現在の山東省
　　北部から河北省東南部にあった
20. 抵御　dǐyù　防ぎ止める, 抵抗する
21. 连接　liánjiē　つなぎ合わせる
22. 驻守　zhùshǒu　防衛のために駐屯する
23. 秦始皇 Qín-Shǐhuáng　秦の始皇帝。第十一
　　課「基礎知識」参照

24. 蒙恬　Méng-Tián　モウテン（？～前210）
25. 辽东　Liáodōng　遼東, リョウトウ。今の遼
　　寧省内
26. 临洮　Líntáo　臨洮, リントウ。今の甘粛省岷県
27. 加固　jiāgù　補強する
28. 几乎　jīhū　ほとんど
29. 砖墙　zhuānqiáng　レンガの壁
30. 因而　yīn'ér　従って

它 是 防御 体系 和 结构[31] 极为[32] 合理 的 长城，对 防御
Tā shì fángyù tǐxì hé jiégòu jíwéi hélǐ de Chángchéng, duì fángyù

蒙古族、 女真族 的 入侵 发挥了 重要 作用， 保护了 人民 的
Měnggǔ-zú、 Nǚzhēn-zú de rùqīn fāhuīle zhòngyào zuòyòng, bǎohùle rénmín de

生产 和 生活。
shēngchǎn hé shēnghuó.

明朝 不仅[33] 修筑了 "外长城"， 还 修筑了 "内长城" 和
Míng-cháo bùjǐn xiūzhùle "wài-Chángchéng", hái xiūzhùle "nèi-Chángchéng" hé

"内三关[34]" 长城。
"nèi-sān-guān" Chángchéng.

如果 把 历代 长城 连接起来， 总 长度 超过 两万一千
Rúguǒ bǎ lìdài Chángchéng liánjiēqǐlai, zǒng chángdù chāoguò liǎngwànyìqiān

公里[35]。 不过， 人们 通常 说 的 万里长城 指 明代 修筑
gōnglǐ. Búguò, rénmen tōngcháng shuō de Wànlǐ-Chángchéng zhǐ Míng-dài xiūzhù

的 长城， 它 东 起 辽宁省 的 鸭绿江[36] 边， 西 至 甘肃省
de Chángchéng, tā dōng qǐ Liáoníng-shěng de Yālùjiāng biān, xī zhì Gānsù-shěng

的 嘉峪关[37]， 总 长度 为 八千八百多 公里。
de Jiāyùguān, zǒng chángdù wéi bāqiānbābǎiduō gōnglǐ.

孙中山[38] 先生 说："中国 最 有名 之 工程者，
Sūn-Zhōngshān xiānsheng shuō: "Zhōngguó zuì yǒumíng zhī gōngchéngzhě,

万里长城 也。… 工程 之 大， 古 无 其 匹， 为 世界
Wànlǐ-Chángchéng yě. … Gōngchéng zhī dà, gǔ wú qí pǐ, wéi shìjiè

独一 之 奇观[39]。"
dúyī zhī qíguān."

1987 年 12 月， 长城 被 列入[40] 《世界
Yījiǔbāqī-nián shí'èr-yuè, Chángchéng bèi lièrù 《Shìjiè-

遗产 名录》， 成为 全 人类 共同 的 财富。如今，
yíchǎn mínglù》, chéngwéi quán rénlèi gòngtóng de cáifù. Rújīn,

每天 慕名[41] 而 来 的 世界 各国 游客 络绎不绝[42]。
měitiān mùmíng ér lái de shìjiè gèguó yóukè luòyìbùjué.

▲ 司馬台長城

31.	结构	jiégòu	構造	
32.	极为	jíwéi	極めて～	
33.	不仅A，还B	bù jǐn A, hái B	Aだけではなく，さらにBである	
34.	内三关	nèi-sān-guān	居庸関，紫荆関，倒馬関の3つの関所	
35.	公里	gōnglǐ	キロメートル	
36.	鸭绿江	Yālùjiāng	オウリョクコウ。中朝国境にある川	

37.	嘉峪关	Jiāyùguān	カヨクカン	
38.	孙中山	Sūn-Zhōngshān	孫中山，ソンチュウザン，孫文。第二課語注39参照	
39.	奇观	qíguān	すばらしい景色，壮観	
40.	列入	lièrù	～の中に入れる	
41.	慕名	mùmíng	美名を慕う	
42.	络绎不绝	luòyìbùjué	成語 往来が引き続いて絶えることがない	

泰山

⬤ 基礎知識

　中国は国土面積が広くて、有名な山がたくさんあります。そのうち、仏教の名山と言えば山西省の五台山、四川省の峨眉山、安徽省の九華山と浙江省の普陀山です。景色の最も美しい山は安徽省の黄山だと言われています。この他、中国の「五岳」と呼ばれる山々があり、それは山東省の東岳泰山、湖南省の南岳衡山、陝西省の西岳華山、山西省の北岳恒山、河南省の中岳嵩山です。

　世界の登山家にとって最も魅力的な山は、何と言ってもヒマラヤ山脈にあるチョモランマ（8844.43 m、中国とネパールの間にある世界第 1 位の山）、カラコルム山脈の K2（8611 m、中国とパキスタンの間にある世界第 2 位の山）など、標高 8000 m 以上の山でしょう。

　泰山の標高はたった 1,545 m しかありません。しかし、泰山は古代から「五岳独尊」と言われ、中国人にとって最も聖なる山とされています。その理由は主に二つあります。一つは、ここは古代歴代皇帝が「封禅（ホウゼン）」の儀式を行ったところだということです。「封禅」とは、皇帝即位の際、天地の神にその正当性を示す儀式で、山頂で天を祀る儀式が「封」、山麓で地の神を祀る儀式が「禅」です。二つ目の理由は、泰山は道教、仏教、儒教の三つが融和された山であることです。泰山は主に道教の神々である東岳大帝、碧霞元君（泰山の女神）などを祀っています。また、霊巌寺、普照寺、竹林寺など、由緒正しい仏教寺院もたくさんあります。そして、孔子にまつわる名所や孔子廟も作られています。

　1987 年、泰山はユネスコ複合遺産（文化と自然）に登録されました。

⬤ 本文

　中国幅员辽阔，名山大川很多。名山中的名山是东岳泰山，南岳衡山，西岳华山，北岳恒山，中岳嵩山等五岳，其中泰山被称为五岳之首，并有"天下第一山"的美誉。

　泰山又称岱山、岱宗、岱岳、泰岳、东岳，高 1545 米。从海拔上看，它比华山和恒山都低，可为什么成了"五岳之首"呢？泰山位于华北大平原东侧的齐鲁古国，东邻大海，西靠黄河，处于古代中国东方政治经济文化的中心。由于东方是太阳升起的地方，古代中国人认为是万物交替，初春发生的地方。因此，它被认为是一座吉祥的山。

　几千年来，历代帝王为了维护自己的统治，为了向世人宣扬自己的地位的正统性，都专程来到泰山，在此举行封禅祭天仪式。据文献记载，早在先秦时代（公元前 221 年前）就有七十二位君王到这里举行祭祀活动。后来秦始皇、汉武帝、唐高宗等十多位皇帝也在这里举行过封禅大典。

　就这样，泰山被神化了，成了国家昌盛、政权稳固的象征。

　帝王看重泰山，文人墨客也不甘落后，他们在这里留下了大量不朽的诗文和书法墨宝。因此，人们说泰山是中国古代书法及石刻艺术的博物馆。

　两千多年前，孔子曾登泰山，孟子说他"登泰山而小天下"。 以《史记》而名垂青史的司马迁也留下了"人固有一死，或重于泰山，或轻于鸿毛"的名言，激励着一代又一代人要胸怀大志，为国家利益和民族利益而奋斗。

　在中国人心目中，泰山代表着高大、美好、高尚、坚毅。而当地老百姓也对泰山十分崇拜，认为山上的草木石头都很神奇，至今还传诵着"吃了泰山灵芝草，返老还童人不老"的谚语。

　泰山迷人的自然景观多不胜数，比如天柱峰、日观峰、百丈崖、望人松等；历史文化遗迹多达两千多处，有岱庙、普照寺、碧霞祠等等。

　1987 年，泰山被列入《世界遗产名录》。

DL 10

中国　　　幅员[1]　辽阔[2]，　名山　　大川　很　多。名山　中　的
Zhōngguó fúyuán liáokuò, míngshān dàchuān hěn duō. Míngshān zhōng de

名山　　是　东岳　泰山，　南岳　　衡山，　西岳　华山，　北岳　恒山，
míngshān shì dōngyuè Tàishān, nányuè Héngshān, xīyuè Huàshān, běiyuè Héngshān,

中岳　　嵩山　等　五岳，其中　泰山　被　称为　五岳　之　首，
zhōngyuè Sōngshān děng wǔyuè, qízhōng Tàishān bèi chēngwéi wǔyuè zhī shǒu,

并　有　"天下　第一　山"　的　美誉。
bìng yǒu "tiānxià dì-yī shān" de měiyù.

泰山　又　称　岱山、　岱宗、　岱岳、　泰岳、　东岳，　高
Tàishān yòu chēng Dàishān、 Dàizōng、 Dàiyuè、 Tàiyuè、 Dōngyuè, gāo

1545　　　米。从　海拔上　看，它　比　华山　和　恒山　都
yìqiānwǔbǎisìshiwǔ mǐ. Cóng hǎibáshang kàn, tā bǐ Huàshān hé Héngshān dōu

低，可　为什么　成了　"五岳　之　首"　呢？泰山　位于　华北
dī, kě wèishénme chéngle "wǔyuè zhī shǒu" ne? Tàishān wèiyú Huáběi

大平原　东侧　的　齐[3]鲁[4]　古国，　东　邻　大海，　西　靠　黄河，
dàpíngyuán dōngcè de Qí Lǔ gǔguó, dōng lín dàhǎi, xī kào Huánghé,

处于[5]　古代　中国　东方　政治　经济　文化　的　中心。由于[6]
chǔyú gǔdài Zhōngguó dōngfāng zhèngzhì jīngjì wénhuà de zhōngxīn. Yóuyú

东方　是　太阳　升起　的　地方，古代　中国人　认为　是　万物
dōngfāng shì tàiyáng shēngqǐ de dìfang, gǔdài Zhōngguórén rènwéi shì wànwù

交替，初春　发生　的　地方。因此，它　被　认为　是　一座　吉祥
jiāotì, chūchūn fāshēng de dìfang. Yīncǐ, tā bèi rènwéi shì yí-zuò jíxiáng

的　山。
de shān.

▲ 泰山——五岳独尊

語注

1. 幅员　　fúyuán　　領土の面積
2. 辽阔　　liáokuò　　果てしなく広い
3. 齐　　　Qí　　斉。周代の国名。現在の山東省北部から河北省東南部にあった
4. 鲁　　　Lǔ　　周代の国名。山東の曲阜（キョクフ）を都とした。孔子の生国
5. 处于　　chǔyú　　（ある状態に）身をおく
6. 由于～　yóuyú~　～なので

几千年 来， 历代 帝王 为了 维护[7] 自己 的 统治， 为了 向 世人
Jǐqiān-nián lái, lìdài dìwáng wèile wéihù zìjǐ de tǒngzhì, wèile xiàng shìrén

宣扬[8] 自己 的 地位 的 正统性， 都 专程[9] 来到 泰山， 在 此
xuānyáng zìjǐ de dìwèi de zhèngtǒngxìng, dōu zhuānchéng láidào Tàishān, zài cǐ

举行 封禅[10] 祭天 仪式。 据 文献 记载， 早[11] 在 先秦 时代 （公元
jǔxíng fēngshàn jìtiān yíshì. Jù wénxiàn jìzǎi, zǎo zài Xiān-Qín shídài (gōngyuán-

前[12] 221 年 前） 就 有 七十二位 君王 到 这里 举行 祭祀
qián èrbǎi'èrshiyī-nián qián), jiù yǒu qīshí'èr-wèi jūnwáng dào zhèli jǔxíng jìsì

活动。 后来 秦始皇[13]、 汉武帝[14]、 唐高宗[15] 等 十多位 皇帝 也
huódòng. Hòulái Qín-Shǐhuáng、 Hàn-Wǔdì、 Táng-Gāozōng děng shíduō-wèi huángdì yě

在 这里 举行过 封禅 大典。
zài zhèli jǔxíngguo fēngshàn dàdiǎn.

就 这样， 泰山 被 神化了， 成了 国家 昌盛、 政权
Jiù zhèyàng, Tàishān bèi shénhuàle, chéngle guójiā chāngshèng、 zhèngquán

稳固 的 象征。
wěngù de xiàngzhēng.

帝王 看重 泰山， 文人墨客[16] 也 不甘[17] 落后[18]， 他们 在 这里
Dìwáng kànzhòng Tàishān, wénrén-mòkè yě bùgān luòhòu, tāmen zài zhèli

留下了 大量 不朽 的 诗文 和 书法 墨宝[19]。 因此， 人们 说
liúxiàle dàliàng bùxiǔ de shīwén hé shūfǎ mòbǎo. Yīncǐ, rénmen shuō

泰山 是 中国 古代 书法 及 石刻[20] 艺术 的 博物馆。
Tàishān shì Zhōngguó gǔdài shūfǎ jí shíkè yìshù de bówùguǎn.

泰山の登山道 ▶

7. 维护 wéihù 守る，保つ		高祖劉邦の曾孫
8. 宣扬 xuānyáng 大いに宣伝する		15. 唐高宗 Táng-Gāozōng 唐の高宗。唐第3代
9. 专程 zhuānchéng わざわざ出かけて行く		皇帝
10. 封禅 fēngshàn 古代，泰山において帝王		16. 文人墨客 wénrén-mòkè 詩人や書画の道
が天地を祭ること		にたずさわる人
11. 早 zǎo 早くも		17. 不甘 bùgān 甘んじない
12. 公元前 gōngyuán-qián 紀元前		18. 落后 luòhòu （思想的，技術的に）立ち
13. 秦始皇 Qín-Shǐhuáng 秦の始皇帝。第十一		遅れる，落後する
課「基礎知識」参照		19. 墨宝 mòbǎo 貴重な書または絵
14. 汉武帝 Hàn-Wǔdì 漢の武帝。前漢第7代皇帝，		20. 石刻 shíkè 石に刻字を施したり彫刻したもの

两千多年　　　　前，　孔子[21]　曾　登　泰山，　孟子[22]　说　他　"登
Liǎngqiānduō-nián qián, Kǒngzǐ céng dēng Tàishān, Mèngzǐ shuō tā "dēng

泰山　而　小　天下"。以《史记》而　名垂青史[23]　的　司马迁[24]　也　留下了
Tàishān ér xiǎo tiānxià". Yǐ《Shǐjì》 ér míngchuíqīngshǐ de Sīmǎ-Qiān yě liúxiàle

"人　固　有　一　死，或　重于　泰山，或　轻于　鸿毛"　的　名言，
"rén gù yǒu yì sǐ, huò zhòngyú Tàishān, huò qīngyú hóngmáo" de míngyán,

激励着　一代　又　一代　人　要　胸怀　大志，为　国家　利益　和　民族
jīlìzhe yídài yòu yídài rén yào xiōnghuái dàzhì, wèi guójiā lìyì hé mínzú

利益　而　奋斗。
lìyì ér fèndòu.

　　在　中国人　心目　中，泰山　代表着　高大、美好、高尚、
Zài Zhōngguórén xīnmù zhōng, Tàishān dàibiǎozhe gāodà, měihǎo, gāoshàng,

坚毅[25]。而　当地　老百姓[26]　也　对　泰山　十分　崇拜，认为　山上　的
jiānyì. Ér dāngdì lǎobǎixìng yě duì Tàishān shífēn chóngbài, rènwéi shānshang de

草木　石头　都　很　神奇[27]，至今　还　传诵[28]着　"吃了　泰山　灵芝草[29]，
cǎomù shítou dōu hěn shénqí, zhìjīn hái chuánsòngzhe "chīle Tàishān língzhīcǎo,

返老还童[30]　人　不　老"　的　谚语[31]。
fǎnlǎohuántóng rén bù lǎo" de yànyǔ.

　　泰山　迷人　的　自然　景观　多　不胜[32]　数，比如　天柱峰、
Tàishān mírén de zìrán jǐngguān duō búshèng shǔ, bǐrú Tiānzhùfēng,

日观峰、百丈崖、望人松　等；历史　文化　遗迹　多达
Rìguānfēng, Bǎizhàngyá, Wàngrénsōng děng; lìshǐ wénhuà yíjì duōdá

两千多处，有　岱庙[33]、普照寺[34]、碧霞祠[35]　等等。
liǎngqiānduō-chù, yǒu Dàimiào, Pǔzhàosì, Bìxiácí děngděng.

　　1987 年，泰山　被　列入[36]《世界遗产　名录》。
Yījiǔbāqī-nián, Tàishān bèi lièrù《Shìjiè-yíchǎn mínglù》.

---

21. 孔子　Kǒngzǐ　コウシ。第十三課「基礎知識」
　　参照
22. 孟子　Mèngzǐ　モウシ（前 372～前 289）。魯
　　の国の人。「人の本性は善である」とする性
　　善説を唱えた
23. 名垂青史　míngchuíqīngshǐ　[成語]名を歴
　　史に残す
24. 司马迁　Sīmǎ-Qiān　司馬遷，シバセン。前漢
　　の歴史家。中国古代伝説上の黄帝から，前漢
　　の武帝まで，約二千数百年の歴史を叙述した
　　紀伝体の史書『史記』130 巻を完成させた。
　　『史記』はこれ以後の歴代王朝の正史の規範
　　となった
25. 坚毅　jiānyì　毅然とする
26. 老百姓　lǎobǎixìng　庶民，民衆

27. 神奇　shénqí　非常に不思議で，神秘的である
28. 传诵　chuánsòng　伝唱する
29. 灵芝草　língzhīcǎo　霊芝（レイシ）
30. 返老还童　fǎnlǎohuántóng　[成語]老いてま
　　すます元気になる，若返る
31. 谚语　yànyǔ　ことわざ
32. 不胜　búshèng　～しきれない
33. 岱庙　Dàimiào　岱廟。秦代に天の神を祀る
　　場所として創建され，本殿の天贶殿（テン
　　キョウデン）は，北京の故宮，曲阜の大成殿
　　と並ぶ中国三大宮殿建築の一つ。封禅の儀式
　　は岱廟と山頂の間で行われた
34. 普照寺　Pǔzhàosì　六朝時代の由緒ある寺
35. 碧霞祠　Bìxiácí　碧霞元君を祀る
36. 列入　lièrù　～の中に入れる

秦始皇陵及兵马俑坑

● 基礎知識

　　始皇帝は姓は嬴（えい）、名前は政（せい）です。紀元前246年に即位、紀元前221年に、戦国六国（斉・楚・燕・韓・魏・趙）の最後に残った斉を滅ぼして中国を統一。それまで各国の君主の称号は「王」でしたが、大国の君主である自分に旧来の称号は相応しくないと考え、「皇帝」と名乗りました。そして自分の死後に自分のことを「始皇帝」と呼ばせ、その後は二世皇帝、三世皇帝と万世皇帝にいたるまで序数で呼ぶことに決めました。

　　始皇帝は宰相李斯の意見を受け入れて周朝の制度である封建制をやめ、より中央集権的な郡県制を導入しました。さらに始皇帝は、度量衡（度＝長さ、量＝体積、衡＝重さの単位）、貨幣、車輪の幅を統一し、漢字の字体も統一しました。また北方の遊牧民族匈奴の侵入を防ぐため、万里の長城の建造を命じました。しかし過酷な労働で数知れない命が失われたことは、容易に想像できるでしょう。

　　「焚書坑儒」も有名な話です。これは言論思想統制のために行ったもので、「焚書」とは、医薬や農業などの実用書を除くすべての書籍を焼却処分したこと、「坑儒」とは、咸陽（秦の都）の学者460余人を生き埋めにしたことを指します。

　　万里の長城の建造、宮殿の阿房宮造営、大量の兵馬俑を始めとする始皇帝陵の建設などによって膨大な人力と財力を使ったため、秦の国力は衰え、民衆の不満と怒りが高まり、秦王朝はわずか15年で崩壊してしまいます。始皇帝は残虐非道な暴君なのか、それとも中国を統一した英雄なのか、その論争は今も続いています。

● 本文

　　1974年春天，陕西省临潼县几位农民在打井的时候，挖出了一些破碎的陶片。一个隐藏了两千多年的巨大秘密被考古人员揭开了。

　　据史书记载，秦始皇13岁即位，即位后就开始修建陵园。丞相李斯主持规划设计，大将章邯监工，从全国征用七十多万人，历时38年才建成。陵墓大致呈方形，高76米，东西长346米，南北宽350米，占地面积120750平方米。陵园分为内城和外城两部分，总共有56.25平方公里，相当于78个故宫。

　　公元前210年，秦始皇暴死。在入葬时，他的所有宫女和修造陵墓的工匠也都殉葬在了陵墓中。

　　考古人员经过一年多的勘探和发掘，发现在离秦始皇陵1500米的地方有一座规模庞大的兵马俑坑。它是一座陪葬坑，坑内埋藏着陶俑、陶马6000件，大小和真人、真马差不多。这就是一号坑。

　　1979年10月1日，即建国30周年那天，建在俑坑原址上的秦始皇兵马俑博物馆向国内外参观者开放。

　　一号坑呈长方形，东西长230米，南北宽62米，深约5米，总面积14260平方米，四面有斜坡门道。后来在一号坑左右两侧又各发现了一个兵马俑坑，也就是二号坑和三号坑。二号坑有陶俑、陶马1300余件，战车89辆；三号坑有陶俑68件，陶马4匹，战车1辆。除了这些珍贵的陶制文物以外，还出土了数万件实物兵器。

　　兵马俑数量惊人，艺术价值更让人惊叹。陶俑脸型、发型、体态、表情、年龄、服饰各不相同；陶马双耳竖立，有的张嘴嘶鸣，有的闭嘴静立。从少数陶俑残留的彩绘可以判断，当年的兵马俑都有鲜艳的彩绘。

　　1980年，秦始皇陵西侧又出土了大型车马2乘，装饰华丽，结构逼真，被誉为"青铜之冠"。

　　兵马俑是世界考古史上最伟大的发现之一，它可以同埃及金字塔和古希腊雕塑相媲美，被誉为"世界第八大奇迹"。

　　1987年，秦始皇陵及兵马俑坑被列入《世界遗产名录》。

本文を中国語で発音し、精読していきましょう。 ■■■■■■■■■■■■■■

DL 11

1974年　　　春天，　　陕西省　　临潼县¹　几位　农民　在　打井²的
Yījiǔqīsì-nián chūntiān, Shǎnxī-shěng Líntóng-xiàn jǐ-wèi nóngmín zài dǎjǐng de

时候，挖出³了　一些　破碎　的　陶片。一个　　隐藏了　　　两千多年　　的
shíhou, wāchūle yìxiē pòsuì de táopiàn. Yíge yǐncángle liǎngqiānduō-nián de

巨大　秘密　被　考古　人员　揭开⁴了。
jùdà mìmì bèi kǎogǔ rényuán jiēkāi le.

　　据　史书　记载，秦始皇　　13岁　即位，即位　后　就　开始　修建⁵
Jù shǐshū jìzǎi, Qín-Shǐhuáng shísān-suì jíwèi, jíwèi hòu jiù kāishǐ xiūjiàn

陵园⁶。　丞相⁷　李斯⁸　主持⁹　规划　设计，大将　　章邯¹⁰　监工¹¹，从
língyuán. Chéngxiàng Lǐ-Sī zhǔchí guīhuà shèjì, dàjiàng Zhāng-Hán jiāngōng, cóng

全国　　征用¹²七十多万人，历时¹³38年　才　建成。陵墓　大致¹⁴
quánguó zhēngyòng qīshíduōwàn-rén, lìshí sānshíbā-nián cái jiànchéng. Língmù dàzhì

呈　　方形，高　76米¹⁵，东西　长　　　346　米，南北　宽
chéng fāngxíng, gāo qīshíliù mǐ, dōngxī cháng sānbǎisìshíliù mǐ, nánběi kuān

350　米，占地　面积　　　120750　　平方米。陵园　分为
sānbǎiwǔshí mǐ, zhàndì miànjī shí'èrwànlíngqībǎiwǔshí píngfāngmǐ. Língyuán fēnwéi

内城　和　外城　两部分，总共　有　　56.25　平方公里¹⁶，
nèichéng hé wàichéng liǎng-bùfen, zǒnggòng yǒu wǔshíliùdiǎn'èrwǔ píngfānggōnglǐ,

相当于　　78个　故宫。
xiāngdāngyú qīshíbā-ge Gùgōng.

▲ 兵馬俑と兵馬俑坑

語注

1. 临潼县　Líntóng-xiàn　臨潼県，リンドウケン
2. 打井　dǎjǐng　井戸を掘る
3. 挖出　wāchū　掘り出す
4. 揭开　jiēkāi　明らかにする
5. 修建　xiūjiàn　建造する
6. 陵园　língyuán　陵墓を中心とした園林
7. 丞相　chéngxiàng　ジョウショウ。古代の執政の大臣で，君主を補佐した最高位の官吏
8. 李斯　Lǐ-Sī　リシ（？～前210）。始皇帝を助けて天下を統一。始皇帝没後，宦官（かんがん）に陥れられ，刑死
9. 主持　zhǔchí　司る，主管する
10. 章邯　Zhāng-Hán　ショウカン（？～前205）。前209年に中国初の農民反乱である「陳勝・呉広の乱」を鎮圧するなど，秦の名将の一人
11. 监工　jiāngōng　工事を監督する
12. 征用　zhēngyòng　徴用する
13. 历时　lìshí　（時間的に）続く，経過する
14. 大致　dàzhì　だいたい，おおよそ
15. 米　mǐ　メートル
16. 公里　gōnglǐ　キロメートル

公元前[17] 210年，秦始皇 暴死[18]。 在 入 葬 时，他
Gōngyuán-qián èrbǎiyīshí-nián, Qín-Shǐhuáng bàosǐ. Zài rù zàng shí, tā

的 所有[19]宫女 和 修造 陵墓 的 工匠[20] 也 都 殉葬在了 陵墓 中。
de suǒyǒu gōngnǚ hé xiūzào língmù de gōngjiàng yě dōu xùnzàngzàile língmù zhōng.

考古 人员 经过 一年多 的 勘探[21] 和 发掘， 发现 在 离
Kǎogǔ rényuán jīngguò yì-niánduō de kāntàn hé fājué, fāxiàn zài lí

秦始皇陵 1500 米的 地方 有 一座 规模 庞大[22]的 兵马俑坑。
Qín-Shǐhuáng-líng yìqiānwǔbǎi mǐ de dìfang yǒu yí-zuò guīmó pángdà de bīngmǎyǒng-kēng.

它 是 一座 陪葬坑[23]， 坑 内 埋藏着 陶俑、陶马 6000件， 大小[24] 和
Tā shì yí-zuò péizàng-kēng, kēng nèi máicángzhe táoyǒng、táomǎ liùqiān-jiàn, dàxiǎo hé

真 人、 真 马 差不多。 这 就是 一号 坑。
zhēn rén、 zhēn mǎ chàbuduō. Zhè jiùshi yī-hào kēng.

1979年 10月1日， 即 建国 30周年 那天， 建在 俑坑
Yījiǔqījiǔ-nián shí-yuè yī-rì, jí jiànguó sānshí-zhōunián nàtiān, jiànzài yǒng-kēng

原址[25]上 的 "秦始皇 兵马俑 博物馆" 向 国内外 参观者
yuánzhǐshang de "Qín-Shǐhuáng bīngmǎyǒng bówùguǎn" xiàng guónèiwài cānguānzhě

开放。
kāifàng.

一号 坑 呈 长方形， 东西 长 230 米， 南北 宽
Yī-hào kēng chéng chángfāngxíng, dōngxī cháng èrbǎisānshí mǐ, nánběi kuān

62 米， 深 约 5 米， 总 面积 14260 平方米，
liùshi'èr mǐ, shēn yuē wǔ mǐ, zǒng miànjī yíwànsìqiān'èrbǎiliùshí píngfāngmǐ,

四面 有 斜坡[26]门道[27]。 后来 在 一号 坑 左右 两侧 又 各 发现了
sìmiàn yǒu xiépō méndào. Hòulái zài yī-hào kēng zuǒyòu liǎngcè yòu gè fāxiànle

◀銅車馬

---

17. 公元前 gōngyuán-qián 紀元前
18. 暴死 bàosǐ 急死する
19. 所有 suǒyǒu すべての
20. 工匠 gōngjiàng 職人
21. 勘探 kāntàn （地下資源や埋蔵物を）調
査，探査

22. 庞大 pángdà 非常に大きい
23. 陪葬坑 péizàng-kēng 副葬坑
24. 大小 dàxiǎo 大きさ
25. 原址 yuánzhǐ もとの場所
26. 斜坡 xiépō スロープ
27. 门道 méndào 屋根つきの通路

一个　　兵马俑坑，　　也　　就是　　二号　坑　和　三号　坑。　二号　坑　有
yíge　　bīngmǎyǒng-kēng,　yě　jiùshi　èr-hào　kēng　hé　sān-hào　kēng.　Èr-hào　kēng　yǒu

陶俑、　　陶马　　　1300 余件，　　战车　　89 辆。　　三号　　坑　有
táoyǒng、　táomǎ　　yìqiānsānbǎiyú-jiàn,　zhànchē　bāshijiǔ-liàng.　Sān-hào　kēng　yǒu

陶俑　　68 件，　陶马　4 匹，　战车　1 辆。　除了[28] 这些　珍贵　的　陶制
táoyǒng　liùshibā-jiàn,　táomǎ　sì-pǐ,　zhànchē　yí-liàng.　Chúle　zhèxiē　zhēnguì　de　táozhì

文物　　以外，　还　出土了　数万件　实物　兵器。
wénwù　yǐwài,　hái　chūtǔle　shùwàn-jiàn　shíwù　bīngqì.

　　兵马俑　　数量　惊人[29]，艺术　价值　更　让　人　惊叹[30]。陶俑
　　Bīngmǎyǒng　shùliàng　jīngrén,　yìshù　jiàzhí　gèng　ràng　rén　jīngtàn.　Táoyǒng

脸型、　发型[31]、体态[32]、表情、　年龄、　服饰　各 不　相同；陶马　双耳
liǎnxíng、fàxíng、tǐtài、biǎoqíng、niánlíng、fúshì　gè bù　xiāngtóng; táomǎ　shuāng'ěr

竖立[33]，有的　张嘴[34]　嘶鸣[35]，有的　闭嘴　静立。从　少数　陶俑　残留
shùlì,　yǒude　zhāngzuǐ sīmíng,　yǒude　bìzuǐ　jìnglì.　Cóng shǎoshù táoyǒng cánliú

的　彩绘[36] 可以　判断，　当年　的　兵马俑　都　有　鲜艳　的　彩绘。
de　cǎihuì　kěyǐ pànduàn, dāngnián de bīngmǎyǒng dōu yǒu xiānyàn de cǎihuì.

　　1980 年，　　秦始皇陵　西侧　又　出土了　大型　车马　2 乘[37]，
　　Yījiǔbālíng-nián,　Qín-Shǐhuáng-líng xīcè yòu chūtǔle dàxíng chēmǎ liǎng-shèng,

装饰　华丽，结构[38] 逼真[39]，被　誉为　"青铜　之 冠[40]"。
zhuāngshì huálì, jiégòu bīzhēn, bèi yùwéi "qīngtóng zhī guàn".

　　兵马俑　是 世界　考古史上　最　伟大　的　发现　之一，　它
　　Bīngmǎyǒng shì shìjiè kǎogǔshǐshang zuì wěidà de fāxiàn zhī yī, tā

可以　同　埃及[41] 金字塔[42] 和　古希腊[43] 雕塑　相　媲美[44]，被　誉为　"世界
kěyǐ tóng Āijí jīngzìtǎ hé Gǔ-Xīlà diāosù xiāng pìměi, bèi yùwéi "shìjiè

第八大　奇迹"。
dì-bādà qíjì".

　　1987 年，　秦始皇陵　及　兵马俑坑　被 列入[45]《世界遗产 名录》。
　　Yījiǔbāqī-nián, Qín-Shǐhuáng-líng jí bīngmǎyǒng-kēng bèi lièrù《Shìjiè-yíchǎn mínglù》.

28.	除了～以外，还… chúle~yǐwài, hái…		38.	结构	jiégòu 構造
	～のほかに，さらに…		39.	逼真	bīzhēn 真に迫る，本物そっくりである
29.	惊人	jīngrén 驚異的である			
30.	惊叹	jīngtàn 驚嘆する	40.	青铜之冠	qīngtóng zhī guàn 青銅の冠。青銅器の最高傑作
31.	发型	fàxíng 髪型			
32.	体态	tǐtài 姿，体つき	41.	埃及	Āijí エジプト
33.	竖立	shùlì 直立させる，立てる	42.	金字塔	jīnzìtǎ ピラミッド
34.	张嘴	zhāngzuǐ 口を開く	43.	古希腊	Gǔ-Xīlà 古代ギリシア
35.	嘶鸣	sīmíng 馬がいななく	44.	媲美	pìměi 〈書き言葉〉肩を並べる，匹敵する
36.	彩绘	cǎihuì 彩色			
37.	乘	shèng 4 頭の馬がひく古代の車のかぞえ方	45.	列入	lièrù ～の中に入れる

客家与"福建土楼"建筑群

🔵 基礎知識

　　中国には「客家（ハッカ）」と呼ばれる人々がいます。多民族国家である中国には現在56の民族がおり、「客家」はその1つだと誤解されがちですが、実は彼らは漢民族なのです。

　　彼らは遥か昔、戦乱から逃れるために華北、中原地方から南へ移住した人々で、移住先は現在の江西省、福建省、広東省、四川省、海南省、台湾などです。「客家」とはつまり「よそ者」という意味です。

　　「客家人」は家系を大事に守り続け、祖先信仰がとても強い人々です。そして「客家語」には古代漢語の語彙が多く残っています。その他、彼らのルーツは黄河文明の発祥地であるため、文化を崇め、教育を重視する伝統があります。

　　漢民族は基本的に農耕民族なので、商売が苦手ですし、商人を軽蔑する傾向があります。しかし「客家人」には、北から南へ大移動する過程で、商売をするという発想が生まれました。そのために、「客家人」は「東洋のユダヤ人」と呼ばれるほど商売の才能に長けています。また、古代から現代まで、優秀な政治家、軍人を輩出しています。

　　この他、特徴的なものとしては福建省の山間部に居住する「客家」の住宅があります。正方形、円形、八角形などの形をした集合住宅は「土楼」と呼ばれ、これは外部の襲撃から自分たちの生命、生活を守るために作られたものです。小さいものは数十人、大きいものは600人以上収容することができ、現在でも多くの人が"土楼"で生活しています。これらは2008年、"福建土楼"としてユネスコ世界遺産に登録されました。

🔵 本文

　　客家人被称为"东方的犹太人"，是汉族的一个分支，分布在世界各地。客家起源于西晋末年，当时为了逃避战乱，居住在中原地区的汉族居民不断地向南方迁徙，到达江西、广东、福建等地。他们在山区修建住宅，开垦土地，逐渐地演化成一个相对稳定的群体—客家。

　　后来，客家人又以梅州为基地，大量迁到南方各地及东南亚等地区。

　　主要以农耕为生的汉族本来是不擅长经商的，因为他们大多祖祖辈辈生活在同一块土地上，所以产生不了经商的念头，也看不起经商的人。然而，当客家人在从北向南迁徙的过程中，他们发现了南北物产的不同和价值的不同。比方说，北方盛产苹果，南方盛产橘子，苹果在南方是稀罕东西，橘子在北方是稀罕东西。于是他们自然会想到把苹果运到南方卖，把橘子运到北方卖，从中获取利益。久而久之，客家人积累了丰富的经商经验，当今香港、澳门和东南亚地区的大富豪中客家人占了相当大的比例。

　　由于客家人的源头在黄河文明的发祥地，他们有崇尚文化、重视教育的传统，因此英才辈出。远的不说，孙中山、朱德、邓小平、李登辉、李光耀等名人都是客家人。

　　客家人的住宅很有特色，尤其在福建省龙岩、漳州一带，分布着三千多座被称为"福建土楼"的建筑，有圆形、方形、八角形和椭圆形等形状。土楼规模宏大，小的可居住数十人，大的可容纳六百多人。土楼的造型也非常美，从空中俯瞰的话有的像古罗马圆形剧场，有的像神秘的古城堡。之所以要修建那样大规模的建筑，是因为背井离乡的客家人需要相互照应，共渡难关。由于建筑材料匮乏，他们就地取材，用当地的黏沙土建成了一座座宏伟的建筑—土楼。

　　2008年7月，"福建土楼"建筑群被列入《世界遗产名录》，成为中国第36处世界遗产。

DL 12

客家人[1] 被 称为 "东方 的 犹太人[2]", 是 汉族 的
Kèjiārén bèi chēngwéi "dōngfāng de Yóutàirén", shì Hànzú de

一个 分支[3], 分布在 世界 各地。 客家 起源于 西晋[4] 末年,
yíge fēnzhī, fēnbùzài shìjiè gèdì. Kèjiā qǐyuányú Xī-Jìn mònián,

当时 为了 逃避 战乱, 居住在 中原[5] 地区 的 汉族 居民
dāngshí wèile táobì zhànluàn, jūzhùzài Zhōngyuán dìqū de Hànzú jūmín

不断 地 向 南方 迁徙[6], 到达 江西、 广东、 福建 等
búduàn de xiàng nánfāng qiānxǐ, dàodá Jiāngxī、 Guǎngdōng、 Fújiàn děng

地。 他们 在 山区 修建[7] 住宅, 开垦[8] 土地, 逐渐[9] 地
dì. Tāmen zài shānqū xiūjiàn zhùzhái, kāikěn tǔdì, zhújiàn de

演化[10]成 一个 相对[11] 稳定 的 群体 —— 客家。
yǎnhuàchéng yíge xiāngduì wěndìng de qúntǐ —— Kèjiā.

后来, 客家人 又 以[12] 梅州[13] 为 基地, 大量 迁到 南方
Hòulái, Kèjiārén yòu yǐ Méizhōu wéi jīdì, dàliàng qiāndào nánfāng

各地 及 东南亚[14] 等 地区。
gèdì jí Dōngnán-Yà děng dìqū.

主要 以[15] 农耕 为生 的 汉族 本来 是 不 擅长[16]
Zhǔyào yǐ nónggēng wéishēng de Hànzú běnlái shì bú shàncháng

经商[17] 的, 因为 他们 大多 祖祖辈辈[18.19] 生活在 同 一块
jīngshāng de, yīnwei tāmen dàduō zǔzǔbèibèi shēnghuózài tóng yí-kuài

土地上, 所以 产生不了 经商 的 念头[20], 也 看不起[21]
tǔdìshang, suǒyi chǎnshēngbuliǎo jīngshāng de niàntou, yě kànbuqǐ

经商 的 人。 然而[22], 当 客家人 在 从 北 向 南 迁徙 的
jīngshāng de rén. Rán'ér, dāng Kèjiārén zài cóng běi xiàng nán qiānxǐ de

語注

1. 客家人 Kèjiārén ハッカ人
2. 犹太人 Yóutàirén ユダヤ人
3. 分支 fēnzhī 一つの系統から分かれた部分
4. 西晋 Xī-Jìn 265年〜316年
5. 中原 Zhōngyuán 黄河中・下流の地域
6. 迁徙 qiānxǐ 〈書き言葉〉転居する, 移動する
7. 修建 xiūjiàn 建設する, 建造する
8. 开垦 kāikěn 開墾する
9. 逐渐 zhújiàn 次第に, だんだんと
10. 演化 yǎnhuà 進展変化する
11. 相对 xiāngduì 比較的

12. 以A为B yǐ A wéi B AをBとする
13. 梅州 Méizhōu バイシュウ（広東省）
14. 东南亚 Dōngnán-Yà 東南アジア
15. 以〜为生 yǐ〜wéishēng 〜で暮らしを立てる
16. 擅长 shàncháng たけている, 長じている
17. 经商 jīngshāng 商売する
18. 祖辈 zǔbèi 先祖, 祖先
19. 祖祖辈辈 zǔzǔbèibèi 先祖代々
20. 念头 niàntou 考え
21. 看不起 kànbuqǐ 見下げる, 軽視する
22. 然而 rán'ér しかし, ところが

客家与 "福建土楼" 建筑群 **12**

过程　　　中，　他们　　发现了　南北　物产　的　不同　和　价值　的
guòchéng　zhōng,　tāmen　fāxiànle　nán-běi　wùchǎn　de　bùtóng　hé　jiàzhí　de

不同。　比方说[23]，　北方　　盛产　　苹果，　　南方　　盛产　　橘子，
bùtóng.　Bǐfāngshuō,　běifāng　shèngchǎn　píngguǒ,　nánfāng　shèngchǎn　júzi,

苹果　　在　南方　是　稀罕[24]　东西，　橘子　在　北方　是　稀罕
píngguǒ　zài　nánfāng　shì　xīhan　dōngxi,　júzi　zài　běifāng　shì　xīhan

东西。　于是　他们　自然　会　想到　把　苹果　运到　　南方　卖，
dōngxi.　Yúshì　tāmen　zìrán　huì　xiǎngdào　bǎ　píngguǒ　yùndào　nánfāng　mài,

把　橘子　运到　　北方　卖，　从中　获取　利益。　久而久之[25]，
bǎ　júzi　yùndào　běifāng　mài,　cóngzhōng　huòqǔ　lìyì.　Jiǔ'érjiǔzhī,

客家人　积累了　丰富　的　经商　　经验，　当今　香港、　澳门[26]　和
Kèjiārén　jīlěile　fēngfù　de　jīngshāng　jīngyàn,　dāngjīn　Xiānggǎng,　Àomén　hé

东南亚　　地区　的　大富豪　中　客家人　占了　相当　大　的　比例。
Dōngnán-Yà　dìqū　de　dàfùháo　zhōng　Kèjiārén　zhànle　xiāngdāng　dà　de　bǐlì.

由于[27]　客家人　的　源头　在　黄河文明　的　发祥地，　他们　有
Yóuyú　Kèjiārén　de　yuántóu　zài　Huánghé-wénmíng　de　fāxiángdì,　tāmen　yǒu

崇尚　　文化、　重视　教育　的　传统，　因此　英才　辈出。　远
chóngshàng　wénhuà,　zhòngshì　jiàoyù　de　chuántǒng,　yīncǐ　yīngcái　bèichū.　Yuǎn

的　不　说，　孙中山[28]、　朱德[29]、　邓小平[30]、　李登辉[31]、　李光耀[32]
de　bù　shuō,　Sūn-Zhōngshān,　Zhū-Dé,　Dèng-Xiǎopíng,　Lǐ-Dēnghuī,　Lǐ-Guāngyào

等　名人　都　是　客家人。
děng　míngrén　dōu　shì　Kèjiārén.

客家人　的　住宅　很　有　特色，　尤其[33]　在　福建省　龙岩[34]、
Kèjiārén　de　zhùzhái　hěn　yǒu　tèsè,　yóuqí　zài　Fújiàn-shěng　Lóngyán,

漳州[35]　一带，　分布着　三千多座　被　称为　"福建　土楼"　的　建筑，
Zhāngzhōu　yídài,　fēnbùzhe　sānqiānduō-zuò　bèi　chēngwéi　"Fújiàn　tǔlóu"　de　jiànzhù,

有　圆形、　方形、　八角形　和　椭圆形　等　形状。　土楼
yǒu　yuánxíng,　fāngxíng,　bājiǎoxíng　hé　tuǒyuánxíng　děng　xíngzhuàng.　Tǔlóu

---

23. 比方说　bǐfāngshuō　例えば
24. 稀罕　xīhan　珍しい
25. 久而久之　jiǔ'érjiǔzhī　成語 月日のたつうちに
26. 澳门　Àomén　マカオ
27. 由于〜　yóuyú~　〜によって
28. 孙中山　Sūn-Zhōngshān　孫中山，ソンチュウザン，孫文。第二課語注 39 参照
29. 朱德　Zhū-Dé　シュトク（1886 〜 1976）。人民解放軍の創立者。中華人民共和国建国の功労者かつ元帥の１人
30. 邓小平　Dèng-Xiǎopíng　トウショウヘイ

（1904 〜 1997）。第二課語注 18 参照
31. 李登辉　Lǐ-Dēnghuī　リトウキ（1923 〜 2020）。台湾の政治家。1988 年に台湾人として初めて総統に就任。台湾の民主化を推進した
32. 李光耀　Lǐ-Guāngyào　リークワンユー（1923 〜 2015）。シンガポールの政治家。広東省からの移民 4 世。1965 年に首相となり，現在のシンガポール繁栄の基礎を創る
33. 尤其　yóuqí　特に
34. 龙岩　Lóngyán　龍岩, リュウガン（福建省）
35. 漳州　Zhāngzhōu　ショウシュウ（福建省）

规模　宏大，　小　的　可　居住　数十人，　大　的　可　容纳³⁶
guīmó　hóngdà,　xiǎo　de　kě　jūzhù　shùshí-rén,　dà　de　kě　róngnà

六百多人。　土楼　的　造型　也　非常　美，从　空中　俯瞰　的
liùbǎiduō-rén.　Tǔlóu　de　zàoxíng　yě　fēicháng　měi,　cóng　kōngzhōng　fǔkàn　de

话　有的³⁷　像　古罗马³⁸　圆形　剧场，有的　像　神秘　的　古
huà　yǒude　xiàng　Gǔ-Luómǎ　yuánxíng　jùchǎng,　yǒude　xiàng　shénmì　de　gǔ

城堡³⁹。　之所以⁴⁰　要　修建　那样　大规模　的　建筑，是　因为
chéngbǎo.　Zhīsuǒyǐ　yào　xiūjiàn　nàyàng　dàguīmó　de　jiànzhù,　shì　yīnwei

背井离乡⁴¹　的　客家人　需要　相互　照应⁴²，共　渡　难关⁴³。由于
bèijǐnglíxiāng　de　Kèjiārén　xūyào　xiānghù　zhàoying,　gòng　dù　nánguān.　Yóuyú

建筑　材料　匮乏⁴⁴，他们　就地⁴⁵　取材，　用　当地　的　黏沙土⁴⁶
jiànzhù　cáiliào　kuìfá,　tāmen　jiùdì　qǔcái,　yòng　dāngdì　de　niánshātǔ

建成了　一座座　宏伟⁴⁷　的　建筑　——　土楼。
jiànchéngle　yí-zuòzuò　hóngwěi　de　jiànzhù　——　tǔlóu.

　　2008 年　　7 月，　"福建　土楼"　建筑群　被　列入⁴⁸
　　Èrlínglíngbā-nián　qī-yuè,　"Fújiàn　tǔlóu"　jiànzhù-qún　bèi　lièrù

《世界遗产　名录》，　成为　中国　第 36 处　世界遗产。
《Shìjiè-yíchǎn　mínglù》,　chéngwéi　Zhōngguó　dì-sānshiliù-chù　shìjiè-yíchǎn.

▲ 客家土楼群

^{36.} 容纳	róngnà	収容する		
^{37.} 有的～，有的…	yǒude~, yǒude…			
～もあれば，…もある				
^{38.} 古罗马 Gǔ-Luómǎ	古代ローマ			
^{39.} 城堡 chéngbǎo	砦（とりで）			
^{40.} 之所以 A，是因为 B	zhīsuǒyǐ A, shì			
yīnwei B	A なのは B だからである			
^{41.} 背井离乡 bèijǐnglíxiāng	成語（やむをえ			
ず）故郷を離れて，他の地域で生活する				

^{42.} 照应　zhàoying　世話をする，面倒を見る

^{43.} 共渡难关　gòng dù nánguān　共に難関を
　切り抜ける

^{44.} 匮乏　kuìfá　〈書き言葉〉欠乏する

^{45.} 就地　jiùdì　その場で，現場で

^{46.} 黏沙土　niánshātǔ　粘性の土沙

^{47.} 宏伟　hóngwěi　雄大である，壮大である

^{48.} 列入　lièrù　～の中に入れる

Zhōngguó

zhī chuāng

历史人物篇

孔子

基礎知識

『子曰く、学びて時にこれを習う、また説（よろこ）ばしからずや。朋（とも）あり遠方より来たる、また楽しからずや。人知らずして慍（うら）みず、また君子ならずや。』
（子曰、学而時習之、不亦説乎、有朋自遠方来、不亦楽乎、人不知而不慍、不亦君子乎。）

　これは、およそ2500年前に孔子が述べた言葉で、日本人にもよく知られています。孔子と弟子や諸侯との問答を記録した『論語』の最初に出てくるものです（「学而篇」）。

　孔子は紀元前551年に魯（現在の山東省曲阜市）に生まれました。時は春秋時代（前770 ～前403）。魯の高官を短期間務めた後、孔子はたくさんの弟子を率いて諸国を周遊して、自分の思想を君主たちに遊説して回りました。その思想の中心は「仁」、「義」、「礼」で、「仁」は人間愛、「義」は正義感、「礼」は社会の規範のことです。後に戦国時代（前403 ～前221）の孟子や前漢（前206 ～後8）の董仲舒によって「仁」、「義」、「礼」、「智」、「信」の「五常」という「儒教の思想」が確立されました。しかし、孔子の思想は君主たちに受け入れられず、晩年は失意のまま故国に戻りました。

　孔子には3000人の弟子がいて、その中で特に優秀な賢人は72名いました。彼自身は史書『春秋』を編纂し、有名な『論語』は弟子たちが彼の言論を集めて編纂したものです。

　漢代に入ると、孔子の思想は徐々に勢力を伸ばしていき、儒教は国教化されました。孔子には歴代の為政者から様々な"封号（爵号や称号）"が贈られました。

　儒教が宗教であるかどうかは意見の分かれるところですが、どちらにしても、今も中国人の倫理道徳、生き方の指針として、生活の隅々まで浸透しています。

本文

　孔子，名丘，字仲尼。在春秋、战国时期，"子"是人们对有学识、有名望的人的尊称。他是鲁国人，生于公元前551年，卒于公元前479年。鲁国位于现在的山东省曲阜市。

　孔子是中国古代伟大的思想家、政治家和教育家，是儒家学派的创始人，也是与古希腊哲学家苏格拉底、亚里士多德等齐名的世界文化名人。他编撰的《春秋》是中国第一部编年体史书，有着极为重要的史料价值。由孔子的弟子和再传弟子编写的《论语》，记载着他的言行思想，是一部闪耀着思想光芒的巨著。

　孔子曾在鲁国担任过重要职务，颇有政绩。后来，对鲁国国君失望的他带领弟子们周游列国，宣扬他的以仁为核心，以礼为秩序的治国思想，但都没被想用武力夺取天下，进而成就霸业的各国君主接受。

　孔子晚年回到鲁国后创办私学，广招弟子，致力于教育事业。据称他的弟子有3000人，其中精通六艺的贤人有颜回、子贡等72人。

　孔子和战国时期儒家思想代表人物孟子并称"孔孟"，他们的思想不仅影响了当时和后世的中国人，也影响了世界。

　他的仁说，体现了人道精神；他的礼说，是倡导秩序和制度。即便在21世纪的今天，仍然有重要意义。

　他晚年的最高理想是实现"大同"，也就是谋求建立友爱互助，安居乐业，没有差异，没有战争的世界。

　他主张"有教无类"，也就是说人不论贫富贵贱，出生在什么地方，都可以接受教育。他还说"性相近也，习相远也"，就是说人的本性是相近的，而后天养成的习性相互差异很大。

　如果有兴趣，建议您去曲阜参观一下世界文化遗产"三孔"，即祀奉孔子的孔庙、孔子嫡系后裔居住的孔府、孔子及后裔的墓地孔林。相信您一定不会空手而归的。

DL 13

孔子， 名 丘， 字[1] 仲尼。 在 春秋、 战国 时期[2]，
Kǒngzǐ, míng Qiū, zì Zhòngní. Zài Chūnqiū、 Zhànguó shíqī,

"子" 是 人们 对 有 学识、 有 名望[3] 的 人 的
"zǐ" shì rénmen duì yǒu xuéshí、 yǒu míngwàng de rén de

尊称。 他 是 鲁国人， 生于 公元前[4] 551 年，
zūnchēng. Tā shì Lǔguórén, shēngyú gōngyuán-qián wǔbǎiwǔshiyī-nián,

卒[5]于 公元前 479 年。 鲁国 位于 现在 的 山东省
zúyú gōngyuán-qián sìbǎiqīshijiǔ-nián. Lǔguó wèiyú xiànzài de Shāndōng-shěng

曲阜市。
Qūfù-shì.

孔子 是 中国 古代 伟大 的 思想家、 政治家 和
Kǒngzǐ shì Zhōngguó gǔdài wěidà de sīxiǎngjiā、 zhèngzhìjiā hé

教育家， 是 儒家 学派 的 创始人， 也 是 与 古希腊[6]
jiàoyùjiā, shì Rújiā xuépài de chuàngshǐrén, yě shì yǔ Gǔ-Xīlà

哲学家 苏格拉底[7]、 亚里士多德[8] 等 齐名[9] 的 世界 文化 名人。
zhéxuéjiā Sūgélādǐ、 Yàlǐshìduōdé děng qímíng de shìjiè wénhuà míngrén.

他 编撰 的 《春秋》 是 中国 第一部 编年体[10] 史书，
Tā biānzhuàn de 《Chūnqiū》 shì Zhōngguó dì-yī-bù biānniántǐ shǐshū,

有着 极为 重要 的 史料 价值。 由 孔子 的 弟子 和 再 传
yǒuzhe jíwéi zhòngyào de shǐliào jiàzhí. Yóu Kǒngzǐ de dìzǐ hé zài chuán

弟子 编写 的 《论语》， 记载着 他 的 言行 思想， 是 一部
dìzǐ biānxiě de 《Lúnyǔ》, jìzǎizhe tā de yánxíng sīxiǎng, shì yí-bù

闪耀[11]着 思想 光芒[12] 的 巨著。
shǎnyàozhe sīxiǎng guāngmáng de jùzhù.

孔子 曾 在 鲁国 担任过 重要 职务， 颇 有 政绩[13]。
Kǒngzǐ céng zài Lǔguó dānrènguo zhòngyào zhíwù, pō yǒu zhèngjì.

13
孔子

語注

1. 字 zì あざな。中国で旧時，男子が成年後，実名のほかにつける別名
2. 春秋、战国时期 Chūnqiū、Zhànguó shíqī 春秋戦国時代（前770～前221）
3. 名望 míngwàng 名声と人望
4. 公元前 gōngyuán-qián 紀元前
5. 卒 zú 逝去する，死ぬ
6. 古希腊 Gǔ-Xīlà 古代ギリシア
7. 苏格拉底 Sūgélādǐ ソクラテス
8. 亚里士多德 Yàlǐshìduōdé アリストテレス
9. 齐名 qímíng 名声を等しくする
10. 编年体 biānniántǐ 歴史編纂の方式の一つで，年月の順を追って事実を記すもの。『春秋』に始まる
11. 闪耀 shǎnyào きらめく
12. 光芒 guāngmáng 光，きらめき
13. 政绩 zhèngjì 政治的業績

后来， 对 鲁国 国君 失望 的 他 带领 弟子们 周游 列国，
Hòulái, duì Lǔguó guójūn shīwàng de tā dàilǐng dìzǐmen zhōuyóu lièguó,

宣扬[14] 他 的 以[15] 仁 为 核心， 以 礼 为 秩序 的 治国 思想，
xuānyáng tā de yǐ rén wéi héxīn, yǐ lǐ wéi zhìxù de zhìguó sīxiǎng,

但 都 没 被 想 用 武力 夺取 天下， 进而[16] 成就
dàn dōu méi bèi xiǎng yòng wǔlì duóqǔ tiānxià, jìn'ér chéngjiù

霸业[17] 的 各国 君主 接受。
bàyè de gèguó jūnzhǔ jiēshòu.

　孔子 晚年 回到 鲁国 后 创办 私学， 广 招 弟子，
Kǒngzǐ wǎnnián huídào Lǔguó hòu chuàngbàn sīxué, guǎng zhāo dìzǐ,

致力于 教育 事业。 据称[18] 他 的 弟子 有 3000人， 其中
zhìlìyú jiàoyù shìyè. Jùchēng tā de dìzǐ yǒu sānqiān-rén, qízhōng

精通 六艺[19] 的 贤人 有 颜回[20]、 子贡[21] 等 72人。
jīngtōng liùyì de xiánrén yǒu Yán-Huí、 Zǐ-Gòng děng qīshí'èr-rén.

　孔子 和 战国 时期[22] 儒家 思想 代表 人物 孟子[23]
Kǒngzǐ hé Zhànguó shíqī Rújiā sīxiǎng dàibiǎo rénwù Mèngzǐ

并称 "孔孟"， 他们 的 思想 不仅[24] 影响了 当时 和
bìngchēng "Kǒng-Mèng", tāmen de sīxiǎng bùjǐn yǐngxiǎngle dāngshí hé

后世 的 中国人， 也 影响了 世界。
hòushì de Zhōngguórén, yě yǐngxiǎngle shìjiè.

▲ 山東省曲阜にある孔府

---

14. 宣扬　xuānyáng　大いに宣伝する
15. 以A为B　yǐ A wéi B　AをBとする
16. 进而　jìn'ér　その上，さらに
17. 霸业　bàyè　覇権を制すること
18. 据称　jùchēng　～だそうだ
19. 六艺　liùyì　六芸，リクゲイ。周代の知識
　　人が必ず学ぶべき科目と定められた6種の技
　　芸。礼・楽・射・御（ギョ＝馬術）・書・数
20. 颜回　Yán-Huí　ガンカイ（前514～前

483）。孔門十哲の首位
21. 子贡　Zǐ-Gòng　シコウ。孔門十哲の一人
22. 战国时期　Zhànguó shíqī　戦国時代（前
　　403～前221）
23. 孟子　Mèngzǐ　モウシ（前372～前289）。
　　魯の国の人。「人の本性は善である」とする
　　性善説を唱えた
24. 不仅A，也B　bùjǐn A, yě B　Aだけで
　　なく，Bでもある

他　的　仁　说，　体现了　人道　精神；　他　的　礼　说，　是
Tā　de　rén　shuō,　tǐxiànle　réndào　jīngshén;　Tā　de　lǐ　shuō,　shì

倡导[25]　秩序　和　制度。　即便[26]　在　21世纪　的　今天，　仍然
chàngdǎo　zhìxù　hé　zhìdù.　Jíbiàn　zài　èrshiyī-shìjì　de　jīntiān,　réngrán

有　重要　意义。
yǒu　zhòngyào　yìyì.

　　他　晚年　的　最高　理想　是　实现　"大同[27]"，　也　就是　谋求[28]
　　Tā　wǎnnián　de　zuìgāo　lǐxiǎng　shì　shíxiàn　"dàtóng",　yě　jiùshi　móuqiú

建立　友爱　互助，　安居乐业[29]，　没有　差异，　没有　战争　的　世界。
jiànlì　yǒu'ài　hùzhù,　ānjūlèyè,　méiyou　chāyì,　méiyou　zhànzhēng　de　shìjiè.

　　他　主张　"有教无类[30]"，　也　就是　说人　不论　贫　富　贵　贱，
　　Tā　zhǔzhāng　"yǒujiàowúlèi",　yě　jiùshi　shuō rén　búlùn　pín　fù　guì　jiàn,

出生在　什么　地方，　都　可以　接受　教育。　他　还　说　"性　相
chūshēngzài　shénme　dìfang,　dōu　kěyi　jiēshòu　jiàoyù.　Tā　hái　shuō　"xìng　xiāng

近也，　习　相　远　也"，　就是　说　人　的　本性　是　相近　的，
jìn　yě,　xí　xiāng　yuǎn　yě",　jiùshi　shuō　rén　de　běnxìng　shì　xiāngjìn　de,

而　后天　养成　的　习性　相互　差异　很　大。
ér　hòutiān　yǎngchéng　de　xíxìng　xiānghù　chāyì　hěn　dà.

　　如果　有　兴趣，　建议　您　去　曲阜　参观　一下　世界文化遗产
　　Rúguǒ　yǒu　xìngqù,　jiànyì　nín　qù　Qūfù　cānguān　yíxià　shìjiè-wénhuà-yíchǎn

"三孔"，　即　祀奉　孔子　的　孔庙[31]、　孔子　嫡系　后裔　居住过　的　孔府[32]、
"sān-Kǒng",　jí　sìfèng　Kǒngzǐ　de　Kǒngmiào、　Kǒngzǐ　díxì　hòuyì　jūzhùguo　de　Kǒngfǔ、

孔子　及　后裔　的　墓地　孔林[33]。　相信　您　一定　不　会　空手
Kǒngzǐ　jí　hòuyì　de　mùdì　Kǒnglín.　Xiāngxìn　nín　yídìng　bú　huì　kōngshǒu

而　归[34]　的。
ér　guī　de.

◀孔子像の前で『論
語』を朗読する煙
台大学の学生たち

---

[25]. 倡导　chàngdǎo　唱え導く		に身分で区別しない
[26]. 即便　jíbiàn　たとえ〜であっても	[31]. 孔庙　Kǒngmiào　孔子と夫人および七十	
[27]. 大同　dàtóng　平等で自由な理想社会	二賢人（孔子の弟子）を祀る場所	
[28]. 谋求　móuqiú　追求する	[32]. 孔府　Kǒngfǔ　孔子の直系子孫の邸宅兼執	
[29]. 安居乐业　ānjūlèyè　[成語]安らかに暮らし、楽しく働く	務室	
[30]. 有教无类　yǒujiàowúlèi　[成語]教育する際	[33]. 孔林　Kǒnglín　孔子一族の墓地	
	[34]. 空手而归　kōngshǒu ér guī　手ぶらで帰る	

屈原

● 基礎知識

『路は漫々として其れ修遠なり、吾将に上下して求索せんとす。』(路漫漫其修遠兮，吾将上下而求索)。これは、中国で二千年以上敬愛されてきた、詩人で政治家の屈原の詩です。『楚辞』という詩集の中に収められている、七言375句に及ぶ自伝的長編叙事詩「離騒」(「離」＝遭う、「騒」＝憂え、「憂えに遭う」という意味)の一部です。中国では，これまで多くの志ある者が、憂国の情を歌った屈原のこの詩を頭に浮かべながら、長い道のりを歩み、生涯奮闘してきました。

屈原は中国の戦国時代(前403〜前221)の中ごろ、楚の国(長江中流域が本拠)に生まれました。優れた政治能力と文才の持ち主で、懐王の篤い信頼を受けて重用されました。しかし、屈原が生きた時代は、平和とは程遠い、「戦国七雄(斉、楚、秦、燕、韓、魏、趙)」が天下の覇権を争う時代でした。その中で最も勢力を伸ばしたのは秦でした。楚は、西の秦と同盟を結ぶことで安泰を得ようとする「親秦派」と、東の斉と同盟を結ぶことで秦に対抗しようとする「親斉派」に分かれていました。「親斉派」の筆頭であった屈原は、彼の才能に嫉妬していた「親秦派」から讒言(ざんげん)を受け、ついに懐王から遠ざけられ、国の形勢は「親秦派」に傾いてしまいました。そしてついに、楚は秦に滅ぼされ(前275年)、5月5日、屈原は国を憂えて汨羅江(べきらこう)に入水自殺します。屈原の死後、毎年命日になると、人々は彼の亡骸が魚に食われないよう、魚のえさとして笹の葉に米の飯を包んで川に投げ込んだそうです。これが中国の端午の節句(旧暦5月5日)に粽を食べる風習の由来です。また、この日に南方各地で行う伝統的な「賽龍舟(ドラゴンボートレース)」は、入水した屈原を救出するために民衆が先を争って舟を出したことに由来しています。

● 本文

屈原约生于公元前340年，卒于公元前278年，是战国末期楚国人。他是楚国的政治家，是中国历史上第一位伟大的诗人，也是中国浪漫主义文学奠基人。

屈原是楚武王的后代，早年深得楚怀王的信任，做到左徒的官职，常常同怀王商议国事，参与法律的制定，并主持外交事务。

经过长年累月的战争，春秋以来许多小国被消灭，逐渐形成了齐、楚、燕、韩、赵、魏、秦等七个诸侯国家，其中秦国和楚国最为强大。尤其是秦国，在进行了商鞅变法以后，国力日盛，连年攻击其他国家。

面对强大的秦国，其他六国都感到了威胁，逐渐认识到有联合起来抗秦的必要。在此背景下，出现了一批主张合纵的策士和一批主张连横的策士。所谓合纵，就是从燕国到楚国，南北合成一条直线，共同对抗西方的秦国。主张合纵的最著名的人物是苏秦。所谓连横，就是秦国同其他六国中的某一国结成联盟，连成一条横线，攻击其他国家。主张连横的最著名的人物是张仪。

屈原在内政上倡导"美政"，在外交上力主联齐抗秦。所谓"美政"，就是国君首先应该具有高尚的品德，并选贤任能，把国家治理得法制清明。但是，他受到了怀王身边一些贵族的嫉妒和排挤。他的主张没被采纳，还失去了怀王的信任，先后两次遭到流放。经过张仪的几番策动，楚国国力大大衰弱，也彻底失去了齐国的信任。到后来，怀王中计被秦国扣留，客死他乡。

在楚国行将灭亡的时候，屈原又悲愤又绝望，在汨罗江投水自尽。据说这天是5月5日，所以千百年来人们在这一天用赛龙舟、吃粽子、喝雄黄酒等风俗来纪念这位满腹爱国情感的诗人。说他是诗人，是因为他在流放期间写下了大量的诗歌，创立了被后人称为"骚体"的文体，留下了《离骚》、《九歌》、《天问》等不朽诗篇。

DL 14

屈原¹　约　生于　公元前²　340年，　卒³于　公元前
Qū-Yuán yuē shēngyú gōngyuán-qián sānbǎisìshí-nián, zúyú gōngyuán-qián

278年，　是　战国⁴　末期　楚国人。　他　是　楚国　的　政治家，
èrbǎiqīshíbā-nián, shì Zhànguó mòqī Chǔguórén. Tā shì Chǔguó de zhèngzhìjiā,

是　中国　历史上　第一位　伟大　的　诗人，　也　是　中国　浪漫
shì Zhōngguó lìshǐshang dì-yī-wèi wěidà de shīrén, yě shì Zhōngguó làngmàn

主义　文学　奠基⁵人。
zhǔyì wénxué diànjīrén.

屈原　是　楚武王　的　后代⁶，　早年　深得　楚怀王　的
Qū-Yuán shì Chǔ-Wǔwáng de hòudài, zǎonián shēndé Chǔ-Huáiwáng de

信任，　做到　左徒⁷　的　官职，　常常　同　怀王　商议⁸国事，
xìnrèn, zuòdào zuǒtú de guānzhí, chángcháng tóng Huáiwáng shāngyì guóshì,

参与　法律　的　制定，　并　主持⁹外交　事务。
cānyù fǎlù de zhìdìng, bìng zhǔchí wàijiāo shìwù.

经过　长年累月¹⁰　的　战争，　春秋¹¹　以来　许多　小国
Jīngguò chángniánlěiyuè de zhànzhēng, Chūnqiū yǐlái xǔduō xiǎoguó

被　消灭，　逐渐¹²　形成了　齐、　楚、　燕、　韩、　赵、　魏、　秦
bèi xiāomiè, zhújiàn xíngchéngle Qí、 Chǔ、 Yān、 Hán、 Zhào、 Wèi、 Qín

等　七个　诸侯　国家，　其中　秦国　和　楚国　最为¹³　强大。
děng qī-ge zhūhóu guójiā, qízhōng Qínguó hé Chǔguó zuìwéi qiángdà.

尤其¹⁴是　秦国，　在　进行了　商鞅　变法¹⁵以后，　国力　日　盛，
Yóuqí shì Qínguó, zài jìnxíngle Shāng-Yāng biànfǎ yǐhòu, guólì rì shèng,

连年　攻击　其他　国家。
liánnián gōngjī qítā guójiā.

面对　强大　的　秦国，　其他　六国　都　感到了　威胁¹⁶，　逐渐
Miànduì qiángdà de Qínguó, qítā liù-guó dōu gǎndàole wēixié, zhújiàn

語注

1. 屈原　　Qū-Yuán　クツゲン	10. 长年累月 chángniánlěiyuè 〔成語〕長い年月
2. 公元前　gōngyuán-qián　紀元前	11. 春秋　Chūnqiū　春秋時代のこと（前770～前403）
3. 卒　　　zú　　　逝去する，死ぬ	12. 逐渐　zhújiàn　次第に，だんだんと
4. 战国　　Zhànguó　戦国時代のこと（前403～前221）	13. 最为　zuìwéi　最も，一番
5. 奠基　　diànjī　礎を築く	14. 尤其　yóuqí　特に
6. 后代　　hòudài　子孫	15. 商鞅变法 Shāng-Yāng biànfǎ　商鞅（ショウオウ）は戦国時代の政治家（?～前338）。法家の学説を学んで秦に赴き，富国強兵・中央集権をめざすために実施した改革のことを言う
7. 左徒　　zuǒtú　古代の官名。遠まわしにいさめる役目。副宰相	
8. 商议　　shāngyì　協議する	16. 威胁　wēixié　脅威
9. 主持　　zhǔchí　司る	

14
屈原

认识到　　有　　联合起来　　抗　　秦　　的　　必要。　在　此　背景　下，
rènshidào　yǒu　liánhéqǐlai　kàng　Qín　de　bìyào.　Zài　cǐ　bèijǐng　xià,

出现了　　一批[17]　主张　　合纵　　的　　策士[18]　和　一批　　主张　　连横
chūxiànle　yì-pī　zhǔzhāng　hézòng　de　cèshì　hé　yì-pī　zhǔzhāng　liánhéng

的　策士。　所谓　　合纵，　就是　从　燕国　　到　楚国，　　南北
de　cèshì.　Suǒwèi　hézòng,　jiùshi　cóng　Yānguó　dào　Chǔguó,　nánběi

合成　　一条　　直线，　共同　　对抗　　西方　　的　秦国。　主张
héchéng　yì-tiáo　zhíxiàn,　gòngtóng　duìkàng　xīfāng　de　Qínguó.　Zhǔzhāng

合纵　　的　最　著名　　的　人物　是　苏秦[19]。　所谓　　连横，
hézòng　de　zuì　zhùmíng　de　rénwù　shì　Sū-Qín.　Suǒwèi　liánhéng,

就是　秦国　　同　其他　六国　　中　的　某　一国　　结成　　联盟，
jiùshi　Qínguó　tóng　qítā　liù-guó　zhōng　de　mǒu　yì-guó　jiéchéng　liánméng,

连成　　一条　　横线，　攻击　　其他　国家。　主张　　连横　　的
liánchéng　yì-tiáo　héngxiàn,　gōngjī　qítā　guójiā.　Zhǔzhāng　liánhéng　de

最　著名　　的　人物　是　张仪[20]。
zuì　zhùmíng　de　rénwù　shì　Zhāng-Yí.

　　屈原　　在　内政上　　倡导[21]　"美　政"，　在　外交上　　力主[22]
　　Qū-Yuán　zài　nèizhèngshang　chàngdǎo　"měi　zhèng",　zài　wàijiāoshang　lìzhǔ

联　齐　抗　秦。　所谓　"美　政"，　就是　国君　　首先　　应该
lián　Qí　kàng　Qín.　Suǒwèi　"měi　zhèng",　jiùshi　guójūn　shǒuxiān　yīnggāi

具有　高尚　　的　品德[23]，　并　选贤任能[24]，　把　国家　治理[25]得　法制
jùyǒu　gāoshàng　de　pǐndé,　bìng　xuǎnxiánrènnéng,　bǎ　guójiā　zhìlǐde　fǎzhì

清明。　但是，　他　受到了　　怀王　　身边　　一些　贵族　的　嫉妒
qīngmíng.　Dànshi,　tā　shòudàole　Huáiwáng　shēnbiān　yìxiē　guìzú　de　jídù

湖南省汨羅市 ▶
屈子祠内の屈
原像

---

17. 批　　pī　　ひとまとまりの物や人を数
　　　　　　　える量詞

18. 策士　cèshì　好んで策略を用いる人

19. 苏秦　Sū-Qín　蘇秦，ソシン。生没年不詳

20. 张仪　Zhāng-Yí　張儀，チョウギ（？～
　　　　前310）

21. 倡导　chàngdǎo　唱え導く

22. 力主　lìzhǔ　精一杯主張する

23. 品德　pǐndé　人德

24. 选贤任能　xuǎnxiánrènnéng　成語 人德,
　　　能力のある人を選抜し任用すること

25. 治理　zhìlǐ　統治する，管理する

和　排挤[26]。他　的　主张　没　被　采纳[27]，还　失去了　怀王
hé　páijǐ.　Tā　de　zhǔzhāng　méi　bèi　cǎinà,　hái　shīqùle　Huáiwáng

的　信任，先后　两次　遭到　流放[28]。经过　张仪　的　几番[29]　策动[30]，
de　xìnrèn,　xiānhòu　liǎng-cì　zāodào　liúfàng.　Jīngguò　Zhāng-Yí　de　jǐ-fān　cèdòng,

楚国　国力　大大　衰弱，也　彻底　失去了　齐国　的　信任。到
Chǔguó　guólì　dàdà　shuāiruò,　yě　chèdǐ　shīqùle　Qíguó　de　xìnrèn.　Dào

后来，怀王　中计[31]　被　秦国　扣留[32]，客死　他乡。
hòulái,　Huáiwáng　zhòngjì　bèi　Qínguó　kòuliú,　kèsǐ　tāxiāng.

　　在　楚国　行将[33]　灭亡[34]　的　时候，屈原　又[35]　悲愤　又　绝望，
Zài　Chǔguó　xíngjiāng　mièwáng　de　shíhou,　Qū-Yuán　yòu　bēifèn　yòu　juéwàng,

在　汨罗江[36]　投水　自尽。据说　这天　是　5月　5日，所以　千百-
zài　Mìluójiāng　tóushuǐ　zìjìn.　Jùshuō　zhè-tiān　shì　wǔ-yuè　wǔ-rì,　suǒyi　qiānbǎi-

年　来　人们　在　这　一天　用[37]　赛龙舟[38]、吃　粽子[39]、喝　雄黄酒[40]
nián　lái　rénmen　zài　zhè　yì-tiān　yòng　sàilóngzhōu、chī　zòngzi、hē　xiónghuángjiǔ

等　风俗　来　纪念　这位　满腹[41]　爱国　情感　的　诗人。说　他
děng　fēngsú　lái　jìniàn　zhè-wèi　mǎnfù　àiguó　qínggǎn　de　shīrén.　Shuō　tā

是　诗人，是　因为　他　在　流放　期间　写下了　大量　的　诗歌，
shì　shīrén,　shì　yīnwei　tā　zài　liúfàng　qījiān　xiěxiàle　dàliàng　de　shīgē,

创立了　被　后人　称为　"骚体[42]"　的　文体，留下了　《离骚》、《九歌》、
chuànglìle　bèi　hòurén　chēngwéi　"Sāotǐ"　de　wéntǐ,　liúxiàle　《Lísāo》、《Jiǔgē》、

《天问》　等　不朽　诗篇。
《Tiānwèn》　děng　bùxiǔ　shīpiān.

ドラゴンボートレースの風景 ▶

---

[26]	排挤	páijǐ	排除	

中国湖南省北東部を流れる川

[27]　采纳　cǎinà　聞き入れる

[37]　用Ａ来Ｂ　yòng A lái B　Ａを用いてＢする

[28]　流放　liúfàng　流刑に処する

[38]　赛龙舟　sàilóngzhōu　ドラゴンボートレース

[29]　番　fān　回数を数える数え方

[39]　粽子　zòngzi　ちまき

[30]　策动　cèdòng　画策

[40]　雄黄酒　xiónghuángjiǔ　雄黄という鉱物を入れた酒。解毒作用があるとされており，子どもに塗って魔除けにもする

[31]　中计　zhòngjì　策略にはまる

[32]　扣留　kòuliú　勾留する

[33]　行将　xíngjiāng　まさに…しようとする

[41]　满腹　mǎnfù　胸にあふれんばかり

[34]　灭亡　mièwáng　滅亡する

[42]　骚体　Sāotǐ　「離騒」の形式を模した，古典文学の体裁の一つ

[35]　又Ａ又Ｂ　yòu A yòu B　ＡでもありまたＢでもある

[36]　汨罗江　Mìluójiāng　汨罗江，ベキラコウ。

秦桧

基礎知識

　もし中国人に、中国の歴史上最も悪い男は誰だと聞いたら、おそらくほとんどの人が「秦檜（シンカイ）」と答えるでしょう。これは、約850年前に下された人物評価が現在でも一貫して変わっていないということです。では秦檜とはどのような人物だったのでしょうか。

　秦檜（1090～1155）は、北宋時代（960～1127）、地方官吏の家庭に生まれ、若い頃は貧乏な田舎教師でした。彼はのちに科挙試験に合格して役人になりました。しかしこの頃、以前から宋に攻めてきていた金国の攻勢は止まず、主戦派の「岳飛（ガクヒ）」（1103～1141）は金国との抗戦を主張して連戦連勝の勢いにありました。これに対して秦檜は、金との講和を主張し、さらに岳飛に謀反を企てたとの罪を着せて逮捕し、獄中で毒殺しました。秦檜の死後、岳飛の無実は明らかにされ、「王」の称号を受けて、現在の杭州に「岳王廟」が建てられました。一方、秦檜は「漢奸（カンカン）」と呼ばれ、「裏切り者、売国奴」という評価が下されました。

　元（1271～1368）の時代に編纂された「宋史」では、秦檜は「姦臣伝」（姦＝奸）に入れられています。また明（1368～1644）の時代になると、杭州の岳王廟の前には、ひざまずき、後ろ手に縛られた秦檜夫妻の像が造られました。そして、現在それはまるで檻に入れられているように鉄柵に囲まれています。「ツバを吐きかけないように」という注意書きが掛っていても、一向に効き目がないそうです。

　儒教の国、中国においては、一度定まった「岳飛＝民族の英雄」、「秦檜＝民族の裏切り者」という評価は、今後も変わることはないでしょう。

本文

　秦桧生于 1090 年，卒于 1155 年，江宁人。他是中国南北宋朝期间的一个传奇式的人物，也是中国历史上最大的奸臣之一。秦桧这两个字几乎成了汉奸、卖国贼的代名词。

　那么秦桧究竟是怎样一个人物呢？他早年曾在乡下的私塾任教，但乡村教师收入微薄，生活很不富裕。他说："若得水田三百亩，这番不做猢狲王。"后来，秦桧中了进士，靠着才气、权谋不断获得升迁，两度出任南宋宰相，执掌朝廷大权 19 年。

　北宋末年，北方少数民族女真族建立的金国日益强大，1125 年，金灭辽国，紧接着大举南下，进攻宋朝。身为朝廷高官的秦桧起初是主张抗金的，为此，他和宋徽宗、宋钦宗一起沦为金军俘虏，被劫持到金国。1127 年，北宋灭亡。

　秦桧后来回到南宋，辅佐宋高宗。面对咄咄逼人的金军，朝廷文武官员中有的主张坚决抵抗，如岳飞、韩世忠等；有的主张议和，秦桧便是代表人物。为了达到议和目的，讨好金国，秦桧竟然以"莫须有"的罪名杀害了岳飞。"莫须有"的意思是"难道没有吗？"可见秦桧为了陷害忠良，居然不择手段。

　在秦桧死去几年后，朝廷迫于主战派压力，为岳飞平反昭雪。残害岳飞的罪魁祸首秦桧从此背上了千古骂名。

　明朝的时候，人们在杭州岳飞墓前铸造了秦桧、秦桧之妻王氏等迫害岳飞的四人跪像，意思是让他们永远向岳飞低头认罪。清朝的时候，有一位秦姓文人在这儿作诗：人从宋后少名桧，我到坟前愧姓秦。

　2005 年，艺术家金锋为秦桧夫妇塑造了两尊站像，在上海一家艺术馆展出。前来参观者有人认为从跪像到站像体现了社会的进步和现代人权思想，但大多数则不以为然，认为是对历史的歪曲和亵渎。在各种媒体上如潮般的谴责声中，展览被迫草草收场了。

本文を中国語で発音し、精読していきましょう。 ■■■■■■■■■■■■■■■■

DL 15

秦桧[1]　　生于　　　1090 年,　卒[2] 于　　　1155 年,　　江宁[3] 人。
Qín-Huì　shēngyú　yīlíngjiǔlíng-nián,　zúyú　yīyīwǔwǔ-nián,　Jiāngníngrén.

他　是　中国　　南北宋朝[4]　期间　的　一个　传奇式[5]　的　人物,
Tā　shì　Zhōngguó　Nán-Běi-Sòng-cháo　qījiān　de　yíge　chuánqíshì　de　rénwù,

也　是　中国　　历史上　　最　大　的　奸臣[6]　之 一。秦桧　这　两个　字
yě　shì　Zhōngguó　lìshǐshang　zuì　dà　de　jiānchén　zhī　yī.　Qín-Huì　zhè　liǎng-ge　zì

几乎　　成了　汉奸[7]、卖国贼[8]　的　代名词。
jīhū　chéngle　hànjiān、　màiguózéi　de　dàimíngcí.

那么　秦桧　究竟[9]　是　怎样　一个　人物　呢? 他　早年[10]　曾　在
Nàme　Qín-Huì　jiūjìng　shì　zěnyàng　yíge　rénwù　ne?　Tā　zǎonián　céng　zài

乡下　的　私塾　任教,　但　乡村　教师　收入　微薄,　生活　很　不
xiāngxià　de　sīshú　rènjiào,　dàn　xiāngcūn　jiàoshī　shōurù　wēibó,　shēnghuó　hěn　bú

富裕。他　说:"若[11]　得　水田　三百亩[12],这番[13]　不　做　猢狲王[14]。"
fùyù.　Tā　shuō:"Ruò　dé　shuǐtián　sānbǎi-mǔ,　zhè-fān　bú　zuò　húsūnwáng."

后来,　秦桧　中[15] 了　进士[16],　靠[17] 着　才气、权谋　不断　获得　升迁[18],
Hòulái,　Qín-Huì　zhòngle　jìnshì,　kàozhe　cáiqì、　quánmóu　búduàn　huòdé　shēngqiān,

两度　出任[19]　南宋　宰相[20],执掌　朝廷　大权　19 年。
liǎng-dù　chūrèn　Nán-Sòng　zǎixiàng,　zhízhǎng　cháotíng　dàquán　shíjiǔ-nián.

北宋　　末年,　北方　少数民族　女真族　建立　的　金国
Běi-Sòng　mònián,　běifāng　shǎoshù-mínzú　Nǚzhēnzú　jiànlì　de　Jīnguó

◀秦檜夫妻の半裸像

◀金鋒氏の秦檜夫妻立像

語注

1. 秦桧　Qín-Huì　秦檜, シンカイ
2. 卒　zú　逝去する, 死ぬ
3. 江宁　Jiāngníng　江寧, コウネイ。現在の南京
4. 南北宋朝　Nán-Běi-Sòng-cháo　南北宋朝 (960 〜 1279)
5. 传奇式　chuánqíshì　伝奇的な
6. 奸臣　jiānchén　悪だくみをする家臣
7. 汉奸　hànjiān　国賊, 民族の裏切り者
8. 卖国贼　màiguózéi　売国奴
9. 究竟　jiūjìng　結局, いったい
10. 早年　zǎonián　若いころ
11. 若　ruò　もしも

12. 亩　mǔ　土地面積の単位。"一亩" = 6.667 アール
13. 番　fān　回数を数える数え方
14. 猢狲王　húsūnwáng　旧時, 村塾の教師の蔑称 ("猢狲" はアカゲザル)
15. 中　zhòng　合格する
16. 进士　jìnshì　進士。科挙の最終試験に合格した者
17. 靠　kào　頼る
18. 升迁　shēngqiān　昇進する
19. 出任　chūrèn　〈書き言葉〉官職を担当する
20. 宰相　zǎixiàng　君主を補佐する最高位の大臣

秦桧

日益　　强大，　　1125年，　　金　灭[21]　辽国[22]，　紧接着[23]　大举　南下，　进攻
rìyì　　qiángdà,　　yīyī'èrwǔ-nián,　　Jīn　miè　Liáoguó,　　jǐnjiēzhe　　dàjǔ　nánxià,　jìngōng

宋朝。　　身　为　朝廷　高官　的　秦桧　起初[24]　是　主张　抗　金　的，
Sòng-cháo.　Shēn　wéi　cháotíng　gāoguān　de　Qín-Huì　qǐchū　shì　zhǔzhāng　kàng　Jīn　de,

为此，　　他　和　宋徽宗[25]、　宋钦宗[26]　一起　沦为[27]　金军　俘虏，　被
wèicǐ,　　tā　hé　Sòng-Huīzōng、　Sòng-Qīnzōng　yìqǐ　lúnwéi　Jīn-jūn　fúlǔ,　bèi

劫持[28]　到　金国。　1127年，　北宋　灭亡。
jiéchí　dào　Jīnguó.　Yīyī'èrqī-nián,　Běi-Sòng　mièwáng.

　　秦桧　　后来　　回到　南宋，　辅佐　宋高宗[29]。　面对　咄咄逼人[30]
　　Qín-Huì　hòulái　huídào　Nán-Sòng,　fǔzuǒ　Sòng-Gāozōng.　Miànduì　duōduōbīrén

的　金军，　朝廷　文武　官员　中　有的[31]　主张　坚决　抵抗，
de　Jīn-jūn,　cháotíng　wénwǔ　guānyuán　zhōng　yǒude　zhǔzhāng　jiānjué　dǐkàng,

如　岳飞[32]、　韩世忠[33]　等；　有的　主张　议和[34]，　秦桧　便　是　代表
rú　Yuè-Fēi、　Hán-Shìzhōng　děng;　yǒude　zhǔzhāng　yìhé,　Qín-Huì　biàn　shì　dàibiǎo

人物。　为了　达到　议和　目的，　讨好[35]　金国，　秦桧　竟然[36]　以"莫须有[37]"
rénwù.　Wèile　dádào　yìhé　mùdì,　tǎohǎo　Jīnguó,　Qín-Huì　jìngrán　yǐ "mòxūyǒu"

的　罪名　杀害了　岳飞。　"莫须有"　的　意思　是　"难道[38]　没有　吗？"
de　zuìmíng　shāhàile　Yuè-Fēi.　"Mòxūyǒu"　de　yìsi　shì "nándào méiyou ma?"

可见　秦桧　为了　陷害[39]　忠良[40]，　居然[41]　不　择　手段。
Kějiàn　Qín-Huì　wèile　xiànhài　zhōngliáng,　jūrán　bù　zé　shǒuduàn.

　　在　秦桧　死去　几年　后，　朝廷　迫于　主战派　压力，　为　岳飞
　　Zài　Qín-Huì　sǐqù　jǐ-nián　hòu,　cháotíng　pòyú　zhǔzhànpài　yālì,　wèi　Yuè-Fēi

平反[42]　昭雪[43]。　残害[44]　岳飞　的　罪魁祸首[45]　秦桧　从此　背上了
píngfǎn　zhāoxuě.　Cánhài　Yuè-Fēi　de　zuìkuíhuòshǒu　Qín-Huì　cóngcǐ　bēishangle

---

21. 灭　　miè　　滅ぼす
22. 辽国　　Liáoguó　　遼（916〜1125）。契丹
　　（キッタン）族が中国東北部を中心に建てた国
23. 紧接着　jǐnjiēzhe　引き続いて
24. 起初　　qǐchū　　最初、はじめ
25. 宋徽宗　Sòng-Huīzōng　ソウキソウ。北宋
　　の第8代皇帝
26. 宋钦宗　Sòng-Qīnzōng　ソウキンソウ。徽
　　宗の息子で、北宋の第9代皇帝
27. 沦为　　lúnwéi　　〜に成り下がる
28. 劫持　　jiéchí　　拉致する
29. 宋高宗　Sòng-Gāozōng　ソウコウソウ。欽
　　宗の弟。欽宗のあと、南宋の皇帝に即位
30. 咄咄逼人　duōduōbīrén　　成語 すごい勢い
　　で迫る
31. 有的A，有的B　yǒude A, yǒude B
　　Aな人もいれば、Bの人もいる
32. 岳飞　　Yuè-Fēi　岳飛、ガクヒ

33. 韩世忠　Hán-Shìzhōng　韓世忠、カンセイチュ
　　ウ（1088〜1151）。秦檜の策略によって兵権
　　を奪われ、失意のうちに死亡した
34. 议和　　yìhé　　和平交渉する
35. 讨好　　tǎohǎo　　機嫌を取る
36. 竟然　　jìngrán　　意外にも
37. 莫须有　mòxūyǒu　あるかも知れない、でっ
　　ちあげの
38. 难道〜吗？　nándào~ma?　まさか〜ではあ
　　るまい〈反語〉
39. 陷害　　xiànhài　　陥れる
40. 忠良　　zhōngliáng　忠臣
41. 居然　　jūrán　　思いがけず、意外にも
42. 平反　　píngfǎn　判決を見直す、名誉回復する
43. 昭雪　　zhāoxuě　〈書き言葉〉冤罪をすすぐ
44. 残害　　cánhài　　殺害する
45. 罪魁祸首　zuìkuíhuòshǒu　成語 悪事の張
　　本人

千古⁴⁶ 骂名⁴⁷。
qiāngǔ mǎmíng.

明朝⁴⁸ 的 时候， 人们 在 杭州 岳飞墓 前 铸造了
Míng-cháo de shíhou, rénmen zài Hángzhōu Yuè-Fēi-mù qián zhùzàole

秦桧、 秦桧 之 妻 王氏 等 迫害 岳飞 的 四人 跪像，
Qín-Huì、 Qín-Huì zhī qī Wángshì děng pòhài Yuè-Fēi de sì-rén guìxiàng,

意思 是 让 他们 永远 向 岳飞 低头 认罪。 清朝⁴⁹ 的 时候，
yìsi shì ràng tāmen yǒngyuǎn xiàng Yuè-Fēi dītóu rènzuì. Qīng-cháo de shíhou,

有 一位 秦 姓 文人 在 这儿 作 诗：人 从 宋 后 少 名 桧，
yǒu yí-wèi Qín xìng wénrén zài zhèr zuò shī: Rén cóng Sòng hòu shǎo míng Huì,

我 到 坟 前 愧⁵⁰ 姓 秦。
wǒ dào fén qián kuì xìng Qín.

2005 年， 艺术家 金锋 为 秦桧 夫妇 塑造了 两尊⁵¹
Èrlínglíngwǔ-nián, yìshùjiā Jīn-Fēng wèi Qín-Huì fūfù sùzàole liǎng-zūn

站像， 在 上海 一家 艺术馆 展出。 前来⁵² 参观者 有 人
zhànxiàng, zài Shànghǎi yì-jiā yìshùguǎn zhǎnchū. Qiánlái cānguānzhě yǒu rén

认为 从 跪像 到 站像 体现了 社会 的 进步 和 现代 人权
rènwéi cóng guìxiàng dào zhànxiàng tǐxiànle shèhuì de jìnbù hé xiàndài rénquán

思想， 但 大多数 则 不以为然⁵³， 认为 是 对 历史 的 歪曲 和 亵渎⁵⁴。
sīxiǎng, dàn dàduōshù zé bùyǐwéirán, rènwéi shì duì lìshǐ de wāiqū hé xièdú.

在 各种 媒体⁵⁵上 如 潮 般⁵⁶ 的 谴责⁵⁷ 声 中， 展览 被迫⁵⁸
Zài gèzhǒng méitǐshang rú cháo bān de qiǎnzé shēng zhōng, zhǎnlǎn bèipò

草草⁵⁹ 收场了。
cǎoǎo shōuchǎngle.

◀杭州岳王廟内
の岳飛像

46.	千古	qiāngǔ	長い間，永遠（に）
47.	骂名	màmíng	悪名，汚名
48.	明朝	Míng-cháo	1368～1644
49.	清朝	Qīng-cháo	1616～1911
50.	愧	kuì	恥ずかしく思う
51.	尊	zūn	彫像を数える数え方
52.	前来	qiánlái	〈書き言葉〉来る
53.	不以为然	bùyǐwéirán	成語 そうとは思わ

		ない	
54.	亵渎	xièdú	冒とく
55.	媒体	méitǐ	メディア
56.	～般	bān	～のように，～のような
57.	谴责	qiǎnzé	激しく責める，非難する
58.	被迫	bèipò	強要される
59.	草草	cǎoǎo	あわただしく

魯迅

● 基礎知識

魯迅（ロジン）は清朝（1616～1911）末期の1881年、浙江省紹興の裕福な知識階級の家に生まれました。しかし13歳の時、祖父が科挙試験の汚職事件で投獄され、まもなく父親も病気で倒れ、家は没落しました。そして父親の病気治療のため、高額な漢方薬を買いましたが、結局父親は病気が治らず、他界してしまいました。このような体験から、魯迅は漢方医学に強い不信感を抱き、西洋医学を学ぶため、1904年、日本の仙台医学専門学校（現東北大学医学部）に入学しました。1906年（日露戦争が終わった翌年）のある日、学校の細菌学教室で、魯迅の人生を変える出来事が起こりました。講義終了後、教室でスライドが上映され、日露戦争勝利の場面が次々と映し出されました。その中に、ロシア軍のスパイとして日本軍に捕らえられた中国人が銃殺されるシーンがありました。もちろんこのスライドを見ていた日本人の学生は、この銃殺の場面に拍手喝采しました。このスライドには、銃殺される中国人をその回りでのんびりと見学している中国人も映っており、その中国人達も拍手喝采していたのです。これを見た魯迅は強い衝撃を受けました。彼は「中国人は精神を病んでいる」、「中国人を救うのは医学ではない」、「民族を救うためには文学による精神改造が必要である」と考え、学校を中退して、文筆活動に没頭しました。1909年に帰国した魯迅は、陳独秀を中心とした「新文化運動」に参加し、儒教の旧道徳や旧文化を打破して、民主的で科学的な精神による新しい社会を築こうとしました。そして1918年、雑誌『新青年』に中国最初の口語体小説である『狂人日記』を発表し、文筆活動を本格化していきました。

1936年に55歳で病没するまで満身創痍で戦いつづけた魯迅は、中国人に最も尊敬されている作家で、「民族の魂」と称されています。

● 本文

鲁迅，原名周树人，1881年出生于浙江绍兴，1936年病逝于上海。

他是杰出的文学家、思想家、政治家，被称为"民族魂"，是最受海内外华人尊敬，蜚声世界文坛的现代作家。

鲁迅的少年时代，由于家道中落，他早早地和母亲一起承担起了生活的重担。为了给患病的父亲治病，他常常拿着母亲的衣服饰物等去当铺，然后揣着变卖来的钱去药店买药。但他父亲还是因肺结核过早地离开了人世。

鲁迅18岁时到南京的"洋学堂"读书，因成绩优异，毕业后获得了到日本公费留学的机会。1902年，他东渡日本，先在东京弘文学院补习日语，后到仙台医科专门学校学医。他之所以选择攻读医学，是因为他觉得中医不可靠，只有西医才能医治病人，改善中国人的身体状况。

然而，日俄战争的爆发及日军的胜利，促使他弃医从文，返回东京写文章、办杂志，从事文学活动。1909年，他从日本回国，在家乡担任了一段时间中学教员后前往北京，到教育部任职。1918年，他在《新青年》杂志上发表了白话小说《狂人日记》。这篇小说不仅是他的第一篇白话小说，也是中国最早的现代白话小说。从此，他创作了《阿Q正传》、《祝福》、《故乡》等脍炙人口的作品。

鲁迅在文学创作、文学批评、文学史研究、翻译、美学理论引进等诸多领域有重大贡献。最突出的贡献，应该说是他开创的杂文这一文体。杂文富有自由性、批判性、战斗性，用他的话说"是匕首，是投枪"，是他同当时的统治者、封建礼教和旧传统作斗争的武器。他留下了《热风》、《坟》、《三闲集》等16部杂文集。

鲁迅一生追求自由民主，并为之奋斗。他抗议北洋军阀政权对爱国学生的镇压，反对日本军国主义对中国的侵略，是一位特立独行的知识分子。

DL 16

鲁迅， 原名[1] 周树人， 1881 年 出生于 浙江 绍兴，
Lǔ-Xùn, yuánmíng Zhōu-Shùrén, yībābāyī-nián chūshēngyú Zhèjiāng Shàoxīng,

1936 年 病逝于 上海。
yījiǔsānliù-nián bìngshìyú Shànghǎi.

他 是 杰出[2] 的 文学家、 思想家、 政治家， 被 称为 "民族魂"，
Tā shì jiéchū de wénxuéjiā、 sīxiǎngjiā、 zhèngzhìjiā, bèi chēngwéi "mínzú-hún",

是 最 受 海内外 华人 尊敬， 蜚声[3] 世界 文坛 的 现代 作家。
shì zuì shòu hǎinèiwài huárén zūnjìng, fēishēng shìjiè wéntán de xiàndài zuòjiā.

鲁迅 的 少年 时代， 由于[4] 家道[5] 中落[6]， 他 早早 地 和 母亲
Lǔ-Xùn de shàonián shídài, yóuyú jiādào zhōngluò, tā zǎozǎo de hé mǔqin

一起 承担起了 生活 的 重担。 为了 给 患病 的 父亲 治病，
yìqǐ chéngdānqǐle shēnghuó de zhòngdàn. Wèile gěi huànbìng de fùqin zhìbìng,

他 常常 拿着 母亲 的 衣服 饰物 等 去 当铺[7]， 然后 揣[8]着
tā chángcháng názhe mǔqin de yīfu shìwù děng qù dàngpù, ránhòu chuāizhe

变卖[9]来 的 钱 去 药店 买 药。 但 他 父亲 还是 因 肺结核
biànmàilai de qián qù yàodiàn mǎi yào. Dàn tā fùqin háishi yīn fèi-jiéhé

过早[10] 地 离开了 人世。
guòzǎo de líkāile rénshì.

鲁迅 18 岁 时 到 南京 的 "洋学堂[11]" 读书， 因 成绩 优异[12]，
Lǔ-Xùn shíbā-suì shí dào Nánjīng de "yángxuétáng" dúshū, yīn chéngjì yōuyì,

毕业 后 获得了 到 日本 公费 留学 的 机会。 1902 年， 他
bìyè hòu huòdéle dào Rìběn gōngfèi liúxué de jīhuì. Yījiǔlíng'èr-nián, tā

东渡 日本， 先 在 东京 弘文学院[13] 补习 日语， 后 到
dōngdù Rìběn, xiān zài Dōngjīng Hóngwén-xuéyuàn bǔxí Rìyǔ, hòu dào

16
鲁迅

語注

1. 原名　yuánmíng　本名
2. 杰出　jiéchū　傑出している，抜きん出る
3. 蜚声　fēishēng　名を揚げる
4. 由于～　yóuyú~　～によって，～なので
5. 家道　jiādào　暮らし向き
6. 中落　zhōngluò　落ちぶれる
7. 当铺　dàngpù　質屋
8. 揣　chuāi　（懐に）しまう，隠す
9. 变卖　biànmài　（自分のものを）売り払ってお金に換える
10. 过早　guòzǎo　早すぎる

11. 洋学堂　yángxuétáng　清末，洋務派（1860年頃から展開された，西洋の軍事技術を導入して富国強兵をはかろうとした，いわゆる洋務運動を推進した，漢人高級官僚グループのこと）が，富国強兵のために開設した，数学，物理，化学などの自然科学の知識を学ぶための学校
12. 优异　yōuyì　ずば抜けている
13. 弘文学院　Hóngwén-xuéyuàn　1896 年，柔道家・教育家の嘉納治五郎が中国からの留学生のために東京牛込に開いた教育機関

仙台医科专门学校[14]　　　　学 医。他 之所以[15] 选择 攻读[16] 医学，是
Xiāntái-yīkē-zhuānmén-xuéxiào　　xué yī. Tā zhīsuǒyi xuǎnzé gōngdú yīxué, shì

因为 他 觉得 中医 不 可靠[17]，只有[18] 西医 才 能 医治[19] 病人，
yīnwei tā juéde Zhōngyī bù kěkào, zhǐyǒu Xīyī cái néng yīzhì bìngrén,

改善 中国人 的 身体 状况。
gǎishàn Zhōngguórén de shēntǐ zhuàngkuàng.

　　然而[20]，日俄战争[21] 的 爆发 及 日军 的 胜利，促使[22] 他 弃 医
　　Rán'ér, Rì-É-zhànzhēng de bàofā jí Rì-jūn de shènglì, cùshǐ tā qì yī

从 文，返回 东京 写 文章、办 杂志，从事 文学 活动。
cóng wén, fǎnhuí Dōngjīng xiě wénzhāng、bàn zázhì, cóngshì wénxué huódòng.

1909 年， 他 从 日本 回国，在 家乡 担任了 一段 时间
Yījiǔlíngjiǔ-nián, tā cóng Rìběn huíguó, zài jiāxiāng dānrènle yí-duàn shíjiān

中学 教员 后 前往[23] 北京，到 教育部 任职。 1918 年， 他
zhōngxué jiàoyuán hòu qiánwǎng Běijīng, dào jiàoyùbù rènzhí. Yījiǔyībā-nián, tā

在 《新青年[24]》 杂志上 发表了 白话小说[25] 《狂人日记》。 这篇
zài 《Xīnqīngnián》 zázhìshang fābiǎole báihuà-xiǎoshuō 《Kuángrén-rìjì》. Zhè-piān

小说 不仅[26] 是 他 的 第一篇 白话小说，也 是 中国 最早
xiǎoshuō bùjǐn shì tā de dì-yī-piān báihuà-xiǎoshuō, yě shì Zhōngguó zuì zǎo

的 现代 白话小说。 从此，他 创作了 《阿Q正传》、《祝福》、
de xiàndài báihuà-xiǎoshuō. Cóngcǐ, tā chuàngzuòle 《Ā-Qiū-zhèngzhuàn》、《Zhùfú》、

《故乡》 等 脍炙人口[27] 的 作品。
《Gùxiāng》 děng kuàizhìrénkǒu de zuòpǐn.

　　鲁迅 在 文学 创作、 文学 批评、 文学史 研究、翻译、美学
　　Lǔ-Xùn zài wénxué chuàngzuò、wénxué pīpíng、wénxuéshǐ yánjiū、fānyì、měixué

理论 引进[28] 等 诸多 领域 有 重大 贡献。 最 突出 的 贡献，
lǐlùn yǐnjìn děng zhūduō lǐngyù yǒu zhòngdà gòngxiàn. Zuì tūchū de gòngxiàn,

---

[14] 仙台医科专门学校
　　Xiāntái-yīkē-zhuāmén-xuéxiào 仙台医学
　　専門学校。現在の東北大学医学部の前身
[15] 之所以 A，是因为 B
　　zhīsuǒyi A, shì yīnwei B
　　A であるのは、B であるからである
[16] 攻读 gōngdú 専攻する
[17] 可靠 kěkào 頼りになる，信頼できる
[18] 只有 A 才 B zhǐyǒu A cái B ただ A だ
　　けが B である
[19] 医治 yīzhì 治療する
[20] 然而 rán'ér しかし，ところが
[21] 日俄战争 Rì-É-zhànzhēng 日露戦争
　　(1904～1905)

[22] 促使 cùshǐ ～するように促す
[23] 前往 qiánwǎng 〈書き言葉〉行く，向かう
[24] 新青年 Xīnqīngnián 雑誌名。陈独秀が刊
　　行。欧米の近代的合理主義を紹介し，中国の
　　旧体制・旧道徳の支えであった儒教思想を批
　　判，青年知識層に支持された
[25] 白话小说 báihuà-xiǎoshuō 口語体小説
[26] 不仅 A，也 B bùjǐn A, yě B A だけで
　　はなく，B でもある
[27] 脍炙人口 kuàizhìrénkǒu 成語 人々によく
　　知られている。膾（カイ）＝なます，炙（シャ）
　　＝あぶった肉
[28] 引进 yǐnjìn 導入

应该 说 是 他 开创²⁹ 的 杂文³⁰ 这 一 文体。 杂文 富有 自由性、
yīnggāi shuō shì tā kāichuàng de záwén zhè yì wéntǐ. Záwén fùyǒu zìyóuxìng、

批判性、 战斗性, 用 他 的 话 说 "是 匕首³¹, 是 投枪³²", 是
pīpànxìng、zhàndòuxìng, yòng tā de huà shuō "shì bǐshǒu, shì tóuqiāng", shì

他 同 当时 的 统治者、 封建 礼教³³ 和 旧 传统 作 斗争 的
tā tóng dāngshí de tǒngzhìzhě、 fēngjiàn lǐjiào hé jiù chuántǒng zuò dòuzhēng de

武器。 他 留下了 《热风》、 《坟》、 《三闲集》 等 16部 杂文集。
wǔqì. Tā liúxiàle 《Rèfēng》、《Fén》、《Sānxiánjí》 děng shíliù-bù záwén-jí.

鲁迅 一生 追求 自由 民主, 并 为 之 奋斗。 他 抗议
Lǔ-Xùn yìshēng zhuīqiú zìyóu mínzhǔ, bìng wèi zhī fèndòu. Tā kàngyì

北洋军阀³⁴ 政权 对 爱国 学生 的 镇压³⁵, 反对 日本 军国主义
Běiyáng-jūnfá zhèngquán duì àiguó xuésheng de zhènyā, fǎnduì Rìběn jūnguó-zhǔyì

对 中国 的 侵略, 是 一位 特立独行³⁶ 的 知识分子³⁷。
duì Zhōngguó de qīnlüè, shì yí-wèi tèlìdúxíng de zhīshi-fènzǐ.

◀「中華民族の魂」
鲁迅先生

---

29. 开创　kāichuàng　創始する，切り開く
30. 杂文　záwén　社会問題を取り上げたエッセー
31. 匕首　bǐshǒu　短剣，あいくち
32. 投枪　tóuqiāng　投げ槍
33. 礼教　lǐjiào　礼儀と道徳

34. 北洋军阀　Běiyáng-jūnfá　清末，北洋大臣袁世凱（エンセイガイ）の指揮下に編成された近代式陸軍を基盤とした軍閥
35. 镇压　zhènyā　弾圧
36. 特立独行　tèlìdúxíng　[成語]独立独歩である
37. 知识分子　zhīshi-fènzǐ　知識人

Zhōngguó

zhī chuāng

成语篇

卧薪尝胆

基礎知識

　　「臥薪嘗胆」という成語は日本語にもそのまま用いられており、「将来の目的を達成するために、艱難辛苦に耐えて、長い間苦労し努力する」という意味です。この大本は今から2500年ほど前の春秋時代（前770〜前403）の呉国と越国の争いにまつわる故事です。

　　春秋時代、中国の江南地域では呉国と越国が激しい戦いをくり返していました。まず呉が新興勢力の越に破れ、呉王の闔閭（コウリョ）が息子の夫差（フサ）に仇を打つよう遺言すると、夫差は復讐を誓います。2年後、呉王となった夫差は越王の勾践（コウセン）と戦い、会稽山で勝利します。3年後、夫差に許されて帰国した勾践は、国政の建て直しに取り掛かります。「夜、寝るときには薪の上で横になり（臥薪）、部屋には苦い胆を掛けて，それを嘗め（嘗胆）」、会稽山での恥を忘れないように努めます。そして10年後、勾践はついに呉を破り、夫差を自殺に追い込みます。

　　「嘗胆」の最も古い記述は、前漢に司馬遷によって書かれた史書『史記』（第十課語注24参照）にありますが、「臥薪嘗胆」の形で登場するのは12、3世紀以降です。14世紀にまとめられた通俗史書『十八史略』では「臥薪」を夫差の逸話としており、日本ではこの説が広まって、「臥薪」は夫差、「嘗胆」は勾践の逸話とするのが一般的です。

　　この課の本文には「西施（セイシ）」も登場します。中国には‘情人眼里出西施（惚れた人の目には西施に見える）’ということわざがあり、これは日本語の「あばたもえくぼ」にあたります。西施は、中国四大美女の一人です。貧しい生まれですが、その美貌ゆえ、母国の越が呉に敗れると、復讐のため、呉王の夫差に贈られました。夫差が彼女に夢中になり、国政に無関心になったことも、呉国が越に敗れた原因の一つと言われています。

本文

　　公元前496年，吴王阖闾派兵攻打越国，被越王勾践率领的军队打败，阖闾也中箭而亡。继承了王位的夫差发誓要替父亲报仇，积极练兵备战。

　　两年后，勾践不听谋臣范蠡等人的忠告，贸然出兵攻吴，结果反而被敌军包围。勾践又后悔又绝望，想寻短见。这时谋臣文种向他献了一条计策，说："吴国有个叫伯嚭的贪财好色的大臣，我们不妨派人去贿赂贿赂他。"

　　走投无路的勾践采纳了文种的计策。他派文种带着遐迩闻名的美女西施和一些珍宝去贿赂伯嚭。不出所料，伯嚭满心欢喜，他收下珍宝，带着西施和文种去见吴王夫差。

　　文种向夫差献上西施，并表示越王愿意投降，希望饶他们一命，伯嚭也在一旁帮腔。吴国老臣伍子胥力劝夫差"斩草要除根"，可是夫差一来贪恋西施的美色，二来认为越国弱小，不值得担忧，就答应了文种的要求。

　　吴军撤兵后，勾践把国政交给文种管理，自己带着妻子和范蠡来到吴国，为夫差放牛放羊，表现得十分谦卑。三年后，夫差对他的忠心深信不疑，就放他们回国了。

　　回到越国后，勾践悄悄地训练军队，晚上睡觉时不用褥子，睡在柴草上；又在屋子里挂了一只苦胆，时不时去尝一尝，以不忘过去的耻辱。为了早日恢复国力，他还亲自到田地里和农夫一起劳动。

　　十年后，越国终于转弱为强。而这时的吴国呢，由于夫差听信了伯嚭的坏话杀了伍子胥，又终日沉迷于西施的美色，再加上连年对外出兵，已经是外强中干了。

　　公元前482年，勾践趁夫差率兵外出的机会对吴国发动突然袭击，杀死了吴国太子，打败了吴国军队。次年，勾践再次带兵攻打吴国，取得了决定性的胜利，夫差拔剑自杀。

　　"卧薪尝胆"这一成语来自越王勾践的复仇故事，形容人刻苦自励，发奋图强。

本文を中国語で発音し、精読していきましょう。 ■■■■■■■■■■■■■■■■■

公元前[1]　　　　496 年，　　　吴王　阖闾[2]　派　兵　攻打　越国，
Gōngyuán-qián　sìbǎijiǔshíliù-nián,　Wú-wáng　Hé-Lǘ　pài　bīng　gōngdǎ　Yuèguó,

被　越王　勾践[3]　率领　的　军队　打败，　阖闾　也　中　箭[4]　而　亡。
bèi　Yuè-wáng　Gōu-Jiàn　shuàilǐng　de　jūnduì　dǎbài,　Hé-Lǘ　yě　zhòng　jiàn　ér　wáng.

继承了　王位　的　夫差[5]　发誓　要　替　父亲　报仇[6]，积极　练兵　备战。
Jìchéngle　wángwèi　de　Fū-Chāi　fāshì　yào　tì　fùqin　bàochóu,　jījí　liànbīng　bèizhàn.

两年　后，　勾践　不　听　谋臣[7]　范蠡[8]　等　人　的　忠告，
Liǎng-nián　hòu,　Gōu-Jiàn　bù　tīng　móuchén　Fàn-Lǐ　děng　rén　de　zhōnggào,

贸然[9]　出　兵　攻　吴，　结果　反而　被　敌军　包围。勾践　又[10]　后悔
màorán　chū　bīng　gōng　Wú,　jiéguǒ　fǎn'ér　bèi　díjūn　bāowéi.　Gōu-Jiàn　yòu　hòuhuǐ

又　绝望，　想　寻　短见[11]。这时　谋臣　文种[12]　向　他　献了
yòu　juéwàng,　xiǎng　xún　duǎnjiàn.　Zhè shí　móuchén　Wén-Zhǒng　xiàng　tā　xiànle

一条　计策，　说："吴国　有　个　叫　伯嚭[13]　的　贪财　好色　的　大臣，
yì-tiáo　jìcè,　shuō:"Wúguó　yǒu　ge　jiào　Bó-Pǐ　de　tāncái　hàosè　de　dàchén,

我们　不妨[14]　派　人　去　贿赂[15]　贿赂　他。"
wǒmen　bùfáng　pài　rén　qù　huìlùhuìlù　tā."

```
〈登場人物〉

呉王の闔閭
  │        ×    越王の勾践
後継ぎの夫差      ＋謀臣の範疇
  ＋大臣の伯嚭    ＋謀臣の文種
  ＋老臣の伍子胥
```

語注

1. 公元前　gōngyuán-qián　紀元前
2. 阖闾　Hé-Lǘ　闔閭，コウリョ。夫差の父
3. 勾践　Gōu-Jiàn　勾践，コウセン
4. 中箭　zhòng jiàn　矢に当る
5. 夫差　Fū-Chāi　フサ
6. 报仇　bàochóu　仇を討つ
7. 谋臣　móuchén　知謀にたけた臣
8. 范蠡　Fàn-Lǐ　範蠡，ハンレイ。勾践に仕えた

9. 贸然　màorán　軽率に
10. 又 A 又 B　yòu A yòu B　A でもあり、また B でもある
11. 寻短见　xún duǎnjiàn　自殺する
12. 文种　Wén-Zhǒng　文種，ブンショウ。勾践に仕えた
13. 伯嚭　Bó-Pǐ　ハクヒ。闔閭と夫差に仕えた
14. 不妨　bùfáng　差し支えない
15. 贿赂　huìlù　賄賂を贈る

走投无路¹⁶ 的 勾践 采纳¹⁷了 文种 的 计策。他 派 文种
Zǒutóuwúlù de Gōu-Jiàn cǎinàle Wén-Zhǒng de jìcè. Tā pài Wén-Zhǒng

带着 遐迩¹⁸ 闻名¹⁹ 的 美女 西施²⁰ 和 一些 珍宝 去 贿赂 伯嚭。
dàizhe xiá'ěr wénmíng de měinǚ Xīshī hé yìxiē zhēnbǎo qù huìlù Bó-Pǐ.

不出所料²¹，伯嚭 满心 欢喜， 他 收下 珍宝， 带着 西施 和 文种
Bùchūsuǒliào, Bó-Pǐ mǎnxīn huānxǐ, tā shōuxià zhēnbǎo, dàizhe Xīshī hé Wén-Zhǒng

去 见 吴王 夫差。
qù jiàn Wú-wáng Fū-Chāi.

文种 向 夫差 献上 西施， 并 表示 越王 愿意
Wén-Zhǒng xiàng Fū-Chāi xiànshang Xīshī, bìng biǎoshì Yuè-wáng yuànyì

投降， 希望 饶²² 他们 一命，伯嚭 也 在 一旁 帮腔²³。吴国 老臣
tóuxiáng, xīwàng ráo tāmen yímìng, Bó-Pǐ yě zài yìpáng bāngqiāng. Wúguó lǎochén

伍子胥²⁴ 力劝²⁵ 夫差 "斩 草 要 除 根"， 可是 夫差 一来²⁶ 贪恋
Wǔ-Zǐxū lìquàn Fū-Chāi "zhǎn cǎo yào chú gēn", kěshi Fū-Chāi yìlái tānliàn

西施 的 美色， 二来 认为 越国 弱小， 不 值得 担忧²⁷， 就 答应了
Xīshī de měisè, èrlái rènwéi Yuèguó ruòxiǎo, bù zhíde dānyōu, jiù dāyingle

文种 的 要求。
Wén-Zhǒng de yāoqiú.

吴军 撤兵 后， 勾践 把 国政 交给 文种 管理，自己
Wú-jūn chèbīng hòu, Gōu-Jiàn bǎ guózhèng jiāogěi Wén-Zhǒng guǎnlǐ, zìjǐ

带着 妻子 和 范蠡 来到 吴国， 为 夫差 放牛 放羊， 表现得
dàizhe qīzi hé Fàn-Lǐ láidào Wúguó, wèi Fū-Chāi fàngniú fàngyáng, biǎoxiànde

十分 谦卑。三年 后， 夫差 对 他 的 忠心 深信 不疑， 就
shífēn qiānbēi. Sān-nián hòu, Fū-Chāi duì tā de zhōngxīn shēnxìn bùyí, jiù

放 他们 回国 了。
fàng tāmen huíguó le.

---

16. 走投无路 zǒutóuwúlù 成語 行き場を失う，窮地に陥る
17. 采纳 cǎinà 受け入れる，聞き入れる
18. 遐迩 xiá'ěr 近くでも遠くでも
19. 闻名 wénmíng 名高い，有名である
20. 西施 Xīshī セイシ。中国四大美人の一人
21. 不出所料 bùchūsuǒliào 成語 予測どおり
22. 饶命 ráomìng 命を助ける
23. 帮腔 bāngqiāng あいづちを打つ，口で加勢する
24. 伍子胥 Wǔ-Zǐxū ゴシショ。闔閭と夫差に仕えた
25. 力劝 lìquàn 懸命に忠告する
26. 一来A，二来B yìlái A, èrlái B 一つにはA，二つにはB
27. 担忧 dānyōu 憂える，心配する

回到 越国 后， 勾践 悄悄[28]地 训练 军队， 晚上 睡觉 时
Huídào Yuèguó hòu, Gōu-Jiàn qiāoqiāo de xùnliàn jūnduì, wǎnshang shuìjiào shí

不用 褥子[29]，睡在 柴草上； 又在 屋子里 挂了 一只 苦胆[30]，时不时[31]
bú yòng rùzi, shuìzài cháicǎoshang; yòu zài wūzili guàle yì-zhī kǔdǎn, shíbushí

去 尝[32]一尝， 以 不 忘 过去 的 耻辱。 为了 早日 恢复 国力， 他
qù chángyicháng, yǐ bú wàng guòqù de chǐrǔ. Wèile zǎorì huīfù guólì, tā

还 亲自 到 田地里 和 农夫 一起 劳动。
hái qīnzì dào tiándìli hé nóngfū yìqǐ láodòng.

十年 后，越国 终于 转 弱 为 强。 而 这 时 的 吴国 呢，
Shí-nián hòu, Yuèguó zhōngyú zhuǎn ruò wéi qiáng. Ér zhè shí de Wúguó ne,

由于[33] 夫差 听信了 伯嚭 的 坏话[34] 杀了 伍子胥， 又 终日 沉迷[35]于
yóuyú Fū-Chāi tīngxìnle Bó-Pǐ de huàihuà shāle Wǔ-Zǐxū, yòu zhōngrì chénmíyú

西施 的 美色， 再 加上 连年 对外 出兵， 已经 是 外强中干[36] 了。
Xīshī de měisè, zài jiāshang liánnián duìwài chūbīng, yǐjīng shì wàiqiángzhōnggān le.

公元前 482 年， 勾践 趁[37] 夫差 率 兵 外出
Gōngyuán-qián sìbǎibāshí'èr-nián, Gōu-Jiàn chèn Fū-Chāi shuài bīng wàichū

的 机会 对 吴国 发动 突然 袭击[38]， 杀死了 吴国 太子， 打败了
de jīhuì duì Wúguó fādòng tūrán xíjī, shāsǐle Wúguó tàizǐ, dǎbàile

吴国 军队。 次年， 勾践 再次 带 兵 攻打 吴国， 取得了 决定性
Wúguó jūnduì. Cìnián, Gōu-Jiàn zàicì dài bīng gōngdǎ Wúguó, qǔdéle juédìngxìng

的 胜利， 夫差 拔 剑 自杀。
de shènglì, Fū-Chāi bá jiàn zìshā.

"卧薪尝胆" 这 一 成语 来自[39] 越王 勾践 的 复仇 故事，
"Wòxīnchángdǎn" zhè yì chéngyǔ láizì Yuè-wáng Gōu-Jiàn de fùchóu gùshi,

形容 人 刻苦 自励， 发奋[40] 图强[41]。
xíngróng rén kèkǔ zìlì, fāfèn túqiáng.

28.	悄悄	qiāoqiāo	こっそりと	36.	外强中干	wàiqiángzhōnggān 成語 見か
29.	褥子	rùzi	敷き蒲団			けは強そうだが，内実はもろくて弱い
30.	苦胆	kǔdǎn	胆のう	37.	趁	chèn ～を利用して，～に乗じて
31.	时不时	shíbushí	たびたび	38.	袭击	xíjī 襲撃する
32.	尝	cháng	なめる	39.	来自～	láizì~ ～から来る
33.	由于～	yóuyú~	～によって，～なので	40.	发奋	fāfèn 発奮する
34.	坏话	huàihuà	悪口	41.	图强	túqiáng 向上しようとする
35.	沉迷	chénmí	(～に)おぼれる			

破釜沉舟

基礎知識

'破釜沉舟'とは「鍋を壊して船を沈める」という意味で、戦いに臨んで、とことんやるという覚悟を示すたとえです。その出典は司馬遷の『史記』（語注2）の「項羽本記」です。日本語にも「破釜沈船（はふちんせん）」として用いられています。

中国の長い歴史の中で、項羽（前232〜前202）に勝る英雄はいないかも知れません。項羽は戦国時代（前403〜前221）の楚の将軍の家に生まれ、苗字は「項」、名は「籍」で、「羽」は字（あざな）です。

彼は30年という短い生涯でしたが、24歳の時に8千人の軍を率いて秦に立ち向かい、軍人として歴史の舞台に立ったのち、70回以上の戦いを経験しました。「鉅鹿（キョロク）の戦い」はその代表的なものです。

項羽が25歳の時（前207年）、宋義が司令官、項羽は副司令官として、鉅鹿の地（現在の河北省、戦国時代は趙の都市）で5万人の軍を指揮し、秦の名将の章邯（ショウカン）率いる20万人を超える大軍と交戦することになりました。しかし、宋義は秦軍の勢力が強大であることを聞き、前進することを止めてしまいます。軍には食料が無くなり、兵士たちは粗食を続けていましたが、宋義はこれを顧みず、自分は宴会を開いていました。秦との戦いで叔父（項梁）を亡くしていた項羽は、早く秦を攻めるよう宋義を促しますが、宋義は一向に耳を傾けませんでした。そこで副司令官だった項羽は宋義を殺し、軍を率いて秦と戦います。そして項羽は部隊が漳河（ショウガ）を渡ったあと、兵士に命じて船を河に沈めさせ、釜を全部壊し、食料を3日分しか配りませんでした。このようにして、項羽は退路を断ち、兵士に必勝を決心させ、見事、秦に決定的な打撃を与え、楚軍を勝利に導きました。

これが'破釜沉舟'というこのことわざの由来です。

本文

"破釜沉舟"这一成语出自司马迁的《史记·项羽本纪》，是中国文学史上历时两千多年却仍然脍炙人口的成语故事。

公元前224年，秦国大将王翦率领60万大军进攻楚国。楚国名将项燕率兵迎战，兵败战死。楚国不久后灭亡。秦始皇统一了中国。

秦朝末年，陈胜、吴广在大泽乡起义，动摇了秦国的统治。在吴中的项燕的儿子项梁和侄子项羽认为报家仇国恨的机会到了，就召集8000子弟兵，起兵反秦。他们拥立楚怀王13岁的孙子熊心为王，仍然称其为"楚怀王"。

公元前207年，秦国大将章邯率领20万大军进攻赵国，大败赵国军队。之后章邯命令王离和涉间两位将领包围赵国的巨鹿。为了化解国家的危机，赵王连夜派人向楚王求救。楚王便派宋义为上将军，项羽为次将，带领5万人马去救赵国。

宋义听说秦军势力强大，产生了畏敌情绪，行军到半路就停了下来，滞留46天。军粮不够了，士兵只好煮蔬菜和杂豆充饥。可宋义对士兵漠不关心，只顾自己举行宴会，大吃大喝。而次将项羽呢，因为他的叔父项梁在前不久同秦军的战斗中阵亡，报仇心切，就催促主将发兵，早日攻打秦军。宋义不但不理会他的意见，还讽刺他有勇无谋。于是，项羽借口宋义要谋反楚国，将其斩首，然后率领部队去同秦军作战。

部队渡过漳河以后，项羽命令士兵把所有的船只都毁掉沉到河底，把饭锅全部打碎，把周围的房屋统统烧毁，每人只发给3天的干粮。他之所以要断掉退路，是因为想激发将士们必胜的决心。

这一招非常灵验，将士们个个勇往直前，奋力杀敌。经过九次激烈的战斗，终于打败了秦军。

巨鹿之战消灭了秦军主力，成为中国古代战争史上以少胜多的经典战役之一。从此，项羽在诸侯中树立了威信，为日后与刘邦争霸天下打下了基础。

本文を中国語で発音し、精読していきましょう。 ∎∎∎∎∎∎∎∎∎∎∎∎

"破釜沉舟" 这 一 成语 出自 司马迁[1] 的《史记[2]·项羽[3] 本纪[4]》,
"Pòfǔchénzhōu" zhè yì chéngyǔ chūzì Sīmǎ-Qiān de《Shǐjì·Xiàng-Yǔ běnjì》,

是 中国 文学史上 历时[5] 两千多年 却 仍然 脍炙人口[6] 的
shì Zhōngguó wénxuéshǐshang lìshí liǎngqiānduō-nián què réngrán kuàizhìrénkǒu de

成语故事。
chéngyǔ-gùshi.

公元前 224 年, 秦国 大将 王翦[7] 率领 60 万
Gōngyuán-qián èrbǎi'èrshisì-nián, Qínguó dàjiàng Wáng-Jiǎn shuàilǐng liùshíwàn

大军 进攻 楚国。 楚国 名将 项燕[8] 率 兵 迎战, 兵 败
dàjūn jìngōng Chǔguó. Chǔguó míngjiàng Xiàng-Yān shuài bīng yíngzhàn, bīng bài

战死。 楚国 不久 后 灭亡[9]。 秦始皇[10] 统一了 中国。
zhànsǐ. Chǔguó bùjiǔ hòu mièwáng. Qín-Shǐhuáng tǒngyīle zhōngguó.

秦朝 末年, 陈胜[11]、 吴广[12] 在 大泽乡[13] 起义[14], 动摇了
Qín-cháo mònián, Chén-Shèng、 Wú-Guǎng zài Dàzéxiāng qǐyì, dòngyáole

秦国 的 统治。 在 吴中 的 项燕 的 儿子 项梁[15] 和 侄子[16]
Qínguó de tǒngzhì. Zài Wúzhōng de Xiàng-Yān de érzi Xiàng-Liáng hé zhízi

项羽 认为 报[17] 家 仇 国 恨 的 机会 到了, 就 召集 8000
Xiàng-Yǔ rènwéi bào jiā chóu guó hèn de jīhuì dàole, jiù zhàojí bāqiān

語注

1. 司马迁 Sīmǎ-Qiān 司馬遷, シバセン。前漢の歴史家。第十課語注 24 参照
2. 史记 Shǐjì 『史記』。中国古代伝説上の黄帝から，前漢の武帝まで，約二千数百年の歴史を叙述した紀伝体の史書。全130巻。司馬遷の著『史記』はこれ以後の歴代王朝の正史の規範となった
3. 项羽 Xiàng-Yǔ 項羽, コウウ
4. 本纪 běnjì 紀伝体で書かれた史書で，帝王の事跡を記したもの
5. 历时 lìshí 経過する
6. 脍炙人口 kuàizhìrénkǒu [成语]人々によく知られている。脍(カイ)＝なます，炙(シャ)＝あぶった肉

7. 王翦 Wáng-Jiǎn オウセン
8. 项燕 Xiàng-Yān 項燕, コウエン。項羽の祖父
9. 灭亡 mièwáng 滅亡する
10. 秦始皇 Qín-Shǐhuáng 秦の始皇帝。第十一課「基礎知識」参照
11. 陈胜 Chén-Shèng 陳勝, チンショウ
12. 吴广 Wú-Guǎng 呉広, ゴコウ
13. 大泽乡 Dàzéxiāng 大澤郷, ダイタクキョウ。現在の安徽省宿州市の東南部
14. 起义 qǐyì 武装蜂起する
15. 项梁 Xiàng-Liáng 項梁, コウリョウ
16. 侄子 zhízi おい（兄弟の息子）
17. 报仇 bàochóu 仇を討つ

18
破釜沉舟

子弟兵[18]，起兵 反 秦。 他们 拥立 楚怀王 13岁 的 孙子 熊心[19]
zǐdìbīng, qǐbīng fǎn Qín. Tāmen yōnglì Chǔ-Huáiwáng shísān-suì de sūnzi Xióng-Xīn

为 王， 仍然[20] 称 其 为 "楚怀王"。
wéi wáng, réngrán chēng qí wéi "Chǔ-Huáiwáng".

公元前 207年， 秦国 大将 章邯[21] 率领 20万
Gōngyuán-qián èrbǎilíngqī-nián, Qínguó dàjiàng Zhāng-Hán shuàilǐng èrshíwàn

大军 进攻 赵国， 大败 赵国 军队。 之后 章邯 命令 王离[22]
dàjūn jìngōng Zhàoguó, dàbài Zhàoguó jūnduì. Zhīhòu Zhāng-Hán mìnglìng Wáng-Lí

和 涉间[23] 两位 将领[24] 包围 赵国 的 巨鹿[25]。 为了 化解[26] 国家
hé Shè-Jiān liǎng-wèi jiànglǐng bāowéi Zhàoguó de Jùlù. Wèile huàjiě guójiā

的 危机， 赵王 连夜[27] 派人 向 楚王 求救。 楚王 便 派
de wēijī, Zhào-wáng liányè pài rén xiàng Chǔ-wáng qiújiù. Chǔ-wáng biàn pài

宋义[28] 为 上将军[29]， 项羽 为 次将[30]， 带领 5万 人马 去
Sòng-Yì wéi shàngjiāngjūn, Xiàng-Yǔ wéi cìjiàng, dàilǐng wǔwàn rénmǎ qù

救 赵国。
jiù Zhàoguó.

宋义 听说 秦军 势力 强大， 产生了 畏 敌 情绪， 行军
Sòng-Yì tīngshuō Qín-jūn shìlì qiángdà, chǎnshēngle wèi dí qíngxù, xíngjūn

到 半路 就 停了下来， 滞留 46天。 军粮[31] 不够 了， 士兵
dào bànlù jiù tínglexiàlai, zhìliú sìshíliù-tiān. Jūnliáng búgòu le, shìbīng

只好[32] 煮 蔬菜 和 杂豆 充饥[33]。 可 宋义 对 士兵 漠不关心[34]，
zhǐhǎo zhǔ shūcài hé zádòu chōngjī. Kě Sòng-Yì duì shìbīng mòbùguānxīn,

只顾[35] 自己 举行 宴会， 大吃 大喝。 而 次将 项羽 呢， 因为 他
zhǐgù zìjǐ jǔxíng yànhuì, dàchī dàhē. Ér cìjiàng Xiàng-Yǔ ne, yīnwei tā

的 叔父 项梁 在 前不久 同 秦军 的 战斗 中 阵亡[36]，
de shūfù Xiàng-Liáng zài qián bùjiǔ tóng Qín-jūn de zhàndòu zhōng zhènwáng,

报仇 心切[37]， 就 催促 主将 发兵[38]， 早日 攻打 秦军。 宋义 不但[39]
bàochóu xīnqiè, jiù cuīcù zhǔjiàng fābīng, zǎorì gōngdǎ Qín-jūn. Sòng-Yì búdàn

---

18.	子弟兵	zǐdìbīng	地元の兵士	30.	次将	cìjiàng 副司令官
19.	熊心	Xióng-Xīn	ユウシン	31.	军粮	jūnliáng 軍の食糧
20.	仍然	réngrán	依然として，相変わらず	32.	只好～	zhǐhǎo～ ～するほかない
21.	章邯	Zhāng-Hán	ショウカン	33.	充饥	chōngjī 飢えをしのぐ
22.	王离	Wáng-Lí	王離，オウリ	34.	漠不关心	mòbùguānxīn [成語]何の関心も

- 34. 漠不关心 mòbùguānxīn [成語]何の関心もない

23.	涉间	Shè-Jiān	涉間，ショウカン	35.	只顾～	zhǐgù～ ただ～するだけ
24.	将领	jiànglǐng	将校	36.	阵亡	zhènwáng 戦死する
25.	巨鹿	Jùlù	鉅鹿，キョロク。現在の	37.	心切	xīnqiè 痛切に感じる
			河北省邢台市巨鹿县	38.	发兵	fābīng 出兵する
26.	化解	huàjiě	溶ける，溶かす	39.	不但A，还B	búdàn A, hái B Aだけ
27.	连夜	liányè	その夜すぐ			でなく，さらにBでもある
28.	宋义	Sòng-Yì	宋義，ソウギ			
29.	上将军	shàngjiāngjūn	部隊の司令官			

不　理会[40]　他　的　意见，　还　讽刺　他　有勇无谋[41]。于是，　项羽　借口[42]
bù　lǐhuì　tā　de　yìjiàn,　hái　fěngcì　tā　yǒuyǒngwúmóu.　Yúshì,　Xiàng-Yǔ　jièkǒu

宋义　要　谋反[43]　楚国，　将[44]　其　斩首，　然后　率领　部队　去　同
Sòng-Yì　yào　móufǎn　Chǔguó,　jiāng　qí　zhǎnshǒu,　ránhòu　shuàilǐng　bùduì　qù　tóng

秦军　作战。
Qín-jūn　zuòzhàn.

　　部队　渡过　漳河[45]　以后，　项羽　命令　士兵　把　所有　的
　　Bùduì　dùguò　Zhānghé　yǐhòu,　Xiàng-Yǔ　mìnglìng　shìbīng　bǎ　suǒyǒu　de

船只[46]　都　毁掉　沉到　河底，　把　饭锅　全部　打碎，　把　周围
chuánzhī　dōu　huǐdiào　chéndào　hédǐ,　bǎ　fànguō　quánbù　dǎsuì,　bǎ　zhōuwéi

的　房屋　统统[47]　烧毁，　每人　只　发给　3天　的　干粮[48]。他　之所以[49]
de　fángwū　tǒngtǒng　shāohuǐ,　měirén　zhǐ　fāgěi　sān-tiān　de　gānliáng.　Tā　zhīsuǒyǐ

要　断掉　退路，　是　因为　想　激发[50]　将士[51]们　必胜　的　决心。
yào　duàndiào　tuìlù,　shì　yīnwei　xiǎng　jīfā　jiàngshìmen　bìshèng　de　juéxīn.

　　这　一　招[52]　非常　灵验[53]，　将士们　个个　勇往直前[54]，　奋力[55]　杀敌。
　　Zhè　yì　zhāo　fēicháng　língyàn,　jiàngshìmen　gègè　yǒngwǎngzhíqián,　fènlì　shādí.

经过　九次　激烈　的　战斗，　终于　打败了　秦军。　巨鹿之战　消灭了
Jīngguò　jiǔ-cì　jīliè　de　zhàndòu,　zhōngyú　dǎbàile　Qín-jūn.　Jùlù-zhī-zhàn　xiāomièle

秦军　主力，　成为　中国　古代　战争史上　以少胜多[56]　的
Qín-jūn　zhǔlì,　chéngwéi　Zhōngguó　gǔdài　zhànzhēngshǐshang　yǐshǎoshèngduō　de

经典　战役[57]　之　一。　从此，　项羽　在　诸侯　中　树立了　威信，
jīngdiǎn　zhànyì　zhī　yī.　Cóngcǐ,　Xiàng-Yǔ　zài　zhūhóu　zhōng　shùlìle　wēixìn,

为　日后[58]　与　刘邦[59]　争霸　天下　打下了　基础。
wèi　rìhòu　yǔ　Liú-Bāng　zhēngbà　tiānxià　dǎxiàle　jīchǔ.

18
破釜沉舟

---

40. 理会　lǐhuì　　相手にする，取り合う
41. 有勇无谋　yǒuyǒngwúmóu　成語勇気はあるが知謀がない
42. 借口　jièkǒu　　口実にする
43. 谋反　móufǎn　　反乱をたくらむ
44. 将　jiāng　　〈書き言葉〉"把"と同じ
45. 漳河　Zhānghé　ショウガ。山西省に源を発し，衛河に注ぐ川
46. 船只　chuánzhī　船の総称，船舶
47. 统统　tǒngtǒng　すべて，全部
48. 干粮　gānliáng　携帯用の汁気のない食料
49. 之所以A，是因为B　zhīsuǒyǐ A, shì yīnwei B　AなのはBだからである
50. 激发　jīfā　　発奮させる

51. 将士　jiàngshì　将校と兵士の総称
52. 招　zhāo　　やり方，方法
53. 灵验　língyàn　効き目がある
54. 勇往直前　yǒngwǎngzhíqián　成語勇敢に邁進する
55. 奋力　fènlì　力の限りを尽くす
56. 以少胜多　yǐshǎoshèngduō　成語少数で多数に勝つ
57. 经典战役　jīngdiǎn zhànyì　「後世になっても誰もが知っている有名な戦い」という意味
58. 日后　rìhòu　後日，のちの
59. 刘邦　Liú-Bāng　劉邦，リュウホウ。前202年に項羽を破って天下を統一し，漢朝を創立。漢の高祖

基礎知識

　　春秋戦国時代（前 770～前 221）の魯の国の人で、大工の始祖と崇められている名匠、公輸般（コウシュハン）は「魯班」と呼ばれていました。"班"とはこの魯班のことです。"班门弄斧"とは、この大工の名匠の前で斧を振り回すという意味で、つまり「専門家の前で腕前を見せびらかす身のほど知らず」のたとえです。

　　魯班は「墨家」の思想の影響を受けています。ここでは、魯班の生きた春秋戦国時代と「墨家」の思想について、見ていきましょう。

　　中国の古代史の時代区分では、前 770 年から、前 221 年に秦が中国を統一するまでの約 5 世紀半の間を「春秋戦国時代」と言い、この時代は周王朝が衰えて群雄割拠の状態となり、激しい対立抗争が繰り返されました。そんな中、崩壊する旧制度や社会の変動に対して種々の疑問がもたれ、多様な新しい思想が生まれました。これらの新しい思想を主張する思想家や学派は総称して「諸子百家」と呼ばれています。これは司馬遷が『史記』（第十八課語注 2 参照）の中で命名したものです。その代表的なものは「儒家（孔子、孟子、荀子など）」、「道家（老子、荘子など）」、「法家（呉起、商鞅、韓非など）」、「墨家（墨子など）」などです。次に「墨家」の思想ですが、これは一言でいえば「儒家」に対抗した思想です。「儒家」の孔子の「仁」が、親しいものから遠いものへと推し拡げていく愛（別愛）であるのに対して、「墨家」の墨子は、血縁を超えた差別のない人類愛（兼愛）を説いています。また墨子は乱世にありながら、戦争反対（非攻）を思想の中心としています。「墨家」は戦国時代が終わるとともに急速に衰え、漢代になると儒教が国教として確立し、思想界からは抹殺されていきました。

本文

　　成语"班门弄斧"的字面意思是在鲁班门前舞弄斧子，寓意是在行家面前卖弄本领，不自量力。

　　鲁班是一位什么样的人物呢？他生活在大约两千四百年前的春秋、战国时期，鲁国人。他出生在一个世代工匠家庭，从小就爱动脑筋，善于观察，跟着家里人参加了许多建筑工程劳动。在劳动中，他渐渐地掌握了劳动技能，积累了丰富的经验。

　　春秋末期到战国初期，一方面各国之间战争连年不断，使老百姓深受其害；另一方面人的往来十分频繁，各种思想非常活跃。在那样的背景下，鲁班等工匠获得了施展才能的平台。打仗的时候要制造兵器，需要他们；和平的时候要制造农具，更需要他们。

　　鲁班曾离开祖国来到楚国，帮楚国制造过"云梯"等兵器。后来，他受到思想家墨子的影响，不再制造兵器，专门研究、制造生产工具。他发明了锯子、刨子、墨斗、曲尺等好多种工具，还发明了伞、锁子、磨等器物。关于锯子的发明，还有这样的传说呢：

　　传说有一次鲁班在爬山时，手指不小心被一棵小草划破了，流了很多血。他觉得非常奇怪：怎么一棵小草有那么大的杀伤力，会让人流血呢？他便仔细观察那棵小草，发现草叶两边都是排列均匀的小齿。他再次用那棵小草划自己的手，又流了很多血。由此，他受到启发，赶紧回家拿起工具鼓捣起来。不久，人类历史上第一把锯子诞生了，用它锯树比用斧子砍树效率高得多，也省去了很多人力。

　　读到这里，我想您一定能理解为何后世的建筑工匠尊称鲁班为"祖师"了。

　　当今中国，有一项名为"中国建筑工程鲁班奖"（简称"鲁班奖"）的奖项，目的在于促进建筑施工企业加强质量管理，推动建设工程质量水平的提高。它是中国建筑行业工程质量的最高荣誉奖。

本文を中国語で発音し、精読していきましょう。 ■■■■■■■■■■■■■■■

成语 "班门弄斧" 的 字面 意思 是 在 鲁班¹ 门 前 舞弄²
Chéngyǔ "bānménnòngfǔ" de zìmiàn yìsi shì zài Lǔ-Bān mén qián wǔnòng

斧子, 寓意³ 是 在 行家⁴ 面前 卖弄⁵ 本领, 不自量力⁶。
fǔzi, yùyì shì zài hángjiā miànqián màinòng běnlǐng, búzìliànglì.

鲁班 是 一位 什么样 的 人物 呢? 他 生活在 大约
Lǔ-Bān shì yí-wèi shénmeyàng de rénwù ne? Tā shēnghuózài dàyuē

两千四百年 前 的 春秋、 战国 时期⁷, 鲁国人。 他 出生在
liǎngqiānsìbǎi-nián qián de Chūnqiū、 Zhànguó shíqī, Lǔguórén. Tā chūshēngzài

一个 世代⁸ 工匠⁹ 家庭, 从小¹⁰ 就 爱 动 脑筋¹¹, 善于¹² 观察,
yíge shìdài gōngjiàng jiātíng, cóngxiǎo jiù ài dòng nǎojīn, shànyú guānchá,

跟着 家里人 参加了 许多 建筑 工程 劳动。 在 劳动 中,
gēnzhe jiālirén cānjiāle xǔduō jiànzhù gōngchéng láodòng. Zài láodòng zhōng,

他 渐渐¹³ 地 掌握了 劳动 技能, 积累了 丰富 的 经验。
tā jiànjiàn de zhǎngwòle láodòng jìnéng, jīlěile fēngfù de jīngyàn.

春秋 末期 到 战国 初期, 一方面 各国 之间 战争 连年
Chūnqiū mòqī dào Zhànguó chūqī, yìfāngmiàn gèguó zhījiān zhànzhēng liánnián

語注

1. 鲁班	Lǔ-Bān	ロハン
2. 舞弄	wǔnòng	振り回す
3. 寓意	yùyì	他の事物に託してほのめかす意味
4. 行家	hángjiā	専門家
5. 卖弄	màinòng	ひけらかす
6. 不自量力	búzìliànglì	成語 身のほどを知らない
7. 春秋、战国时期	Chūnqiū、Zhànguó	

	shíqī	春秋戦国時代（前770〜前221）
8. 世代	shìdài	代々
9. 工匠	gōngjiàng	職人
10. 从小	cóngxiǎo	小さい時から
11. 动脑筋	dòng nǎojīn	頭を働かせる
12. 善于	shànyú	〜にたけている，〜が得意である
13. 渐渐	jiànjiàn	だんだんと，次第に

不断， 使 老百姓[14] 深受 其 害； 另 一方面 人 的 往来 十分
búduàn, shǐ lǎobǎixìng shēnshòu qí hài; lìng yìfāngmiàn rén de wǎnglái shífēn

频繁， 各种 思想 非常 活跃。 在 那样 的 背景 下， 鲁班
pínfán, gèzhǒng sīxiǎng fēicháng huóyuè. Zài nàyàng de bèijǐng xià, Lǔ-Bān

等 工匠 获得了 施展[15] 才能 的 平台[16]。 打仗[17] 的 时候 要
děng gōngjiàng huòdéle shīzhǎn cáinéng de píngtái. Dǎzhàng de shíhou yào

制造 兵器， 需要 他们； 和平 的 时候 要 制造 农具， 更 需要
zhìzào bīngqì, xūyào tāmen; hépíng de shíhou yào zhìzào nóngjù, gèng xūyào

他们。
tāmen.

　　鲁班 曾 离开 祖国 来到 楚国， 帮[18] 楚国 制造过 "云梯[19]"
　　Lǔ-Bān céng líkāi zǔguó láidào Chǔguó, bāng Chǔguó zhìzàoguo "yúntī"

等 兵器。 后来， 他 受到 思想家 墨子 的 影响， 不再 制造
děng bīngqì. Hòulái, tā shòudào sīxiǎngjiā Mòzǐ de yǐngxiǎng, bú zài zhìzào

兵器， 专门 研究、 制造 生产 工具。 他 发明了 锯子[20]、 刨子[21]、
bīngqì, zhuānmén yánjiū, zhìzào shēngchǎn gōngjù. Tā fāmíngle jùzi, bàozi,

墨斗[22]、 曲尺[23] 等 好多种 工具， 还 发明了 伞[24]、 锁子[25]、 磨[26]
mòdǒu, qūchǐ děng hǎoduō-zhǒng gōngjù, hái fāmíngle sǎn, suǒzi, mò

等 器物[27]。 关于 锯子 的 发明， 还有 这样 的 传说 呢：
děng qìwù. Guānyú jùzi de fāmíng, háiyǒu zhèyàng de chuánshuō ne:

　　传说 有 一次 鲁班 在 爬 山 时， 手指 不 小心[28] 被 一棵
　　Chuánshuō yǒu yí-cì Lǔ-Bān zài pá shān shí, shǒuzhǐ bù xiǎoxīn bèi yì-kē

小草 划[29]破了， 流了 很 多 血。 他 觉得 非常 奇怪[30]： 怎么 一棵
xiǎocǎo huápòle, liúle hěn duō xiě. Tā juéde fēicháng qíguài: zěnme yì-kē

小草 有 那么 大 的 杀伤力， 会 让 人 流 血 呢？ 他 便
xiǎocǎo yǒu nàme dà de shāshānglì, huì ràng rén liú xiě ne? Tā biàn

仔细 观察 那棵 小草， 发现 草叶 两边 都 是 排列 均匀 的
zǐxì guānchá nà-kē xiǎocǎo, fāxiàn cǎoyè liǎngbiān dōu shì páiliè jūnyún de

小齿。 他 再次 用 那棵 小草 划 自己的 手， 又 流了 很 多 血。
xiǎochǐ. Tā zàicì yòng nà-kē xiǎocǎo huá zìjǐ de shǒu, yòu liúle hěn duō xiě.

14.	老百姓	lǎobǎixìng	庶民，民衆				る）墨つぼ
15.	施展	shīzhǎn	発揮する	23.	曲尺	qūchǐ	（大工が用いる）かね尺
16.	平台	píngtái	（活躍する）舞台	24.	伞	sǎn	かさ
17.	打仗	dǎzhàng	戦いをする，戦争する	25.	锁子	suǒzi	錠，かぎ
18.	帮	bāng	手伝う，助ける	26.	磨	mò	ひき臼
19.	云梯	yúntī	長いはしご	27.	器物	qìwù	用具，道具類の総称
20.	锯子	jùzi	のこぎり	28.	小心	xiǎoxīn	注意する，気をつける
21.	刨子	bàozi	かんな	29.	划	huá	（刃物などで）傷つける
22.	墨斗	mòdǒu	（大工・石工などが用い	30.	奇怪	qíguài	おかしい，不思議だ

由此³¹， 他 受到 启发³²， 赶紧³³ 回家 拿起 工具 鼓捣³⁴ 起来。不久，人类
Yóucǐ, tā shòudào qǐfā, gǎnjǐn huíjiā náqǐ gōngjù gǔdaoqǐlai. Bùjiǔ, rénlèi

历史上 第一把 锯子 诞生了，用 它 锯³⁵ 树 比 用 斧子³⁶ 砍³⁷ 树
lìshǐshang dì-yī-bǎ jùzi dànshēngle, yòng tā jù shù bǐ yòng fǔzi kǎn shù

效率 高得多， 也 省去了 很 多 人力。
xiàolù gāodeduō, yě shěngqùle hěn duō rénlì.

读到 这里， 我 想 您 一定 能 理解 为何³⁸ 后世 的 建筑
Dúdào zhèli, wǒ xiǎng nín yídìng néng lǐjiě wèihé hòushì de jiànzhù

工匠 尊称 鲁班 为 "祖师" 了。
gōngjiàng zūnchēng Lǔ-Bān wéi "zǔshī" le.

当今 中国， 有 一项 名为 "中国 建筑 工程³⁹
Dāngjīn Zhōngguó, yǒu yí-xiàng míngwéi "Zhōngguó jiànzhù gōngchéng

鲁班 奖⁴⁰"（简称 "鲁班 奖"）的 奖项⁴¹， 目的 在于 促进 建筑
Lǔ-Bān jiǎng" (jiǎnchēng "Lǔ-Bān jiǎng") de jiǎngxiàng, mùdì zàiyú cùjìn jiànzhù

施工 企业 加强 质量⁴² 管理， 推动 建设 工程 质量
shīgōng qǐyè jiāqiáng zhìliàng guǎnlǐ, tuīdòng jiànshè gōngchéng zhìliàng

水平 的 提高。 它 是 中国 建筑 行业⁴³ 工程 质量 的
shuǐpíng de tígāo. Tā shì Zhōngguó jiànzhù hángyè gōngchéng zhìliàng de

最高 荣誉奖。
zuìgāo róngyù-jiǎng.

31.	由此	yóucǐ	〈書き言葉〉このことから	38.	为何	wèihé	どうして
32.	启发	qǐfā	ヒント，啓発	39.	工程	gōngchéng	工事
33.	赶紧	gǎnjǐn	急いで	40.	奖	jiǎng	賞
34.	鼓捣	gǔdao	いじくる	41.	奖项	jiǎngxiàng	褒賞の項目
35.	锯	jù	のこぎりで切る	42.	质量	zhìliàng	質
36.	斧子	fǔzi	斧	43.	行业	hángyè	業種
37.	砍	kǎn	（斧か刀で）割る，切る				

塞翁失马

基礎知識

　　'塞翁失马'は '塞翁失马，焉知非福'（塞翁が馬を失い、どうしてそれが良いことであると分からないのか）とも言い、日本に伝わって「人間万事塞翁が馬」という慣用句になりました。その出典は前漢（前206～後8）に書かれた『淮南子（エナンジ）』（語注3）で、この故事が教えているのは、「人生には幸と不幸が交互にめぐってきて、人生の吉凶・禍福は予測できない」ということです。

　　「塞翁」とは「国境の塞（とりで）の近くに住んでいる男」という意味で、'塞翁失马'は万里の長城近くでの話です。

　　ある日、この男が飼っている馬が1頭減っていました。村人が彼を慰めに行くと、ちっとも落ち込んでいませんでした。数ヵ月後、彼の馬は北方の胡人の駿馬を連れて戻ってきました。すると、家族も村人も大喜びする中、この男はとても心配な気持ちになっていました。家ではこの駿馬がたくさん子を生み、男の家は良い馬で一杯になりました。しかし彼の息子が馬に乗って遊んでいるうちに馬から落ち、大腿部を骨折してしまいました。家族はとても悲しみ、村人も彼を慰めましたが、彼はちっとも気にしていませんでした。一年後、北方の胡人が大挙して攻めて来ました。村の青年男子は大勢戦争に駆り出されて戦死しましたが、彼の息子は足が不自由なため戦争に駆り出されることはありませんでした。

　　この故事は、中国で2000年以上伝えられ、日本でも誰もが知っている人生訓です。

本文

　　"塞翁失马"的故事出自西汉刘安等人编著的《淮南子》一书。故事情节是这样的：

　　从前，有位老汉住在与胡人相邻的长城附近，来来往往的人都尊称他为"塞翁"。他家和其他村民一样，过着普普通通的日子。不过塞翁会占卜，能够推测人的吉凶祸福。

　　有一天，他家的马在放牧时不知怎么迷了路，没有回来。村里人都猜测一定是跑到长城北边的胡人那里去了，以为他会为这事儿特别伤心，就纷纷来他家安慰他。没想到他不但不伤心，而且反过来安慰那些好心人。他说："丢了马，当然是件坏事，可谁知道它会不会带来好的结果呢？"

　　过了几个月，他那匹马忽然回来了，竟然带着一匹胡人的骏马。这可是意外之财啊，家里人非常高兴，村里人都来向他表示祝贺。他却有些忧虑地说："谁知道这件事会不会是祸呢？"

　　家里平添了一匹骏马，他儿子就整天骑马玩耍，乐此不疲。结果有一天儿子不小心从马背上摔下来，把一条大腿给摔断了。家里人为此十分难过，村里的好心人又都来安慰他。他呢，还是那句老话："谁知道它会不会带来好的结果呢？"

　　一年后，胡人大举进攻，从塞外越过长城打过来了。官府开始征兵，凡青壮年男子都拿起武器上战场了。在那场战争中，靠近长城一带的男人绝大多数都战死了。他儿子因为腿瘸的缘故，被免除了兵役，他们父子才得以活下来了。

　　这个故事在中国民间流传了两千多年了，还传到了日本。它启发人们用发展的眼光看问题，就是在生活中无论遇到好事还是坏事，都要调整自己的心态，要超越时间和空间观察、思考问题，既不要为一点好事而沾沾自喜，也不要为一点坏事而唉声叹气。好事在某种情况下有可能变成坏事，坏事在某种情况下也有可能变成好事。

　　久而久之，"塞翁失马"或"塞翁失马，焉知非福"成了人们常用的成语之一。

DL 20

"塞翁失马" 的 故事 出自 西汉[1] 刘安[2] 等 人 编著 的《淮南子[3]》
"Sàiwēngshīmǎ" de gùshi chūzì Xī-Hàn Liú-Ān děng rén biānzhù de《Huáinánzǐ》

一 书。 故事 情节[4] 是 这样 的：
yì shū. Gùshi qíngjié shì zhèyàng de:

从前， 有 位 老汉 住在 与 胡人 相邻[5] 的 长城 附近，
Cóngqián, yǒu wèi lǎohàn zhùzài yǔ Húrén xiānglín de Chángchéng fùjìn,

来来往往 的 人 都 尊称 他 为 "塞翁"。 他 家 和 其他
láiláiwǎngwǎng de rén dōu zūnchēng tā wéi "sàiwēng". Tā jiā hé qítā

村民 一样， 过着 普普通通 的 日子。 不过 塞翁 会 占卜，
cūnmín yíyàng, guòzhe pǔpǔtōngtōng de rìzi. Búguò sàiwēng huì zhānbǔ,

能够 推测 人 的 吉凶 祸福。
nénggòu tuīcè rén de jíxiōng huòfú.

有 一天， 他 家 的 马 在 放牧 时 不 知 怎么 迷了 路，
Yǒu yì-tiān, tā jiā de mǎ zài fàngmù shí bù zhī zěnme míle lù,

没有 回来。 村里 人 都 猜测[6] 一定 是 跑到 长城 北边
méiyou huílai. Cūnli rén dōu cāicè yídìng shì pǎodào Chángchéng běibian

的 胡人 那里 去了， 以为 他 会[7] 为 这 事儿 特别 伤心， 就 纷纷[8]
de Húrén nàli qùle, yǐwéi tā huì wèi zhè shìr tèbié shāngxīn, jiù fēnfēn

来 他 家 安慰 他。 没 想到 他 不但[9] 不 伤心， 而且 反过来[10]
lái tā jiā ānwèi tā. Méi xiǎngdào tā búdàn bù shāngxīn, érqiě fǎnguòlai

语注

1. 西汉　Xī-Hàn　前漢のこと（前206～後8）
2. 刘安　Liú-Ān　劉安, リュウアン。漢高
祖劉邦の孫, 淮南（わいなん）王
3. 淮南子　Huáinánzǐ　（書名）エナンジ。21巻。
劉安が学者に命じて書かせた哲学書
4. 情节　qíngjié　（小説, 戯曲などの）筋
5. 相邻　xiānglín　隣接する

6. 猜测　cāicè　推測する
7. 会　huì　～するはずだ
8. 纷纷　fēnfēn　次から次へと
9. 不但A, 而且B　búdàn A, érqiě B
　　A だけでなく, かつ B である
10. 反过来　fǎnguòlai　逆に, 反対に

20
塞翁失马

安慰　那些　好心　人。　他　说：“丢了　马，　当然　是　件　坏事，
ānwèi　nàxiē　hǎoxīn　rén.　Tā　shuō:　"Diūle　mǎ,　dāngrán　shì　jiàn　huàishì,

可　谁　知道　它　会　不　会　带来　好　的　结果　呢？”
kě　shéi　zhīdao　tā　huì　bu　huì　dàilai　hǎo　de　jiéguǒ　ne?"

　　过了　几个　月，　他　那匹　马　忽然[11]　回来了，　竟然[12]　带着　一匹
　　Guòle　jǐ-ge　yuè,　tā　nà-pǐ　mǎ　hūrán　huílaile,　jìngrán　dàizhe　yì-pǐ

胡人　的　骏马。　这　可　是　意外　之　财　啊，家里　人　非常　高兴，
Húrén　de　jùnmǎ.　Zhè　kě　shì　yìwài　zhī　cái　a,　jiāli　rén　fēicháng　gāoxìng,

村里　人　都　来　向　他　表示　祝贺。　他　却　有些　忧虑[13]　地　说：
cūnli　rén　dōu　lái　xiàng　tā　biǎoshì　zhùhè.　Tā　què　yǒuxiē　yōulǜ　de　shuō:

“谁　知道　这件　事　会　不　会　是　祸　呢？”
"Shéi　zhīdao　zhè-jiàn　shì　huì　bu　huì　shì　huò　ne?"

　　家里　平添[14]　了　一匹　骏马，　他　儿子　就　整天[15]　骑　马　玩耍[16]，
　　Jiāli　píngtiānle　yì-pǐ　jùnmǎ,　tā　érzi　jiù　zhěngtiān　qí　mǎ　wánshuǎ,

乐此不疲[17]。　结果　有　一天　儿子　不　小心[18]　从　马　背上　摔[19]下来，
lècǐbùpí.　Jiéguǒ　yǒu　yì-tiān　érzi　bù　xiǎoxīn　cóng　mǎ　bèishang　shuāixiàlai,

把　一条　大腿　给　摔断了。　家里　人　为此　十分　难过，　村里　的
bǎ　yì-tiáo　dàtuǐ　gěi　shuāiduànle.　Jiāli　rén　wèicǐ　shífēn　nánguò,　cūnli　de

好心　人　又　都　来　安慰　他。　他　呢，还是　那句　老话：“谁
hǎoxīn　rén　yòu　dōu　lái　ānwèi　tā.　Tā　ne,　háishi　nà-jù　lǎohuà:　"Shéi

知道　它　会　不　会　带来　好　的　结果　呢？”
zhīdao　tā　huì　bu　huì　dàilai　hǎo　de　jiéguǒ　ne?"

　　一年　后，胡人　大举　进攻，从　塞外[20]　越过　长城　打过来了。
　　Yì-nián　hòu,　Húrén　dàjǔ　jìngōng,　cóng　sàiwài　yuèguò　Chángchéng　dǎguòlaile.

官府[21]　开始　征兵[22]，凡　青壮年　男子　都　拿起　武器　上　战场
Guānfǔ　kāishǐ　zhēngbīng,　fán　qīngzhuàngnián　nánzǐ　dōu　náqǐ　wǔqì　shàng　zhànchǎng

了。在　那场　战争　中，靠近[23]　长城　一带　的　男人　绝大　多数
le.　Zài　nà-cháng　zhànzhēng　zhōng,　kàojìn　Chángchéng　yídài　de　nánrén　juédà　duōshù

都　战死了。他　儿子　因为　腿　瘸[24]　的　缘故，　被　免除了　兵役，
dōu　zhànsǐle.　Tā　érzi　yīnwei　tuǐ　qué　de　yuángù,　bèi　miǎnchúle　bīngyì,

---

[11]	忽然	hūrán	思いがけなく	[18]	小心	xiǎoxīn	気を付ける
[12]	竟然	jìngrán	意外にも	[19]	摔	shuāi	倒れる，ころぶ
[13]	忧虑	yōulǜ	心配する	[20]	塞外	sàiwài	古代の万里の長城以北の地
[14]	平添	píngtiān	（自然に）増える	[21]	官府	guānfǔ	旧時の役所
[15]	整天	zhěngtiān	四六時中	[22]	征兵	zhēngbīng	徴兵
[16]	玩耍	wánshuǎ	遊ぶ	[23]	靠近	kàojìn	すぐ近くにある
[17]	乐此不疲	lècǐbùpí	成語 楽しくて疲れを感じない	[24]	瘸	qué	足が不自由なこと

他们　　父子　才　　得以　　活下来　　了。
tāmen　fùzǐ　cái　déyǐ　huóxiàlai　le.

　　　这个　　故事　在　　中国　　民间　　流传了　　　两千多年　　了，还
　　　Zhège　gùshi　zài　Zhōngguó　mínjiān　liúchuánle　liǎngqiānduō-nián　le,　hái

传到了　　　日本。它　启发[25]人们　　用　　发展　　的　眼光[26]看　问题，就是
chuándàole　Rìběn. Tā　qǐfā　rénmen　yòng　fāzhǎn　de　yǎnguāng　kàn　wèntí,　jiùshi

在　　生活　　中　　无论[27]遇到　好事　　还是　坏事，都　要　　调整　自己的
zài　shēnghuó　zhōng　wúlùn　yùdào　hǎoshì　háishi　huàishì,　dōu　yào　tiáozhěng　zìjǐ　de

心态[28]，要　超越　　时间　和　　空间　观察、思考　问题，既[29]不要　为　一点
xīntài,　yào　chāoyuè　shíjiān　hé　kōngjiān　guānchá、sīkǎo　wèntí,　jì　búyào　wèi　yìdiǎn

好事　而　　沾沾自喜[30]，也　不要　为　　一点　坏事　而　　唉声叹气[31]。好事　在
hǎoshì　ér　zhānzhānzìxǐ,　yě　búyào　wèi　yìdiǎn　huàishì　ér　āishēngtànqì.　Hǎoshì　zài

某种　　　情况　　下　有　可能　　变成　　坏事，坏事　在　　某种
mǒu-zhǒng　qíngkuàng　xià　yǒu　kěnéng　biànchéng　huàishì,　huàishì　zài　mǒu-zhǒng

情况　　下　也　有　可能　　变成　　好事。
qíngkuàng　xià　yě　yǒu　kěnéng　biànchéng　hǎoshì.

　　　久而久之[32]，"塞翁失马"　或　"塞翁失马，焉知非福[33]"　成了　　人们
　　　Jiǔ'érjiǔzhī,　"sàiwēngshīmǎ"　huò　"sàiwēngshīmǎ,　yānzhīfēifú"　chéngle　rénmen

常用　　的　成语　　之一。
chángyòng　de　chéngyǔ　zhī　yī.

---

25. 启发　qǐfā　　　　啓発する
26. 眼光　yǎnguāng　　视点，观点
27. 无论 A，都 B　wúlùn A, dōu B　A を問わず，B である
28. 心态　xīntài　　　心理状態，意識
　　（调整心态 tiáozhěng xīntài 気持ちの持ち方を変える）
29. 既 A，也 B　jì A, yě B　A であり，また B でもある
30. 沾沾自喜　zhānzhānzìxǐ　成語 独りで得意に

なる，うぬぼれる
31. 唉声叹气　āishēngtànqì　成語 嘆いてため息をつく
32. 久而久之　jiǔ'érjiǔzhī　成語 月日のたつうちに
33. 焉知非福　yānzhīfēifú　いずくんぞ福にあらざるを知らん→どうして福ではないとわかるのか→どうしてそれが良いことであると分からないのか〈反語〉

Zhōngguó

zhī chuāng

中日交流历史篇

遣隋使与遣唐使

● **基礎知識**

西暦 600 年、仏教と隋の進んだ文化を学ぶため、日本は第 1 回遣隋使を派遣しました。第 2 回目は 607 年で、この時、使者の小野妹子が聖徳太子からの国書を皇帝の煬帝（ヨウダイ）に渡しました。この国書の内容に煬帝が激怒した話は有名です（国書の最初＝「日出處天子致書日没處天子無恙」＝日出ずる処の天子、書を日没する処の天子に致す、恙なしや）。遣隋使の本来の目的は仏教を学ぶことでしたが、彼らは国家制度の重要性にも気づきました。のちに遣唐使によっていろいろな制度が導入されましたが、宦官（語注 13）の制度と科挙（語注 14）の制度は、導入されませんでした。

唐王朝（618 ～ 907）の時代には、合計 16 回遣唐使が派遣されました。630 年に第 1 回目が派遣されてから 40 年間の間に、第 7 回目までが派遣され、これによって日本の中央集権国家体制が急速に確立されていきました。唐文化との接触なしに、日本の古代国家の完成はなかったと言えるでしょう。

第 7 回の派遣後 30 年の空白を経て、702 年に日本は完全に唐に朝貢する形で第 8 回遣唐使の派遣を再開します。それまで日本は「倭」という国号を用いていましたが、当時、最大の権力者であった則天武后が「日本」という国号を認めたことにより、これ以後「日本」という国号が用いられるようになりました。「日本」は、その後、現在まで 1300 年以上にわたって使われ続けていますが、このように歴史的に長く用いられている国号は、世界中で「日本」だけです。

第 6 代玄宗皇帝の時代に唐は安定期を迎えますが、755 年に「安史の乱」が起こると国力は衰え、国内情勢も不安定となりました。その後、菅原道真の建議によって日本は 894 年に遣唐使の派遣を停止、そしていわゆる「国風文化」の時代に入っていきます。

遣唐使の実態は、日本から船で 2 ～ 3 か月かけて長安を目指すという苛酷なもので、10 年～ 20 年に 1 度の派遣でした。帰国の方法は次の遣唐使船の到着を待つ以外になく、無事に帰還できた人は 6 割程度でした。渡海で遭難した人々は、国際政治あるいは外交の犠牲者ということができます。

遣唐使は、(1) 使節、(2) 通訳、(3) 船員、(4) 技手、(5) 技術研修生、(6) 留学者で構成され、その中には、その後の日本文化に大きな足跡を残した粟田真人、井真成、阿倍仲麻呂、吉備真備、最澄、空海などがいます。

遣唐使の特徴は、少数のエリートが日本の発展に有益だと判断したものだけを持ち帰り、日本がそれらを一方的に受容したことです。唐から輸入したものはほとんどが文献と文物であり、大陸からの来日者はわずかでした。

日本は遣唐使を派遣してからわずか 50 年足らずで高度な「唐風文化」を完成させました。遣唐使が千年以上前の出来事であるということを考えれば、当時の外来文化の吸収のスピードは、明治期の欧風化よりもさらに速かったということができます。

本文

为了学习佛教和隋朝先进的文化，日本从公元 600 年开始向隋朝派遣隋使，在 18 年中一共派遣了四批。

公元 607 年，当第二批遣隋使被派出的时候，使者小野妹子将圣德太子的国书交给了隋朝第二代皇帝炀帝。国书开头写着："日出处天子致书日没处天子无恙"。据说炀帝为此大怒，他认为日方的说法是在显示和隋朝的平等地位，这是违反礼数的。但是，圣德太子的本意似乎并不是这样，"日出处"是指从隋朝看位于东方的日本，"日没处"则指从日本看位于西方的隋朝。

遣隋使的重要使命是学习佛教，但派去的精英们却有了新的发现，那就是学习国家制度的重要性。到后来，遣唐使把各种制度引进到日本，唯独没有引进宦官制度和科举制度。

隋朝于公元 618 年灭亡，中国成了唐朝的天下。

从 630 年到 894 年的大约 260 年间，日本一共派出了十六批遣唐使。在最初 40 年中，一共派出了七批。在这段时间里日本发生了很多大事。首先，645 年的"大化改新"使日本产生了中央集权国家。其次，由于在 663 年的"白村江之役"中败给了新罗和唐朝的联军，日本无法在外交上建立同唐朝对等的关系了，便派遣唐使表示对唐朝的恭顺之意。672 年，发生"壬申之乱"，次年天武天皇即位。从唐朝学来的律令国家体制，即以公地公民制为基础的中央集权国家体制得到了迅速的确立。

在经过 30 年的空白后，702 年，日本完全以向唐朝朝贡的形式恢复派遣唐使，这是第八批。此时中国正被武则天统治着。以前日本使用"倭"这一国号，由于武则天认可了"日本"这一国号，此后开始使用，这一用就是一千三百多年。这样历史悠久的国号在世界上是绝无仅有的。

712 年，第六代玄宗皇帝即位，这个时期的唐朝进入稳定期。755 年，"安史之乱"爆发，唐朝国力以此为转折点开始由盛变衰，国内形势也趋于不稳定。进入 9 世纪后，仅仅在 804 年和 838 年派出了两批遣唐使。后来根据菅原道真的建议，日本从 894 年停止派出遣唐使，直到 907 年唐朝灭亡。日本进入了所谓"国风文化"时代。

遣唐使的实际情况是这样的：

首先，从日本乘船两三个月奔赴长安。每隔 10 到 20 年派一次，每艘"遣唐使船"大致乘 100 人，每次派四艘。然而，大约有四成遣唐使或在途中遇难或死在大陆，能够平安回到日本的只有六成左右。以遣唐使身份去唐朝的人，除了等待下一批"遣唐使船"的到来，没有别的办法返回日本，他们不能随便回国。那些在航海过程中遇难的人，可以说是国际政治或者外交上的牺牲品吧。

遣唐使的成员是由使节、翻译、船员、技术员、技术研修生和留学者构成的。其中包括在后来的日本文化中留下伟大足迹的粟田真人、井真成、阿倍仲麻吕、吉备真备、最澄、空海等人。

假如没接触唐文化，日本是不可能完成古代国家的建设的。遣唐使的特征是，少数日本"遣唐"精英选取对日本的发展有益的东西带回日本，日本单方面地接受了它们。从唐朝输入的几乎都是文献和文物，而鲜有人员往来。日本从开始派遣唐使不到 50 年就完成了高度的"唐风文化"。考虑到遣唐使是一千多年前的事，不能不说在对外来文化吸收的速度上比明治时期的欧化更快。

DL 21

为了　学习　佛教　和　隋朝　先进　的　文化，　日本　从　公元
Wèile　xuéxí　Fójiào　hé　Suí-cháo　xiānjìn　de　wénhuà,　Rìběn　cóng　gōngyuán

600 年　　　开始　向　隋朝　派　遣隋使，　在　18 年　中　一共
liùlínglíng-nián　kāishǐ　xiàng　Suí-cháo　pài　Qiǎn-Suí-shǐ,　zài　shíbā-nián　zhōng　yígòng

派遣了　四批[1]。
pàiqiǎnle　sì-pī.

　　公元　　607 年，　当　第二批　遣隋使　被　派出　的　时候，　使者
Gōngyuán liùlíngqī-nián,　dāng　dì-èr-pī　Qiǎn-Suí-shǐ　bèi　pàichū　de　shíhou,　shǐzhě

小野妹子　将　圣德太子　的　国书　交给了　隋朝　第二代　皇帝　炀帝[2]。
Xiǎoyě-Mèizǐ　jiāng　Shèngdétàizǐ　de　guóshū　jiāogěile　Suí-cháo　dì-èr-dài　huángdì　Yángdì.

国书　开头[3]　写着："日　出　处　天子　致书　日　没　处　天子　无恙"。
Guóshū kāitóu　xiězhe: "Rì　chū　chù　tiānzǐ　zhìshū　rì　mò　chù　tiānzǐ　wúyàng".

据说[4]　炀帝　为此[5]　大怒，　他　认为　日方　的　说法　是　在　显示[6]　和
Jùshuō　Yángdì　wèicǐ　dànù,　tā　rènwéi　Rìfāng　de　shuōfǎ　shì　zài　xiǎnshì　hé

隋朝　的　平等　地位，　这　是　违反[7]　礼数[8]　的。　但是，　圣德太子　的
Suí-cháo　de　píngděng　dìwèi,　zhè　shì　wéifǎn　lǐshù　de.　Dànshi,　Shèngdétàizǐ　de

本意　似乎[9]　并[10]　不　是　这样，　"日　出　处"　是　指　从　隋朝　看　位于
běnyì　sìhū　bìng　bú　shì　zhèyàng,　"rì　chū　chù"　shì　zhǐ　cóng　Suí-cháo　kàn　wèiyú

东方　的　日本，"日　没　处"　则　指　从　日本　看　位于　西方　的　隋朝。
dōngfāng　de　Rìběn,　"rì　mò　chù"　zé　zhǐ　cóng　Rìběn　kàn　wèiyú　xīfāng　de　Suí-cháo.

　　遣隋使　的　重要　使命　是　学习　佛教，　但　派去　的　精英[11]们
Qiǎn-Suí-shǐ　de　zhòngyào　shǐmìng　shì　xuéxí　Fójiào,　dàn　pàiqu　de　jīngyīngmen

却　有了　新的　发现，　那　就是　学习　国家　制度的　重要性。　到　后来，
què　yǒule　xīn de　fāxiàn,　nà　jiùshi　xuéxí　guójiā　zhìdù de　zhòngyàoxìng. Dào　hòulái,

遣唐使　把　各种　制度　引进[12]　到　日本，　唯独　没有　引进　宦官[13]
Qiǎn-Táng-shǐ　bǎ　gèzhǒng　zhìdù　yǐnjìndào　Rìběn,　wéidú　méiyou　yǐnjìn　huànguān

制度　和　科举[14]　制度。
zhìdù　hé　kējǔ　zhìdù.

語注

1. 批	pī	回数を表わす	
2. 炀帝	Yángdì	炀帝，ヨウダイ	
3. 开头	kāitóu	最初（に）、初め（に）	
4. 据说	jùshuō	～だそうである	
5. 为此	wèicǐ	このために	
6. 显示	xiǎnshì	明らかに示す	
7. 违反	wéifǎn	違反する	
8. 礼数	lǐshù	礼儀	

9. 似乎	sìhū	～のようであるる
10. 并不是	bìng bú shì	決して～ではない
11. 精英	jīngyīng	エリート
12. 引进	yǐnjìn	引き入れる，導入する
13. 宦官	huànguān	カンガン。後宮に仕えた，去勢された男性
14. 科举	kējǔ	科挙，カキョ。隋代に始まり，清代末期に廃止された官吏登用の試験制度

隋朝　于　公元　618 年　灭亡[15]，中国　成了　唐朝　的　天下。
Suí-cháo yú gōngyuán liùyībā-nián mièwáng, Zhōngguó chéngle Táng-cháo de tiānxià.

从　　　630 年　到　894 年　的　大约　　260 年　间，日本
Cóng liùsānlíng-nián dào bājiǔsì-nián de dàyuē èrbǎiliùshí-nián jiān, Rìběn

一共　派出了　十六批　遣唐使。在　最初　40 年　中，一共　派出了
yígòng pàichūle shíliù-pī Qiǎn-Táng-shǐ. Zài zuìchū sìshí-nián zhōng, yígòng pàichūle

七批。在　这段　时间里 日本　发生了　很多　大事。首先，645 年
qī-pī. Zài zhè-duàn shíjiānli Rìběn fāshēngle hěn duō dàshì. Shǒuxiān, liùsìwǔ-nián

的　"大化　改新" 使　日本　产生了　中央　集权　国家。其次，由于[16]
de "Dàhuà gǎixīn" shǐ Rìběn chǎnshēngle zhōngyāng jíquán guójiā. Qícì, yóuyú

在　663 年　的　"白村江　之　役"　中　败给了 新罗[17] 和　唐朝　的
zài liùliùsān-nián de "Báicūnjiāng zhī yì" zhōng bàigěile Xīnluó hé Táng-cháo de

联军[18]，日本　无法[19] 在　外交上　建立　同　唐朝　对等　的　关系 了，
liánjūn, Rìběn wúfǎ zài wàijiāoshang jiànlì tóng Táng-cháo duìděng de guānxi le,

便　派　遣唐使　表示　对　唐朝　的　恭顺　之　意。672 年，
biàn pài Qiǎn-Táng-shǐ biǎoshì duì Táng-cháo de gōngshùn zhī yì. Liùqī'èr-nián,

发生 "壬申　之　乱"，次年　天武天皇　即位。从　唐朝　学来 的
fāshēng "Rénshēn zhī luàn", cìnián Tiānwǔ-tiānhuáng jíwèi. Cóng Táng-cháo xuélai de

律令　国家　体制，即 以[20] 公地　公民　制 为　基础　的　中央　集权
lùlìng guójiā tǐzhì, jí yǐ gōngdì gōngmín zhì wéi jīchǔ de zhōngyāng jíquán

国家　体制　得到了　迅速　的　确立。
guójiā tǐzhì dédàole xùnsù de quèlì.

在　经过　30 年　的　空白　后，702 年，日本　完全　以　向
Zài jīngguò sānshí-nián de kòngbái hòu, qīlíng'èr-nián, Rìběn wánquán yǐ xiàng

唐朝　朝贡　的　形式　恢复[21] 派　遣唐使，这　是　第八批。此时
Táng-cháo cháogòng de xíngshì huīfù pài Qiǎn-Táng-shǐ, zhè shì dì-bā-pī. Cǐshí

中国　正　被　武则天[22] 统治着。以前　日本　使用 "倭" 这 一
Zhōngguó zhèng bèi Wǔ-Zétiān tǒngzhìzhe. Yǐqián Rìběn shǐyòng "Wō" zhè yì

国号，由于 武则天[23] 认可了 "日本" 这 一　国号，此后　开始
guóhào, yóuyú Wǔ-Zétiān rènkěle "Rìběn" zhè yì guóhào, cǐhòu kāishǐ

使用，这 一 用　就是　一千三百多年。这样　历史　悠久 的　国号
shǐyòng, zhè yí yòng jiùshi yìqiānsānbǎiduō-nián. Zhèyàng lìshǐ yōujiǔ de guóhào

在　世界上　是　绝无仅有[24] 的。
zài shìjièshang shì juéwújǐnyǒu de.

---

[15] 灭亡	mièwáng	滅亡する	[21] 恢复	huīfù	回復する
[16] 由于～	yóuyú~	～によって	[22] 武则天	Wǔ-Zétiān	則天武后のこと。中国
[17] 新罗	Xīnluó	新羅、しんら（しらぎ）			史上唯一の女帝
[18] 联军	liánjūn	連合軍	[23] 认可	rènkě	許可する，承諾する
[19] 无法	wúfǎ	すべがない，打つ手がない	[24] 绝无仅有	juéwújǐnyǒu	成語 極めて少ない
[20] 以A为B	yǐ A wéi B	AをBとする			

712年， 第六代 玄宗皇帝 即位，这个 时期 的 唐朝 进入
Qīyī'èr-nián, dì-liù-dài Xuánzōng-huángdì jíwèi, zhège shíqī de Táng-cháo jìnrù

稳定 期。 755年， "安史 之 乱[25]" 爆发， 唐朝 国力 以 此
wěndìng qī. Qīwǔwǔ-nián, "Ān-Shǐ zhī luàn" bàofā, Táng-cháo guólì yǐ cǐ

为 转折点 开始 由[26] 盛 变 衰， 国内 形势 也 趋于[27] 不 稳定。
wéi zhuǎnzhédiǎn kāishǐ yóu shèng biàn shuāi, guónèi xíngshì yě qūyú bù wěndìng.

进入 9世纪 后， 仅仅[28] 在 804年 和 838年 派出了 两批
Jìnrù jiǔ-shìjì hòu, jǐnjǐn zài bālíngsì-nián hé bāsānbā-nián pàichūle liǎng-pī

遣唐使。 后来 根据[29] 菅原道真 的 建议， 日本 从 894年
Qiǎn-Táng-shǐ. Hòulái gēnjù Jiānyuán-Dàozhēn de jiànyì, Rìběn cóng bājiǔsì-nián

停止 派出 遣唐使， 直到 907年 唐朝 灭亡。 日本
tíngzhǐ pàichū Qiǎn-Táng-shǐ, zhídào jiǔlíngqī-nián Táng-cháo mièwáng. Rìběn

进入了 所谓 "国风 文化" 时代。
jìnrùle suǒwèi "Guófēng wénhuà" shídài.

遣唐使 的 实际 情况 是 这样 的：
Qiǎn-Táng-shǐ de shíjì qíngkuàng shì zhèyàng de:

首先， 从 日本 乘 船 两 三个 月 奔赴 长安。 每
Shǒuxiān, cóng Rìběn chéng chuán liǎng sān-ge yuè bēnfù Cháng'ān. Měi

隔 10 到 20年 派 一次， 每艘[30] "遣唐使 船" 大致[31] 乘 100人，
gé shí dào èrshí-nián pài yí-cì, měi-sōu "Qiǎn-Táng-shǐ chuán" dàzhì chéng yìbǎi-rén,

每次 派 四艘。 然而[32]， 大约 有 四成[33] 遣唐使 或 在 途中 遇难[34]
měicì pài sì-sōu. Rán'ér, dàyuē yǒu sì-chéng Qiǎn-Táng-shǐ huò zài túzhōng yùnàn

或 死在 大陆， 能够 平安 回到 日本 的 只有 六成 左右。 以
huò sǐzài dàlù, nénggòu píng'ān huídào Rìběn de zhǐyǒu liù-chéng zuǒyòu. Yǐ

遣唐使 身份 去 唐朝 的 人， 除了 等待 下[35] 一批 "遣唐使
Qiǎn-Táng-shǐ shēnfèn qù Táng-cháo de rén, chúle děngdài xià yì-pī "Qiǎn-Táng-shǐ

船" 的 到来， 没有 别的 办法[36] 返回 日本， 他们 不 能 随便[37]
chuán" de dàolái, méiyou biéde bànfǎ fǎnhuí Rìběn, tāmen bù néng suíbiàn

回国。 那些 在 航海 过程 中 遇难 的 人， 可以 说 是 国际
huíguó. Nàxiē zài hánghǎi guòchéng zhōng yùnàn de rén, kěyǐ shuō shì guójì

---

25. 安史之乱 Ān-Shǐ zhī luàn 安史の乱。安 禄山と史思明による反乱。755年から763年 まで続いた

26. 由 yóu ～から。起点を表わす

27. 趋于 qūyú ～の方向へ向かって行く， ～となる

28. 仅仅 jǐnjǐn わずかに

29. 根据 gēnjù ～に基づいて

30. 艘 sōu 船の数え方

31. 大致 dàzhì だいたい，おおよそ

32. 然而 rán'ér しかし

33. 成 chéng 10分の1をいう （例）四成（sì-chéng）＝四割のこと

34. 遇难 yùnàn 遭難する

35. 下 xià 次の

36. 办法 bànfǎ 方法

37. 随便 suíbiàn 自由に，勝手に

政治 或者 外交上 的 牺牲品[38] 吧。
zhèngzhì huòzhě wàijiāoshang de xīshēngpǐn ba.

遣唐使 的 成员[39] 是 由 使节、 翻译、 船员、 技术员、 技术
Qiǎn-Táng-shǐ de chéngyuán shì yóu shǐjié、 fānyì、 chuányuán、 jìshùyuán、 jìshù

研修生 和 留学者 构成[40] 的。 其中 包括[41] 在 后来 的 日本
yánxiūshēng hé liúxuézhě gòuchéng de. Qízhōng bāokuò zài hòulái de Rìběn

文化 中 留下[42] 伟大 足迹 的 粟田真人[43]、 井真成[44]、
wénhuà zhōng liúxià wěidà zújì de Sùtián-Zhēnrén、 Jǐng-Zhēnchéng、

阿倍仲麻吕[45]、 吉备真备[46]、 最澄[47]、 空海[48] 等 人。
Ābèi-Zhòngmálǚ、 Jíbèi-Zhēnbèi、 Zuìchéng、 Kōnghǎi děng rén.

假如[49] 没 接触 唐 文化, 日本 是 不 可能 完成 古代 国家
Jiǎrú méi jiēchù Táng wénhuà, Rìběn shì bù kěnéng wánchéng gǔdài guójiā

的 建设 的。 遣唐使 的 特征 是, 少数 日本 "遣唐" 精英 选取[50]
de jiànshè de. Qiǎn-Táng-shǐ de tèzhēng shì, shǎoshù Rìběn "Qiǎn-Táng" jīngyīng xuǎnqǔ

对 日本 的 发展 有益 的 东西 带回 日本, 日本 单方面 地
duì Rìběn de fāzhǎn yǒuyì de dōngxi dàihuí Rìběn, Rìběn dānfāngmiàn de

接受了 它们。 从 唐朝 输入 的 几乎[51] 都 是 文献 和 文物,
jiēshòule tāmen. Cóng Táng-cháo shūrù de jīhū dōu shì wénxiàn hé wénwù,

而 鲜有[52] 人员 往来。 日本 从 开始 派 遣唐使 不 到 50 年
ér xiǎnyǒu rényuán wǎnglái. Rìběn cóng kāishǐ pài Qiǎn-Táng-shǐ bú dào wǔshí-nián

就 完成了 高度 的 "唐风 文化"。 考虑[53] 到 遣唐使 是
jiù wánchéngle gāodù de "Tángfēng wénhuà". Kǎolùdào Qiǎn-Táng-shǐ shì

一千多年 前 的 事, 不 能 不 说 在 对 外来 文化 吸收
yìqiānduō-nián qián de shì, bù néng bù shuō zài duì wàilái wénhuà xīshōu

的 速度上 比 明治 时期 的 欧化 更 快。
de sùdùshang bǐ Míngzhì shíqī de Ōuhuà gèng kuài.

---

38. 牺牲品　xīshēngpǐn　犠牲者
39. 成员　chéngyuán　メンバー
40. 构成　gòuchéng　構成する
41. 包括　bāokuò　含む
42. 留下　liúxià　残し伝える
43. 粟田真人　Sùtián-Zhēnrén　あわたのまひと。第八次遣唐使（702 年）の全権大使
44. 井真成 Jǐng-Zhēnchéng いのまなり，せいしんせい。713 年に入唐。玄宗皇帝が彼に高い官位を贈り，またその死を悲しんだことが書かれた墓碑が，2004 年に西安で発見された
45. 阿倍仲麻吕　Ābèi-Zhòngmálǚ　あべのなかまろ。713 年に入唐。科挙試験に合格し，玄宗皇帝に寵愛された。72 歳で唐で逝去

46. 吉备真备　Jíbèi-Zhēnbèi　吉備真備，きびのまきび。713 年と 751 年に入唐。基本となる漢籍を日本にもたらした。学者政治家
47. 最澄　Zuìchéng　さいちょう。804 年に留学僧として入唐，翌年帰国。日本天台宗の開祖，伝教大師
48. 空海　Kōnghǎi　くうかい。804 年に技術研修生として入唐。806 年に帰国。真言宗の開祖，弘法大師
49. 假如　jiǎrú　もし～なら
50. 选取　xuǎnqǔ　選択する
51. 几乎　jīhū　ほとんど
52. 鲜有　xiǎnyǒu　非常に少ない，珍しい
53. 考虑　kǎolù　考えに入れる

鑑真和尚与荣叡、普照

基礎知識

　　753年（天平勝宝5年）、鑑真は6度目の渡海で、唐から日本に到着しました。彼は日本における律宗の開祖であり、仏教の戒律を確立した帰化僧です。「戒律」の「戒」とは自分を律する内面的な道徳規範であり、「律」とは僧団で守るべき集団規則のことです。また、鑑真が奈良に律宗の本山として私寺の唐招提寺（とうしょうだいじ）を開いたことは有名です。

　　鑑真は688年に唐の揚州（現在の江蘇省南西部）で生まれました。14歳で出家、20歳で長安に入り、21歳で大乗仏教の宗派の1つである律宗と天台宗を学びました。25歳で初めて僧侶たちに戒律の講義を行い、4万人以上の人々に授戒（仏門に入る者に師僧が戒律を授けること）を行ったと言われています。

　　8世紀初め、日本では僧侶が納税義務を免除されていたため、官の許可なく僧を自称した私度僧が多くいました。この頃日本では正式な授戒の制度がなく、戒律を授けることのできる僧はいませんでした。そこで、戒律を授けることのできる僧を唐から招くため、奈良の興福寺の僧であった栄叡（ようえい）と普照（ふしょう）が遣唐使に選ばれ、733年、長安に向かいました。

　　2人は洛陽と長安で10年間にわたる修行を行う一方で、日本に来て戒律を広めてくれる高僧を探しますが見つかりません。742年に2人は、揚州の大明寺（だいめいじ）の住職で、戒律に精通していることで有名であった鑑真を訪ねました。2人の希望を聞いた鑑真は、弟子たちに渡日する志のあるものはいないかと尋ねましたが、誰も名乗り出ません。そこで鑑真は自ら渡日することを決意し、その結果、21名の弟子が随行を願い出ました。

　　1度目の渡日は743年で、この時は鑑真の弟子の密告で失敗。その後も4度、渡日を試みますが、すべて失敗。この間に栄叡が端州（現在の広東省の都市）で死去し、鑑真も激しい疲労によって両目を失明してしまいます。それでも753年に6度目の渡航でついに普照とともに日本に到着します。この時鑑真は66歳でした。

　　754年2月、鑑真は平城京に到着。孝謙天皇の勅により、「大僧都（当時の日本仏教界の最高指導者）」に任命され、戒壇（戒律を授ける場所）の設立と授戒について任されます。鑑真は普照とともに東大寺に住み、同年4月、東大寺大仏殿に戒壇を築き、聖武上皇、孝謙天皇をはじめとする400名以上に授戒を行いました。

　　759年、鑑真は奈良に唐招提寺を創建し、戒壇を設置しました。鑑真は戒律の他、彫刻や薬草などの知識も日本に伝え、悲田院を作って、貧しい人々の救済にも力を尽くしました。

　　763年、鑑真は唐招提寺で76年の生涯を終えました。鑑真の死を惜しんだ弟子の忍基（にんき）が鑑真の彫像を造り、これは日本最古の肖像彫刻として、現在まで唐招提寺に所蔵されています。

　　鑑真と遣唐使の栄叡、普照の話は井上靖の小説『天平の甍』で見事に描かれています。ぜひ一度読んでみてください。

● 本文

753 年，一位唐朝高僧在历经五次失败后，终于东渡成功，他就是鉴真和尚。他入了日本籍，是日本律宗的开山祖师。是他制定了佛教中必须遵守的道德规范和规则等戒律。位于奈良的律宗的总寺院唐招提寺就是他主持建立的。我们来看看鉴真和尚的生平吧。

鉴真于 688 年出生在扬州。他 14 岁出家，20 岁到了长安。21 岁时学习并掌握了大乘佛教宗派之一的律宗和天台宗。律宗是研究、传承佛教徒和僧尼应该遵守的戒律的宗派。"戒"指约束自己的精神方面的道德规范，"律"则指僧人集团的集体守则。

鉴真 25 岁时首次为僧侣们讲授戒律，据称他为四万多人授了戒。

8 世纪初，由于日本免除了僧侣的纳税义务，出现了许多未经官方许可而自称僧人的私度僧。这个时期还没有建立正式的授戒制度，因而没有能够正式传授佛教戒律的僧人。在此背景下，奈良兴福寺僧侣荣叡和普照被选为第九次遣唐使成员，为了从唐朝聘请能够给佛教信徒传授戒律的僧人，朝着长安出发了。733 年，每艘载着一百多人的四艘"遣唐使船"从位于当今大阪湾的难波津启航了。他们先抵达扬州，然后沿着运河驶向长安。这两位僧人在洛阳和长安修行了十年，这期间积极寻找愿意到日本弘法授戒的高僧，却迟迟找不到合适的人。742 年，两人来到扬州的大明寺，拜访了因精通戒律而有名的高僧鉴真。鉴真接受了他们二位的请求后，便问众弟子中有没有愿意赴日传教的，可是没有一个人肯站出来。于是，他决定亲自东渡。结果有二十一位弟子表示愿意随行。

首次东渡发生在荣叡和普照见到鉴真后的次年，即 743 年。这次因鉴真弟子的告密而失败。第二次是 744 年，这次因遭遇暴风雨而失败。同年进行了第三次尝试，却因为不忍让鉴真东渡的人的告密而失败。紧接着第四次也是因弟子的阻挠和告状而失败。748 年，荣叡再次前往大明寺拜访、恳求，使鉴真下决心进行第五次东渡，又因为遭到暴风雨而失败。751 年，荣叡在端州去世，鉴真因劳累过度而双目失明。尽管玄宗皇帝不允许鉴真东渡日本，但他还是在 753 年进行了第六次尝试，终于和普照一起抵达日本。这年鉴真已经 66 岁了。

754 年 2 月，鉴真到达平城京。孝谦天皇任命他为"大僧都"，命他设立戒坛并授戒。大僧都是当时日本佛教界最高职位。鉴真和普照居住在东大寺，同年 4 月，在东大寺大佛殿里设立了戒坛，为以圣武天皇、孝谦天皇为首的四百多人授了戒。

759 年，鉴真在奈良创建了唐招提寺，还设置了戒坛。除了戒律以外，他还把雕刻、药草等知识传授到日本。他创建了悲田院，为救济穷人而尽心竭力。763 年，鉴真在唐招提寺圆寂，终年 76 岁。为了纪念他，一位叫忍基的弟子为他制作了一尊雕像，这是日本最早的肖像雕刻作品，至今还保存在唐招提寺里。

鉴真和遣唐使荣叡、普照的佳话，在井上靖的小说《天平之甍》中有形象生动的描写，请一定读一读。

DL 22

753年, 一位 唐朝 高僧 在 历经¹ 五次 失败 后, 终于
Qīwǔsān-nián, yí-wèi Táng-cháo gāosēng zài lìjīng wǔ-cì shībài hòu, zhōngyú

东渡² 成功, 他 就是 鉴真 和尚。他 入了 日本 籍, 是 日本 律宗
dōngdù chénggōng, tā jiùshi Jiànzhēn héshang. Tā rùle Rìběn jí, shì Rìběn lǜzōng

的 开山 祖师。是 他 制定了 佛教 中 必须 遵守 的 道德 规范
de kāishān zǔshī. Shì tā zhìdìngle Fójiào zhōng bìxū zūnshǒu de dàodé guīfàn

和 规则 等 戒律。位于³ 奈良 的 律宗 的 总寺院⁴ 唐招提寺 就是
hé guīzé děng jièlù. Wèiyú Nàiliáng de Lǜzōng de zǒngsìyuàn Tángzhāotísì jiùshi

他 主持⁵ 建立 的。我们 来 看看 鉴真 和尚 的 生平⁶ 吧。
tā zhǔchí jiànlì de. Wǒmen lái kànkan Jiànzhēn héshang de shēngpíng ba.

鉴真 于 688年 出生在 扬州⁷。他 14岁 出家, 20岁 到了
Jiànzhēn yú liùbābā-nián chūshēngzài Yángzhōu. Tā shísì-suì chūjiā, èrshí-suì dàole

长安。 21岁 时 学习 并 掌握了 大乘佛教 宗派 之 一 的
Cháng'ān. Èrshíyī-suì shí xuéxí bìng zhǎngwòle Dàchéng-Fójiào zōngpài zhī yī de

律宗 和 天台宗。 律宗 是 研究、 传承 佛教徒 和 僧尼⁸ 应该
Lǜzōng hé Tiāntáizōng. Lǜzōng shì yánjiū、chuánchéng Fójiàotú hé sēngní yīnggāi

遵守 的 戒律 的 宗派。"戒" 指 约束⁹ 自己 的 精神 方面
zūnshǒu de jièlù de zōngpài. "Jiè" zhǐ yuēshù zìjǐ de jīngshén fāngmiàn

的 道德 规范, "律" 则 指 僧人 集团 的 集体 守则。
de dàodé guīfàn, "lù" zé zhǐ sēngrén jítuán de jítǐ shǒuzé.

鉴真 25岁 时 首次¹⁰ 为 僧侣们 讲授 戒律, 据称¹¹ 他 为
Jiànzhēn èrshiwǔ-suì shí shǒucì wèi sēnglǚmen jiǎngshòu jièlù, jùchēng tā wèi

四万多人 授了 戒。
sìwànduō-rén shòule jiè.

8世纪 初, 由于¹² 日本 免除了 僧侣 的 纳税 义务, 出现了
Bā-shìjì chū, yóuyú Rìběn miǎnchúle sēnglǚ de nàshuì yìwù, chūxiànle

许多 未经¹³ 官方 许可 而 自称 僧人 的 私度僧¹⁴。这个 时期 还
xǔduō wèijīng guānfāng xǔkě ér zìchēng sēngrén de sīdùsēng. Zhège shíqī hái

語注

1.	历经	lìjīng	（苦労を）何度も経験する	8.	僧尼	sēngní	僧と尼僧

1. 历经　　lìjīng　（苦労を）何度も経験する
2. 东渡　　dōngdù　日本へ行く，訪日する
3. 位于　　wèiyú　～に位置する
4. 总寺院　zǒngsìyuàn　総本山
5. 主持　　zhǔchí　主管する
6. 生平　　shēngpíng　（個人の）一生，生涯
7. 扬州　　Yángzhōu　揚州，ヨウシュウ。現在の江蘇省にある都市

8. 僧尼　　sēngní　僧と尼僧
9. 约束　　yuēshù　律する，制限する
10. 首次　　shǒucì　初めて
11. 据称　　jùchēng　～だそうである
12. 由于　　yóuyú　～なので
13. 未经　　wèijīng　まだ～していない
14. 私度僧　sīdùsēng　官許を得ずに僧尼となった者

没有 建立 正式 的 授戒 制度，因而[15] 没有 能够 正式 传授
méiyou jiànlì zhèngshì de shòujiè zhìdù, yīn'ér méiyou nénggòu zhèngshì chuánshòu

佛教 戒律 的 僧人。在 此 背景 下，奈良 兴福寺 僧侣 荣叡[16] 和
Fójiào jièlǜ de sēngrén. Zài cǐ bèijǐng xià, Nàiliáng Xīngfúsì sēnglǚ Róngruì hé

普照[17] 被 选为 第九次 遣唐使 成员[18]，为了[19] 从 唐朝 聘请[20]
Pǔzhào bèi xuǎnwéi dì-jiǔ-cì Qiǎn-Táng-shǐ chéngyuán, wèile cóng Táng-cháo pìnqǐng

能够 给 佛教 信徒 传授 戒律 的 僧人，朝着[21] 长安 出发了。
nénggòu gěi Fójiào xìntú chuánshòu jièlǜ de sēngrén, cháozhe Cháng'ān chūfāle.

733 年，每艘[22] 载着 一百多人 的 四艘 "遣唐使 船" 从
Qīsānsān-nián, měi-sōu zàizhe yìbǎiduō-rén de sì-sōu "Qiǎn-Táng-shǐ chuán" cóng

位于 当今 大阪湾 的 难波津 启航[23]了。他们 先 抵达[24] 扬州，然后
wèiyú dāngjīn Dàbǎnwān de Nánbōjīn qǐhángle. Tāmen xiān dǐdá Yángzhōu, ránhòu

沿着 运河 驶向[25] 长安。这 两位 僧人 在 洛阳 和 长安 修行了
yánzhe yùnhé shǐxiàng Cháng'ān. Zhè liǎng-wèi sēngrén zài Luòyáng hé Cháng'ān xiūxíngle

十年，这 期间 积极 寻找 愿意 到 日本 弘法[26] 授戒 的 高僧，却
shí-nián, zhè qījiān jījí xúnzhǎo yuànyì dào Rìběn hóngfǎ shòujiè de gāosēng, què

迟迟[27] 找不到[28] 合适 的 人。742 年，两人 来到 扬州 的 大明寺，
chíchí zhǎobudào héshì de rén. Qīsì'èr-nián, liǎng-rén láidào Yángzhōu de Dàmíngsì,

拜访了 因 精通 戒律 而 有名 的 高僧 鉴真。鉴真 接受了 他们
bàifǎngle yīn jīngtōng jièlǜ ér yǒumíng de gāosēng Jiànzhēn. Jiànzhēn jiēshòule tāmen

二位 的 请求[29] 后，便 问 众[30] 弟子 中 有 没有 愿意 赴 日 传教[31]
èr-wèi de qǐngqiú hòu, biàn wèn zhòng dìzǐ zhōng yǒu méiyou yuànyì fù Rì chuánjiào

的，可是 没有 一个 人 肯[32] 站出来。于是[33]，他 决定 亲自[34] 东渡。
de, kěshi méiyou yíge rén kěn zhànchūlai. Yúshì, tā juédìng qīnzì dōngdù.

结果 有 21位 弟子 表示 愿意 随行。
Jiéguǒ yǒu èrshiyī-wèi dìzǐ biǎoshì yuànyì suíxíng.

首次 东渡 发生在 荣叡 和 普照 见到 鉴真 后 的 次年，
Shǒucì dōngdù fāshēngzài Róngruì hé Pǔzhào jiàndào Jiànzhēn hòu de cìnián,

即 743年。这次 因 鉴真 弟子 的 告密 而 失败。第二次 是
jí qīsìsān-nián. Zhè-cì yīn Jiànzhēn dìzǐ de gàomì ér shībài. Dì-èr-cì shì

15.	因而	yīn'ér	それによって，それゆえに	25.	驶向	shǐxiàng ～に向かって疾走する
16.	荣叡	Róngruì	ようえい	26.	弘法	hóngfǎ 仏法を広める
17.	普照	Pǔzhào	ふしょう	27.	迟迟	chíchí 遅々としている
18.	成员	chéngyuán	メンバー	28.	找不到	zhǎobudào 見つけることができない
19.	为了	wèile	～のために	29.	请求	qǐngqiú 願い，要望
20.	聘请	pìnqǐng	招へいする	30.	众	zhòng 多い
21.	朝着	cháozhe	～に向かって	31.	传教	chuánjiào 伝え教える
22.	艘	sōu	船の数え方	32.	肯	kěn すすんで～する
23.	启航	qǐháng	出航する	33.	于是	yúshì そこで
24.	抵达	dǐdá	到着する	34.	亲自	qīnzì 自ら，自身で

744 年, 这次 因 遭遇 暴风雨 而 失败。 同年 进行了 第三次
qīsìsì-nián, zhè-cì yīn zāoyù bàofēngyǔ ér shībài. Tóngnián jìnxíngle dì-sān-cì

尝试[35], 却 因为 不忍[36] 让 鉴真 东渡 的人 的 告密 而
chángshì, què yīnwei bùrěn ràng Jiànzhēn dōngdù de rén de gàomì ér

失败。 紧接着[37] 第四次 也 是 因 弟子 的 阻挠[38] 和 告状[39] 而 失败。
shībài. Jǐnjiēzhe dì-sì-cì yě shì yīn dìzǐ de zǔnáo hé gàozhuàng ér shībài.

748 年, 荣叡 再次 前往[40] 大明寺 拜访、 恳求[41], 使 鉴真 下
Qīsìbā-nián, Róngruì zàicì qiánwǎng Dàmíngsì bàifǎng, kěnqiú, shǐ Jiànzhēn xià

决心 进行 第五次 东渡, 又 因为 遭到 暴风雨 而 失败。 751 年,
juéxīn jìnxíng dì-wǔ-cì dōngdù, yòu yīnwei zāodào bàofēngyǔ ér shībài. Qīwǔyī-nián,

荣叡 在 端州[42] 去世, 鉴真 因 劳累[43] 过度[44] 而 双目 失明。 尽管[45]
Róngruì zài Duānzhōu qùshì, Jiànzhēn yīn láolèi guòdù ér shuāngmù shīmíng. Jǐnguǎn

玄宗皇帝 不 允许 鉴真 东渡 日本, 但 他 还是 在 753 年
Xuánzōng-huángdì bù yǔnxǔ Jiànzhēn dōngdù Rìběn, dàn tā háishi zài qīwǔsān-nián

进行了 第六次 尝试, 终于 和 普照 一起 抵达 日本。 这年 鉴真
jìnxíngle dì-liù-cì chángshì, zhōngyú hé Pǔzhào yìqǐ dǐdá Rìběn. Zhè-nián Jiànzhēn

已经 66 岁 了。
yǐjīng liùshiliù-suì le.

754 年 2 月, 鉴真 到达[46] 平城京。 孝谦天皇[47] 任命
Qīwǔsì-nián èr-yuè, Jiànzhēn dàodá Píngchéngjīng. Xiàoqiān-tiānhuáng rènmìng

他 为 "大僧都", 命 他 设立 戒坛[48] 并 授戒。 大僧都 是 当时 日本
tā wéi "dàsēngdū", mìng tā shèlì jiètán bìng shòujiè. Dàsēngdū shì dāngshí Rìběn

佛教界 最高 职位。 鉴真 和 普照 居住在 东大寺, 同年 4 月, 在
Fójiàojiè zuìgāo zhíwèi. Jiànzhēn hé Pǔzhào jūzhùzài Dōngdàsì, tóngnián sì-yuè, zài

东大寺 大佛殿里 设立了 戒坛, 为 以[49] 圣武天皇[50]、 孝谦天皇
Dōngdàsì dàfódiànli shèlìle jiètán, wèi yǐ Shèngwǔ-tiānhuáng, Xiàoqiān-tiānhuáng

为 首 的 四百多人 授了 戒。
wéi shǒu de sìbǎiduō-rén shòule jiè.

35.	尝试	chángshì	試み
36.	不忍	bùrěn	耐えられない
37.	紧接着	jǐnjiēzhe	すぐその後に，引き続いて
38.	阻挠	zǔnáo	妨害
39.	告状	gàozhuàng	（行政機関に）訴えること
40.	前往	qiánwǎng	行く，赴く
41.	恳求	kěnqiú	懇願する
42.	端州	Duānzhōu	タンシュウ。現在の広東省の都市
43.	劳累	láolèi	（働きすぎなどでの）疲労

44.	过度	guòdù	過度である
45.	尽管	jǐnguǎn	～にもかかわらず
46.	到达	dàodá	到着する
47.	孝谦天皇 Xiàoqiān-tiānhuáng 孝謙天皇。奈良後期の女帝，聖武天皇の第二皇女
48.	戒坛	jiètán	戒壇。戒律を授ける場所
49.	以 A，为 B yǐ A, wéi B A を B とする
50.	圣武天皇 Shèngwǔ-tiānhuáng 聖武天皇。奈良中期の天皇，仏教に深く帰依し，全国に国分寺・国分尼寺，奈良に東大寺を建て，大仏を造立した

759年， 鉴真 在 奈良 创建了 唐招提寺， 还 设置了 戒坛。
Qīwǔjiǔ-nián, Jiànzhēn zài Nàiliáng chuàngjiànle Tángzhāotísì, hái shèzhìle jiètán.

除了 戒律 以外， 他 还 把 雕刻、 药草 等 知识 传授到 日本。
Chúle jièlǜ yǐwài, tā hái bǎ diāokè、 yàocǎo děng zhīshi chuánshòudào Rìběn.

他 创建了 悲田院， 为 救济 穷人[51] 而 尽心竭力[52]。 763年，
Tā chuàngjiànle Bēitiányuàn, wèi jiùjì qióngrén ér jìnxīnjiélì. Qīliùsān-nián,

鉴真 在 唐招提寺 圆寂[53]， 终年[54] 76岁。 为了 纪念 他， 一位
Jiànzhēn zài Tángzhāotísì yuánjì, zhōngnián qīshíliù-suì. Wèile jìniàn tā, yí-wèi

叫 忍基 的 弟子 为 他 制作了 一尊[55] 雕像[56]， 这 是 日本 最 早
jiào Rěnjī de dìzǐ wèi tā zhìzuòle yì-zūn diāoxiàng, zhè shì Rìběn zuì zǎo

的 肖像 雕刻 作品， 至今[57] 还 保存在 唐招提寺里。
de xiàoxiàng diāokè zuòpǐn, zhìjīn hái bǎocúnzài Tángzhāotísìli.

鉴真 和 遣唐使 荣叡、 普照 的 佳话[58]， 在 井上靖 的
Jiànzhēn hé Qiǎn-Táng-shǐ Róngruì、 Pǔzhào de jiāhuà, zài Jǐngshàng-Jìng de

小说 《天平之甍》 中 有 形象[59] 生动[60] 的 描写， 请
xiǎoshuō 《Tiānpíng zhī méng》 zhōng yǒu xíngxiàng shēngdòng de miáoxiě, qǐng

一定 读一读。
yídìng dúyidú.

▲ 鑑真和尚が住職を務めた大明寺（揚州）

51. 穷人	qióngrén	貧しい人	
52. 尽心竭力	jìnxīnjiélì	成語 全精力を傾ける	
53. 圆寂	yuánjì	高僧が死ぬこと	
54. 终年	zhōngnián	享年	
55. 尊	zūn	彫像を数える数え方	
56. 雕像	diāoxiàng	彫像	

57. 至今	zhìjīn	今なお
58. 佳话	jiāhuà	美談
59. 形象	xíngxiàng	(具体的で)真に迫っ ている
60. 生动	shēngdòng	生き生きとしている

清末到民国时期的来日中国留学生

基礎知識

　　中国は清王朝（1616 ～ 1911）の末期、2 度のアヘン戦争によって英国軍と英仏連合軍に敗北しました。第 1 回目は 1840 ～ 42 年、第 2 回目は 1856 ～ 60 年で、第 2 回目をアロー戦争と呼ぶこともあります。当時の清王朝はこの敗北の深刻さに気づかず、敗北後も英国を侮蔑して「英夷」と呼び続けました。そんな中、清王朝の役人で、危機感を感じていたのが魏源です。彼は軍事地理思想と海防思想を説く『海国図志』（50 巻）を著し、1843 年に揚州で出版されました。彼はその中で "師夷長技以制夷"（野蛮な外国の技術を学んで、外国を制する）と提唱しました。しかし、当時の清王朝は、魏源が提唱した改革の必要性を認識することができませんでした。

　　第一次アヘン戦争敗北後、1842 年に清王朝は英国との間で南京条約を結びました。そしてこの条約の中で、近代的な主権国家の名称として、初めて漢文の「中国」という用語が使用されました。

　　アヘン戦争での清王朝敗北のニュースは、清の商人によってすぐに日本に伝えられ、その国際的意味は、清王朝よりむしろ幕末の日本の知識人に深く理解されました。魏源の『海国図志』もすぐに日本に伝えられ、江戸幕府はこれを禁書としましたが、多くの知識人の間で日本の体制転換が急務であるとの認識が高まりました。それが江戸幕府の開国、崩壊、そして 1868 年の明治新政府成立へと繋がっていきました。

　　その後、清王朝と日本は 1871 年に日清修好条規を締結し、894 年に遣唐使が中止となって以来、初めて正式な国交が開かれました。1877 年、清王朝は東京に日本公使館（現在の大使館）を開設しました。その公使館員の多くは科挙試験合格者で、その中の一人である黄遵憲は帰国後、『日本国志』を著して日本事情を紹介し、日本の明治維新を比較的高く評価しています。

　　その後、1894 年に日清戦争が起こり、1895 年に日本が勝利します。すると翌年、清国は 13 名の官費留学生を、それまで小国と見下していた日本に派遣、1899 年には 200 名、1902 年には 500 名の官費留学生を日本に派遣します。さらに 1904 年には日露戦争が起こります。翌年この日露戦争にも日本が勝利すると、日本に対する中国側の関心が非常に高まり、1905 年には官費、私費を合わせて 1 万人を超える留学生が清国から日本にやってきました。この中には蔡鍔、陳独秀、魯迅、周作人（魯迅の弟）、蒋介石、李四光など（本文で説明）が含まれています。さらに 1912 年の中華民国成立後に日本に留学した代表的な人物としては、郭沫若、周恩来、張大千、田漢など（本文で説明）もいます。

　　遣隋使、遣唐使で中国へ渡った人員の総数は約 7 千人、一方、清朝末期から民国時代に中国から日本へ渡った留学者の総数は 2 万人余りです。しかし遣隋使、遣唐使が、命がけで中国に渡って吸収しようとしたのが、隋や唐の最先端の文化そのものであったのに対して、清朝から民国期に日本に渡った留学者が吸収しようとしたのは、そのほとんどが日本の文化そのものではなく、日本が摂取した欧米の最先端の文化でした。

中国到了清末，在先后两次鸦片战争中败给了英军和英法联军。由于第一次鸦片战争的主战场在南方的广东，远离首都北京，再加上其他因素，当时的清政府没有认识到战败的严重性，竟然在吃了败仗后还继续蔑称英国为"英夷"。但是，清政府官员中也有产生危机感的人，其中之一就是出生于湖南省的魏源。魏源考取进士后在地方上做官，是林则徐的智囊，1843 年在扬州出版了一部论述军事地理思想和海防思想的《海国图志》，共 50 卷。他在书中倡导"师夷长技以制夷"。顺便说一下，"中国"这一词汇虽然古来有之，但作为表示近代主权国家概念的名称，是在第一次鸦片战争之后清政府同英国签订的《南京条约》中开始使用的，那是 1842 年的事儿。

清朝在鸦片战争中战败的消息，很快就被清朝的商人们传到了日本。当时日本正处于江户幕府时代末期，很多日本人深刻地认识到清朝的失败在国际社会上意味着什么，不少知识分子有了危机感。魏源的《海国图志》也很快传到了日本。这套书虽然被江户幕府列为禁书，但佐久间象山和吉田松阴等人还是读到了。在日本国内，越来越多的人形成了一个共识，那就是改变现行体制乃当务之急。这导致了江户幕府的开国、崩溃以及 1868 年明治新政府的成立。遗憾的是，魏源表达的改革诉求在中国国内没有被人们充分理解和重视。

后来，清朝和日本于 1871 年缔结了《中日修好条规》，正式建立了外交关系。这是自 894 年根据菅原道真的建议停止派遣唐使以来首次缔结的国与国之间的正式条约。

1877 年，清朝在东京开设了相当于现在的大使馆的公使馆，官员中的大多数是通过科举考试的人。其中有一位叫黄遵宪的，他回国后写了一部叫《日本国志》的书，介绍了日本的情况，对明治维新给予了比较高的评价。

然而，1894 年，为了争夺朝鲜半岛的统治权，爆发了甲午战争。1895 年日本胜利了。第二年，清朝向日本派出了 13 名官费留学生。1899 年派出了 200 名，1902 年派出了 500 名。1904 年，为了争夺对朝鲜半岛和中国东北地区的统治权，爆发了日俄战争。第二年，当日本再次成为战胜国后，此前始终把日本轻视为小国的清朝对日本掀起了空前的关心。1905 年，一万多名官费、私费留学生从清朝来到日本。其中有在日本学了军事学，后来发动了护国战争的蔡锷；有中国共产党主要创始人陈独秀；有中国现代文学之父鲁迅；有日本文化研究开拓者周作人（鲁迅的胞弟）；有孙中山的继承人蒋介石；有中国地质学之父李四光……

民国时期留学日本的代表人物，有文学家郭沫若，中华人民共和国总理周恩来，美术家张大千，创作了中国的国歌《义勇军进行曲》歌词的田汉等人。

此外，从 1896 年到 1911 年，由日语翻译成汉语的有关西方的书籍达 958 册。

以遣隋使和遣唐使身份从日本到中国留学的人是七千人左右，从清末到民国时期留学日本的中国人有两万多人。但是，遣隋使和遣唐使冒着生命危险到隋朝和唐朝，是为了学习其最先进的文化；而从清末到民国时期东渡日本的大多数留学生，他们想学习的不是日本文化本身，而是通过日本这个平台吸取欧美国家最先进的文化。

DL 23

中国　　到了　清　末，　在　先后　两次　　鸦片战争[1]　中　败给了
Zhōngguó dàole Qīng mò, zài xiānhòu liǎng-cì Yāpiàn-zhànzhēng zhōng bàigěile

英军　和　英法　联军。　由于[2]　第一次　　鸦片战争　的　主战场　在
Yīng-jūn hé Yīng-Fǎ liánjūn. Yóuyú dì-yī-cì Yāpiàn-zhànzhēng de zhǔzhànchǎng zài

南方　的　广东，　远离　首都　北京，　再　加上　其他　因素，当时　的
nánfāng de Guǎngdōng, yuǎnlí shǒudū Běijīng, zài jiāshang qítā yīnsù, dāngshí de

清　政府　没有　认识到　战败　的　严重性[3]，竟然[4] 在　吃了　败仗
Qīng zhèngfǔ méiyou rènshidào zhànbài de yánzhòngxìng, jìngrán zài chīle bàizhàng

后　还　继续　蔑称　英国　为"英夷[5]"。但是，清　政府　官员[6]　中
hòu hái jìxù mièchēng Yīngguó wéi "Yīngyí". Dànshi, Qīng zhèngfǔ guānyuán zhōng

也　有　产生　危机感　的　人，其中　之　一　就是　出生于　湖南省
yě yǒu chǎnshēng wēijīgǎn de rén, qízhōng zhī yī jiùshi chūshēngyú Húnán-shěng

的　魏源[7]。魏源　考取[8] 进士[9] 后　在　地方上　做官[10]，是　林则徐[11]
de Wèi-Yuán. Wèi-Yuán kǎoqǔ jìnshì hòu zài dìfāngshang zuòguān, shì Lín-Zéxú

的　智囊[12]，1843 年　在　扬州[13] 出版了　一部　论述　军事　地理　思想
de zhìnáng, yībāsìsān-nián zài Yángzhōu chūbǎnle yí-bù lùnshù jūnshì dìlǐ sīxiǎng

和　海防　思想　的《海国图志》，共　50 卷。他　在　书　中　倡导[14]
hé hǎifáng sīxiǎng de《Hǎiguótúzhì》, gòng wǔshí-juàn. Tā zài shū zhōng chàngdǎo

"师夷　长技[15] 以　制　夷"。顺便[16] 说　一下，"中国"　这　一　词汇　虽然[17]
"shī yí chángjì yǐ zhì yí". Shùnbiàn shuō yíxià, "Zhōngguó" zhè yì cíhuì suīrán

古来　有　之，但　作为[18] 表示　近代　主权　国家　概念　的　名称，
gǔlái yǒu zhī, dàn zuòwéi biǎoshì jìndài zhǔquán guójiā gàiniàn de míngchēng,

語注

1. 鸦片战争　Yāpiàn-zhànzhēng　アヘン戦争
2. 由于〜　yóuyú　〜なので，〜だから
3. 严重性　yánzhòngxìng　深刻さ
4. 竟然　jìngrán　意外にも
5. 英夷　Yīngyí　イギリスをさげすんだ言い方。'夷 yí' とは，異民族や外国人をさげすんで言う言い方
6. 官员　guānyuán　官吏，役人
7. 魏源　Wèi-Yuán　ギゲン（1794 〜 1850）
8. 考取　kǎoqǔ　試験に合格して採用される
9. 进士　jìnshì　進士。科挙の最終試験に合格した者

10. 做官　zuòguān　役人になる
11. 林则徐　Lín-Zéxú　リンソクジョ（1785 〜 1850）。清末の官僚。第四課「広州」を参照。
12. 智囊　zhìnáng　知恵袋，ブレーン
13. 扬州　Yángzhōu　揚州，ヨウシュウ。現在の江蘇省にある都市
14. 倡导　chàngdǎo　唱え導く，主張する
15. 长技　chángjì　特定な技能
16. 顺便　shùnbiàn　ついでに
17. 虽然A，但B　suīrán A, dàn B　Aだけれども，しかしBである
18. 作为〜　zuòwéi　〜とする，〜と見なす

是 在 第一次 鸦片战争 之后 清 政府 同 <u>英国</u> 签订[19] 的
shì zài dì-yī-cì Yāpiàn-zhànzhēng zhīhòu Qīng zhèngfǔ tóng Yīngguó qiāndìng de

《南京 条约[20]》 中 开始 使用 的，那 是 1842 年 的 事儿。
《Nánjīng tiáoyuē》 zhōng kāishǐ shǐyòng de, nà shì yībāsì'èr-nián de shìr.

清朝 在 鸦片战争 中 战败 的 消息[21]，很 快 就 被
Qīng-cháo zài Yāpiàn-zhànzhēng zhōng zhànbài de xiāoxi, hěn kuài jiù bèi

清朝 的 商人们 传到了 日本。当时 日本 正 处于[22] 江户
Qīng-cháo de shāngrénmen chuándàole Rìběn. Dāngshí Rìběn zhèng chǔyú Jiānghù

幕府 时代 末期，很 多 日本人 深刻 地 认识[23]到 清朝 的 失败
mùfǔ shídài mòqī, hěn duō Rìběnrén shēnkè de rènshidào Qīng-cháo de shībài

在 国际 社会上 意味着 什么，不少 知识分子[24] 有了 危机感。<u>魏源</u>
zài guójì shèhuìshang yìwèizhe shénme, bùshǎo zhīshi-fènzǐ yǒule wēijīgǎn. Wèi-Yuán

的 《海国图志》 也 很 快 传到了 日本。这套[25] 书 虽然 被 江户
de 《Hǎiguótúzhì》 yě hěn kuài chuándàole Rìběn. Zhè-tào shū suīrán bèi Jiānghù

幕府 列为[26] 禁书，但 <u>佐久间象山[27]</u> 和 <u>吉田松阴[28]</u> 等 人 还是
mùfǔ lièwéi jìnshū, dàn Zuǒjiǔjiān-Xiàngshān hé Jítián-Sōngyīn děng rén háishi

读到了。在 日本 国内，越 来 越 多 的 人 形成了 一个 共识[29]，那
dúdàole. Zài Rìběn guónèi, yuè lái yuè duō de rén xíngchéngle yíge gòngshí, nà

就是 改变 现行 体制 乃[30]当务之急[31]。这 导致[32]了 江户 幕府 的
jiùshi gǎibiàn xiànxíng tǐzhì nǎi dāngwùzhījí. Zhè dǎozhìle Jiānghù mùfǔ de

开国、崩溃[33] 以及 1868 年 明治 新 政府 的 成立。遗憾[34] 的 是，
kāiguó, bēngkuì yǐjí yībāliùbā-nián Míngzhì xīn zhèngfǔ de chénglì. Yíhàn de shì,

<u>魏源</u> 表达 的 改革 诉求[35] 在 中国 国内 没有 被 人们 充分
Wèi-Yuán biǎodá de gǎigé sùqiú zài Zhōngguó guónèi méiyou bèi rénmen chōngfèn

理解 和 重视。
lǐjiě hé zhòngshì.

---

19. 签订　qiāndìng　調印する
20. 南京条约　Nánjīng tiáoyuē　1842 年に締結された第一次アヘン戦争の講和条約
21. 消息　xiāoxi　情報，ニュース
22. 处于～　chǔyú　～に身を置く
23. 认识　rènshi　認識する
24. 知识分子　zhīshi-fènzǐ　知識人
25. 套　tào　一組になったものの数え方
26. 列为～　lièwéi　～として並べる
27. 佐久间象山　Zuǒjiǔjiān-Xiàngshān　さくましょうざん（1811 ～ 1864）。江戸時代末期の開国論者。門下に勝海舟，吉田松陰らがいる

28. 吉田松阴　Jítián-Sōngyīn　吉田松陰，よしだしょういん（1830 ～ 1859）。江戸時代末期の尊王論者。高杉晋作，井上馨，伊藤博文らを輩出した松下村塾を開いた
29. 共识　gòngshí　共通認識
30. A 乃 B　A nǎi B　〈書き言葉〉A は B である
31. 当务之急　dāngwùzhījí　成語 当面の急務
32. 导致　dǎozhì　導く，ひき起こす
33. 崩溃　bēngkuì　崩壊
34. 遗憾　yíhàn　残念である
35. 诉求　sùqiú　訴え

后来， 清朝 和 日本 于 1871 年 缔结了 《中日 修好 条规[36]》，
Hòulái, Qīng-cháo hé Rìběn yú yībāqīyī-nián dìjiéle 《Zhōng-Rì xiūhǎo tiáoguī》,

正式 建立了 外交 关系。 这 是 自 894 年 根据[37] 菅原道真 的
zhèngshì jiànlìle wàijiāo guānxi. Zhè shì zì bājiǔsì-nián gēnjù Jiānyuán-Dàozhēn de

建议 停止 派 遣唐使 以来 首次[38] 缔结 的 国 与 国 之间 的
jiànyì tíngzhǐ pài Qiǎn-Táng-shǐ yǐlái shǒucì dìjié de guó yǔ guó zhījiān de

正式 条约。
zhèngshì tiáoyuē.

　　1877 年， 清朝 在 东京 开设了 相当于 现在 的大使馆 的
Yībāqīqī-nián, Qīng-cháo zài Dōngjīng kāishèle xiāngdāngyú xiànzài de dàshǐguǎn de

公使馆， 官员 中 的 大多数 是 通过了 科举 考试[39] 的 人。
gōngshǐguǎn, guānyuán zhōng de dàduōshù shì tōngguòle kējǔ kǎoshì de rén.

其中 有 一位 叫 黄遵宪[40] 的， 他 回国 后 写了 一部 叫
Qízhōng yǒu yí-wèi jiào Huáng-Zūnxiàn de, tā huíguó hòu xiěle yí-bù jiào

《日本国志》 的 书， 介绍了 日本 的 情况， 对 明治维新 给予[41]了
《Rìběnguózhì》 de shū, jièshàole Rìběn de qíngkuàng, duì Míngzhì-wéixīn jǐyǔle

比较 高 的 评价。
bǐjiào gāo de píngjià.

　　然而， 1894 年， 为了 争夺 朝鲜半岛 的 统治权， 爆发了
Rán'ér, yībājiǔsì-nián, wèile zhēngduó Cháoxiǎn-bàndǎo de tǒngzhìquán, bàofāle

甲午战争[42]。 1895 年 日本 胜利了。 第二年， 清朝 向 日本
Jiǎwǔ-zhànzhēng. Yībājiǔwǔ-nián Rìběn shènglìle. Dì-èr-nián, Qīng-cháo xiàng Rìběn

派出了 13 名 官费 留学生。 1899 年 派出了 200 名，
pàichūle shísān-míng guānfèi liúxuéshēng. Yībājiǔjiǔ-nián pàichūle èrbǎi-míng,

1902 年 派出了 500 名。 1904 年， 为了 争夺 对
yījiǔlíng'èr-nián pàichūle wǔbǎi-míng. Yījiǔlíngsì-nián, wèile zhēngduó duì

朝鲜半岛 和 中国 东北 地区 的 统治权， 爆发了 日俄战争[43]。
Cháoxiǎnbàndǎo hé Zhōngguó Dōngběi dìqū de tǒngzhìquán, bàofāle Rì-É-zhànzhēng.

---

36. 中日修好条规　Zhōng-Rì xiūhǎo tiáoguī
　　日清修好条規
37. 根据　gēnjù　～に基づいて
38. 首次　shǒucì　初めて
39. 科举考试　kējǔ kǎoshì　隋代に始まり、清代
　　末期に廃止された官吏登用の科挙（カキョ）
　　試験

40. 黄遵宪　Huáng-Zūnxiàn　黄遵憲, コウジュ
　　ンケン（1848 ～ 1905）。清末の外交官。
　　1877 年に訪日
41. 给予　jǐyǔ　与える
42. 甲午战争　Jiǎwǔ-zhànzhēng　日清戦争のこ
　　と
43. 日俄战争　Rì-É-zhànzhēng　日露戦争

第二年， 当　日本　再次　成为　　战胜国　后，此前　始终　把 日本
Dì-èr-nián, dāng Rìběn zàicì chéngwéi zhànshèngguó hòu, cǐ qián shǐzhōng bǎ Rìběn

轻视为　小国　的　清朝　对 日本　掀起[44]了 空前 的 关心。　1905 年，
qīngshìwéi xiǎoguó de Qīng-cháo duì Rìběn xiānqǐle kōngqián de guānxīn. Yījiǔlíngwǔ-nián,

一万多名　　官费、　私费　留学生　从　　清朝　来到　日本。 其中
yíwànduō-míng guānfèi、 sīfèi liúxuéshēng cóng Qīng-cháo láidào Rìběn. Qízhōng

有 在 日本　学了　军事学，后来　发动了　护国战争[45] 的 蔡锷[46]；
yǒu zài Rìběn xuéle jūnshìxué, hòulái fādòngle Hùguó-zhànzhēng de Cài-È;

有　中国　　共产党　主要　创始人　陈独秀[47]；有　中国
yǒu Zhōngguó gòngchǎndǎng zhǔyào chuàngshǐrén Chén-Dúxiù; yǒu Zhōngguó

现代　文学　之　父　鲁迅[48]；有 日本　文化　研究　开拓者　周作人[49]
xiàndài wénxué zhī fù Lǔ-Xùn; yǒu Rìběn wénhuà yánjiū kāituòzhě Zhōu-Zuòrén

（鲁迅　的　胞弟）；有　孙中山　的　继承人　蒋介石[50]；有
(Lǔ-Xùn de bāodì); yǒu Sūn-Zhōngshān de jìchéngrén Jiǎng-Jièshí; yǒu

中国　地质学 之 父　李四光[51]……
Zhōngguó dìzhìxué zhī fù Lǐ-Sìguāng ……

44. 掀起　xiānqǐ （大規模な運動や気運が）高
　　まる，盛り上がる
45. 护国战争 Hùguó-zhànzhēng 護国戦争(1915
　　～1916)。蔡鍔らが中心となって袁世凱の皇
　　帝即位に反対し，雲南省で独立を宣言した中
　　国国内の内戦。結果，袁世凱は退位した
46. 蔡锷　Cài-È 蔡鍔，サイガク（1882 ～
　　1916)。日本の士官学校に留学。日本で病死
47. 陈独秀 Chén-Dúxiù 陳独秀，チンドクシュ
　　ウ（1879 ～ 1942)。日本の東京高等師範学
　　校速成科卒業

48. 鲁迅 Lǔ-Xùn 魯迅，ロジン（1881～1936)。
　　中国の小説家，翻訳家，思想家。本名は周樹
　　人。第十六課「基礎知識」参照
49. 周作人 Zhōu-Zuòrén シュウサクジン(1885
　　～ 1967)。1908 年に立教大学に入学
50. 蒋介石 Jiǎng-Jièshí ショウカイセキ（1887
　　～ 1975)。日本陸軍士官学校出身。1949 年
　　に中国共産党との内戦に敗れ，台湾に中国国
　　民党政権を移す。1975 年に台北で死去
51. 李四光 Lǐ-Sìguāng リシコウ（1889 ～
　　1971)。1904 年に日本に留学

民国　　时期　　留学　日本　的　代表　人物，　有　文学家　　郭沫若[52]，
Mínguó　shíqī　liúxué　Rìběn　de　dàibiǎo　rénwù,　yǒu　wénxuéjiā　Guō-Mòruò,

中华人民共和国　　　总理　　周恩来[53]，　美术家　　张大千[54]，　　创作了
Zhōnghuárénmíngònghéguó　zǒnglǐ　Zhōu-Ēnlái,　měishùjiā　Zhāng-Dàqiān,　chuàngzuòle

中国　　的　国歌　《义勇军进行曲》　歌词　的　田汉[55]　等　人。
Zhōngguó　de　guógē　《Yìyǒngjūn-jìnxíngqǔ》　gēcí　de　Tián-Hàn　děng　rén.

此外，　从　1896 年　到　　1911 年，　由[56]　日语　翻译成　汉语
Cǐwài,　cóng　yībājiǔliù-nián　dào　yījiǔyīyī-nián,　yóu　Rìyǔ　fānyìchéng　Hànyǔ

的　有关　西方　的　书籍　达　　958 册。
de　yǒuguān　xīfāng　de　shūjí　dá　jiǔbǎiwǔshíbā-cè.

以　遣隋使　和　遣唐使　身份　从　日本　到　中国　留学
Yǐ　Qiǎn-Suí-shǐ　hé　Qiǎn-Táng-shǐ　shēnfèn　cóng　Rìběn　dào　Zhōngguó　liúxué

的　人　是　七千人　左右，　从　清　末　到　民国　时期　留学　日本　的
de　rén　shì　qīqiān-rén　zuǒyòu,　cóng　Qīng　mò　dào　Mínguó　shíqī　liúxué　Rìběn　de

中国人　　有　两万多人。　但是，　遣隋使　和　遣唐使　冒着
Zhōngguórén　yǒu　liǎngwànduō-rén. Dànshi,　Qiǎn-Suí-shǐ　hé　Qiǎn-Táng-shǐ　màozhe

生命　危险　到　隋朝　和　唐朝，　是　为了　学习　其　最　先进
shēngmìng　wēixiǎn　dào　Suí-cháo　hé　Táng-cháo,　shì　wèile　xuéxí　qí　zuì　xiānjìn

的　文化；　而　从　清　末　到　民国　时期　东渡　日本　的　大多数
de　wénhuà;　ér　cóng　Qīng　mò　dào　Mínguó　shíqī　dōngdù　Rìběn　de　dàduōshù

留学生，　他们　想　学习　的　不　是　日本　文化　本身[57]，　而　是　通过
liúxuéshēng,　tāmen　xiǎng　xuéxí　de　bú　shì　Rìběn　wénhuà　běnshēn,　ér　shì　tōngguò

日本　这个　平台[58]　吸取　欧美　国家　最　先进　的　文化。
Rìběn　zhège　píngtái　xīqǔ　Ōu-Měi　guójiā　zuì　xiānjìn　de　wénhuà

---

52. 郭沫若　Guō-Mòruò　カクマツジャク（1892
　～1978）。1914 年に九州大学医学部に留学

53. 周恩来　Zhōu-Ēnlái　シュウオンライ（1898
　～1976）。1917 年に日本に留学。1949 年
中華人民共和国成立後は，国務院総理兼外交
部長となり，1976 年に死去するまで総理を
務めた

54. 张大千　Zhāng-Dàqiān　张大千，チョウタ
イセン（1899～1983）。1917 年に京都に

留学し，京都芸術専門学校で 3 年間学ぶ

55. 田汉　Tián-Hàn　田漢，デンカン（1898～
1968）。1917 年に日本に留学し，東京高等
師範学校に学ぶ

56. 由～　yóu～　～から。起点を表わす
57. 本身　běnshēn　それ自身
58. 平台　píngtái　プラットフォーム，土台

1972 年的中日邦交正常化

🔘 基礎知識

　　1931 年、日本の関東軍が中国東北地方で満州事変（"九・一八事変"）を起こし、翌 1932 年に、清朝最後の皇帝であった愛新覚羅溥儀（アイシンカクラフギ）を執政として満州国を建国。さらに 1937 年に盧溝橋事変（"七・七事変"）を起こして日中全面戦争となり、1945 年の日本敗戦まで、日本の中国への侵略戦争は続きました。

　　日本の敗戦後、中国国内では共産党と国民党の内戦が起こり、1949 年 10 月 1 日に、勝利した中国共産党によって中華人民共和国が建国されるまで、内戦は続きました。

　　1951 年 9 月、サンフランシスコで開催された対日講和会議において《サンフランシスコ条約》が締結され、翌 1952 年、それまで GHQ の占領下にあった日本は主権を回復しました。

　　1955 年、インドネシアのバンドンで第 1 回アジア・アフリカ会議が開かれました。この会議には、中国政府代表として周恩来首相が出席、日本政府代表としては、鳩山一郎首相の代理として高碕達之助（経済審議庁長官）が出席。会議の期間中に両者の間で、まずは貿易によって日中の復興を図っていこうという話がなされましたが、東西冷戦の世界情勢の中、実現には至りませんでした。その後、池田勇人内閣の時、高碕達之助（通商産業大臣）は企業のトップらとともに 1962 年に訪中経済使節団団長として訪中。この時、周恩来首相と毛沢東主席の命を受けた廖承志（リョウショウシ）が高碕達之助と会談し、「日中長期総合貿易に関する覚書」（LT 協定）が調印され、これによって日中間の経済交流が再開されました。さらに 1964 年 9 月には日中両国の常駐記者の交換が始まり、両国の情報の量的、質的変化が始まりました。

　　1971 年 3 月、名古屋で開催された第 31 回世界卓球選手権に、中国は文化大革命（語注52）の開始後初めて代表団を派遣しました。またこの大会をきっかけに、米中間でも「ピンポン外交」が行われました。アメリカは同年 7 月、キッシンジャー大統領補佐官がニクソン大統領の特使として密かに北京を訪問、極秘で米中政府間協議を行いました。翌 1972 年 2 月、ニクソン大統領が電撃的に中国を訪問、これにより米中関係は和解へと転換しました。

　　日本では 1972 年 7 月、田中角栄が内閣総理大臣に就任。田中首相が首相談話で「日中国交正常化を急ぐ必要がある」と述べると、すぐに周恩来首相が「歓迎する」旨を表明、田中首相は、アメリカよりも早く日中国交正常化を果たすことを決断します。同年 9 月 25 日、田中角栄首相、大平正芳外務大臣らが中国を訪問。翌 26 日の会談で、中国側は日本側に対して「戦争の賠償請求の放棄」を約束、日本側は中国側に対して「台湾は中国の一部と認める」と約束。そして 9 月 29 日、日中国交正常化が実現しました。6 年後の 1978 年 8 月、「日中平和友好条約」が調印され、この後、日本から一般人が中国へ観光旅行に行けるようになりました。しかし中国人の日本への団体観光旅行が認められたのは 2000 年 9 月、個人の観光旅行が認められたのは 2009 年 7 月のことです。

　　遣隋使、遣唐使では、日本の超エリートが隋、唐王朝へ学びに行きましたが、中国から日本へ来る人はわずかでした。一方、清朝末期に中国の知識人が日本に留学したのは日本で西洋文化を学ぶためでした。日中両国の民間レベルの直接接触による交流は、まだまだ始まったばかりです。

1945 年 8 月 15 日，日本国民通过广播得知政府接受了同盟国督促日本无条件投降的《波茨坦公告》。因而 8 月 15 日在日本被称为"终战纪念日"。

1931 年，日本的关东军在中国东北地区发动了"九·一八事变"。1932 年，在日本的操纵下，建立了以清朝的末代皇帝溥仪为"执政"的满洲国。1937 年发生了"卢沟桥事变"，这导致中日两国进入全面交战状态，日本对中国的侵略持续到 1945 年战败为止。

日本战败以后，在中国国内，爆发了共产党和国民党的内战。1949 年 10 月 1 日，获得胜利的共产党成立了中华人民共和国。

我们来回顾一下到 1972 年实现中日邦交正常化之前的历程吧。

1951 年 9 月，召开了由日本与 48 国参加的旧金山对日讲和会议。在这次会议上缔结了《旧金山和约》。1952 年，被 GHQ（驻日盟军总司令部）占领下的日本恢复了主权。

1955 年，在印度尼西亚的万隆召开了第一次亚非会议。会议参加国是从欧美列强的殖民地统治下独立的 29 个亚非国家。在这次会议上通过了处理国际关系的十项原则。周恩来总理作为中国政府代表出席了会议。作为日本政府代表出席会议的，是在鸠山一郎内阁中担任经济审议厅长官的高碕达之助，他的身份是鸠山首相的代理。会议期间，双方商定以贸易为突破口实现中日两国的复兴。但是，迫于东西方冷战的国际形势，未能付诸于实施。后来，池田勇人内阁诞生后，时任通商产业大臣的高碕达之助担任访华经济使节团团长，率经济界人士于 1962 年访问了中国。访华期间，亚非连带委员会主席廖承志在毛泽东主席和周恩来总理的指示下同高碕会谈，签订了《中日长期综合贸易备忘录》（LT 协定）。这项合作由他们二位姓氏的罗马字得名"LT 贸易"，中日双方分别在东京和北京开设了 LT 贸易事务所，重启了中日两国之间的经济交流。1964 年 9 月，7 名中国记者派驻东京，7 名日本记者派驻北京，开始了中日两国常驻记者的互派。中日两国的信息开始发生量的和质的变化。

遗憾的是，高碕达之助没能亲眼见证中日邦交正常化，他于 1964 年 2 月去世了。对于他的去世，同他有过亲密交往的周恩来总理表示了哀悼。中日两国基于通过贸易来实现繁荣这一共识，开展了半官半民的大规模的贸易。这项贸易往来持续到中日邦交正常化实现后的第二年，即 1973 年。

1971 年 3 月，中国派代表团参加在名古屋举办的第 31 届世界乒乓球锦标赛。这是文化大革命开始后中国首次派团参加该项比赛。在这次比赛中，中美两国运动员之间发生了一个小小的插曲。这个插曲促成了美国乒乓球代表团的首次访华，结束了两国二十多年来人员交往隔绝的局面。一年以后中国乒乓球队应邀访问美国。中美两国乒乓球队的互访成为全世界关注的重大事件，被媒体称为"乒乓外交"。1971 年 7 月，尼克松总统的国家安全事务助理基辛格以总统特使身份秘密访问北京，中美两国政府进行了秘密磋商。1972 年 2 月，尼克松总统闪电式地访问中国，中美关系从此走向和解。尼克松总统访华的消息是在公开发表前两个小时才通告日本政府的。

1972 年 7 月 7 日，对打开中日关系持积极态度的田中角荣就任内阁总理大臣。田中首相在首相谈话中表示"要加快与中华人民共和国邦交正常化的步伐"。7 月 9 日，周恩来总理对此表明了欢迎的意向。田中首相决定抢在美国之前实现同中国的邦交正常化。9 月 25 日，田中角荣首相、大平正芳外务大臣等访问中国，国务院总理周恩来、外交部长姬鹏飞、中日友好协会会长廖承志等前往北京机场迎接。在次日即 26 日的会谈中，中方向日方承诺"放弃战争赔款请求"，日方向中方承诺"承认台湾是中国的一部分"。这样，9 月 29 日，日本国总理大臣田中角荣和外务大臣大平正芳，中华人民共和国国务院总理周恩来和外交部长姬鹏飞，分别在日本国政府和中华人民共和国政府的共同声明即《中日联合声明》上签字，中日邦交正常化实现了。

可以说，中日邦交正常化得以实现，致力于十年"LT 贸易"的经济界人士发挥了重大的作用。还有，在实现邦交正常化问题上，周恩来总理提出"求大同，存小异"，大平正芳外相提出"要为今后亚洲的发展开动脑筋"、"要培养日中两国间强有力的人脉"。六年以后，1978 年 8 月，在福田

赳夫首相执政期间，为了进一步发展中日关系，签订了《中日和平友好条约》。此后，众多普通日本老百姓能够去中国观光旅游了。然而，中国人到日本个人旅游是在2009年才被允许的。

遣隋使、遣唐使等日本的超级精英前往隋朝、唐朝学习。但那个时代几乎没人从中国来日本。清朝末期，来日留学的中国的知识分子和学生是为了学习西方文化。日本人和中国人在民间层次上面对面的交流才刚刚开始。

本文を中国語で発音し、精読していきましょう。■■■■■■■■■■■■■■

DL 24

1945 年　　　 8 月　　　 15 日，　日本　 国民　　 通过　 广播[1]　得知　 政府
Yījiǔsìwǔ-nián　bā-yuè　shíwǔ-rì,　Rìběn　guómín　tōngguò　guǎngbō　dézhī　zhèngfǔ

接受了　 同盟国[2]　督促　日本　 无条件　　 投降　 的《波茨坦　公告[3]》。 因而[4]
jiēshòule　tóngméngguó　dūcù　Rìběn　wútiáojiàn　tóuxiáng　de《Bōcítǎn gōnggào》. Yīn'ér

8 月　 15 日　 在　 日本　 被　 称为　 "终战　 纪念日"。
bā-yuè　shíwǔ-rì　zài　Rìběn　bèi　chēngwéi　"Zhōngzhàn jìniànrì".

1931 年，　　 日本　的　 关东军　 在　 中国　 东北　 地区　发动了
Yījiǔsānyī-nián,　Rìběn　de　Guāndōng-jūn　zài　Zhōngguó　Dōngběi　dìqū　fādòngle

"九·一八　 事变[5]"。　 1932 年，　 在　 日本　 的　 操纵[6]　 下，　 建立了　 以[7]
"Jiǔ·yībā shìbiàn".　Yījiǔsān'èr-nián,　zài　Rìběn　de　cāozòng　xià,　jiànlìle　yǐ

清朝　 的　 末代　 皇帝　 溥仪[8]　 为　 "执政"　 的　 满洲国。　 1937 年
Qīng-cháo　de　mòdài　huángdì　Pǔyí　wéi　"zhízhèng"　de　Mǎnzhōuguó. Yījiǔsānqī-nián

发生了　 "卢沟桥　 事变[9]"，　 这　 导致[10]　 中日　　 两国　 进入　 全面　 交战
fāshēngle　"Lúgōuqiáo shìbiàn",　zhè　dǎozhì　Zhōng-Rì　liǎng-guó　jìnrù　quánmiàn jiāozhàn

状态，　 日本　 对　 中国　 的　 侵略　 持续到　 1945 年　 战败　 为止[11]。
zhuàngtài,　Rìběn　duì　Zhōngguó　de　qīnlüè　chíxùdào　yījiǔsìwǔ-nián　zhànbài　wéizhǐ.

日本　 战败　 以后，　 在　 中国　 国内，爆发了　 共产党　 和　 国民党
Rìběn　zhànbài　yǐhòu,　zài　Zhōngguó　guónèi,　bàofāle　gòngchǎndǎng　hé　guómíndǎng

的　 内战。　 1949 年　 10 月　 1 日，获得　 胜利　 的　 共产党　 成立了
de　nèizhàn.　Yījiǔsìjiǔ-nián　shí-yuè　yī-rì,　huòdé　shènglì　de　gòngchǎndǎng　chénglìle

中华人民共和国。
Zhōnghuárénmíngònghéguó.

语注

1. 广播　　　 guǎngbō　ラジオ放送
2. 同盟国　 tóngméngguó（第二次世界大戦での）連合国
3. 波茨坦公告　Bōcítǎn gōnggào　ポツダム宣言
4. 因而　　 yīn'ér　従って，だから
5. 九·一八事变　Jiǔ·yībā shìbiàn　満州事変
6. 操纵　　 cāozòng（人や事物を不当な手段で）

支配する，操る
7. 以 A 为 B　yǐ A wéi B　A を B とする
8. 溥仪　　 Pǔyí　愛新覚羅溥儀，アイシンカクラフギ（1906～1967）
9. 卢沟桥事变　Lúgōuqiáo shìbiàn　盧溝橋事変
10. 导致　 dǎozhì　（悪い結果を）ひき起こす，導く
11. 为止　 wéizhǐ　～まで

我们　来¹²　回顾¹³　一下　到　　1972　年　　实现　　中日　　邦交¹⁴
Wǒmen　lái　huígù　yíxià　dào　yījiǔqī'èr-nián　shíxiàn　Zhōng-Rì　bāngjiāo

正常化　　　之前　的　历程¹⁵　吧。
zhèngchánghuà　zhīqián　de　lìchéng　ba.

　　1951　年　　　9　月，召开¹⁶了　由¹⁷　日本　与　　48　国　　参加　的　旧金山¹⁸
Yījiǔwǔyī-nián　jiǔ-yuè，zhàokāile　yóu　Rìběn　yǔ　sìshibā-guó　cānjiā　de　Jiùjīnshān

对　日　讲和　会议。在　这次　　会议上　缔结了《旧金山　和约¹⁹》。　1952　年，
duì　Rì　jiǎnghé　huìyì。Zài　zhè-cì　huìyìshang　dìjiéle　《Jiùjīnshān　héyuē》。Yījiǔwǔèr-nián,

被　GHQ（驻　日　盟军²⁰　总司令部）　占领　下　的　日本　恢复²¹了　主权。
bèi　GHQ（zhù　Rì　méngjūn　zǒngsìlìng-bù）　zhànlǐng　xià　de　Rìběn　huīfùle　zhǔquán。

　　1955　年，　　在　印度尼西亚²²　的　万隆²³　召开了　第一次　亚非²⁴　会议。会议
Yījiǔwǔwǔ-nián，zài　Yìndùníxīyà　de　Wànlóng　zhàokāile　dì-yī-cì　Yà-Fēi　huìyì。Huìyì

参加　国　是　从　欧美　列强　的　殖民地　统治　下独立的　29　个　　亚非
cānjiā　guó　shì　cóng　Ōu-Měi　lièqiáng　de　zhímíndì　tǒngzhì　xià　dúlì　de　èrshijiǔ-ge　Yà-Fēi

国家。在　这次　会议上　通过了　处理　国际　关系　的　十项　原则。周恩来
guójiā。Zài　zhè-cì　huìyìshang　tōngguòle　chǔlǐ　guójì　guānxi　de　shí-xiàng　yuánzé。Zhōu-Ēnlái

总理　作为²⁵　中国　政府　代表　出席了　会议。作为　日本　政府　代表
zǒnglǐ　zuòwéi　Zhōngguó　zhèngfǔ　dàibiǎo　chūxíle　huìyì。Zuòwéi　Rìběn　zhèngfǔ　dàibiǎo

出席　会议　的，是　在　鸠山一郎　内阁　中　担任　经济审议厅　长官
chūxí　huìyì　de，shì　zài　Jiūshān-Yīláng　nèigé　zhōng　dānrèn　jīngjì-shěnyì-tīng　zhǎngguān

的　高碕达之助，他　的　身份　是　鸠山　首相　的　代理。会议　期间，
de　Gāoqí-Dázhīzhù，tā　de　shēnfèn　shì　Jiūshān　shǒuxiàng　de　dàilǐ。Huìyì　qījiān,

双方　　商定²⁶　以　贸易　为　突破口　实现　　中日　两国　的　复兴²⁷。
shuāngfāng　shāngdìng　yǐ　màoyì　wéi　tūpòkǒu　shíxiàn　Zhōng-Rì　liǎng-guó　de　fùxīng。

但是，迫于²⁸东西方　冷战　的　国际　形势，未能²⁹　付诸于³⁰实施。后来，
Dànshi，pòyú　dōngxīfāng　lěngzhàn　de　guójì　xíngshì，wèinéng　fùzhūyú　shíshī。Hòulái,

池田勇人　内阁　诞生　后，时任³¹　通商产业大臣　　的　高碕达之助
Chítián-Yǒngrén　nèigé　dànshēng　hòu，shírèn　tōngshāng-chǎnyè-dàchén　de　Gāoqí-Dázhīzhù

---

^{12.} 来	lái	積極的にする	
^{13.} 回顾	huígù	回顧する	
^{14.} 邦交	bāngjiāo	国交	
^{15.} 历程	lìchéng	過程，歩み	
^{16.} 召开	zhàokāi	召集する，開く	
^{17.} 由～	yóu~	～が	
^{18.} 旧金山	Jiùjīnshān	サンフランシスコ	
^{19.} 和约	héyuē	平和条約	
^{20.} 盟军	méngjūn	連合国軍	
^{21.} 恢复	huīfù	回復する	
^{22.} 印度尼西亚	Yìndùníxīyà	インドネシア	

^{23.} 万隆	Wànlóng	バンドン	
^{24.} 亚非	Yà-Fēi	アジア・アフリカ	
^{25.} 作为	zuòwéi	～として	
^{26.} 商定	shāngdìng	相談して決める，合意に達する	
^{27.} 复兴	fùxīng	復興	
^{28.} 迫于～	pòyú~	～という状態に迫られて	
^{29.} 未能	wèinéng	いまだ～することはできない	
^{30.} 付诸于～	fùzhūyú~	～に付する，～する	
^{31.} 时任	shírèn	その時に任にあたる	

担任　　访华经济使节团　　团长，　率　经济界　人士　于　　1962 年
dānrèn　fǎng-Huá-jīngjì-shǐjiétuán　tuánzhǎng,　shuài　jīngjìjiè　rénshì　yú　yījiǔliù'èr-nián

访问了　　中国。　访　华　期间，　亚非　连带委员会　主席　廖承志[32]
fǎngwènle　Zhōngguó. Fǎng Huá qījiān,　Yà-Fēi　liándài-wěiyuánhuì　zhǔxí　Liào-Chéngzhì

在　毛泽东　主席 和　周恩来　总理　的 指示 下　同　高碕　会谈，签订[33]了
zài Máo-Zédōng zhǔxí hé Zhōu-Ēnlái zǒnglǐ de zhǐshì xià tóng Gāoqí huìtán, qiāndìngle

《中日　　长期　综合　贸易　备忘录[34]》（LT 协定）。　这项　　合作[35] 由[36]
《Zhōng-Rì　chángqī　zōnghé　màoyì　bèiwànglù》（LT-xiédìng).　Zhè-xiàng　hézuò　yóu

他们　二位　姓氏　的 罗马字[37] 得名[38] "LT 贸易"，中日　　双方　　分别
tāmen　èr-wèi　xìngshì　de Luómǎzì　démíng "LT-màoyì"，Zhōng-Rì　shuāngfāng　fēnbié

在　东京 和　北京　开设了　LT 贸易 事务所，重启[39]了　中日　　两国
zài Dōngjīng hé Běijīng kāishèle LT-màoyì shìwùsuǒ, chóngqǐle Zhōng-Rì liǎng-guó

之间　的　经济 交流。　1964 年　9 月，　7 名　中国　记者 派驻　东京
zhījiān de　jīngjì jiāoliú.　Yījiǔliùsì-nián jiǔ-yuè, qī-míng Zhōngguó jìzhě pàizhù Dōngjīng,

7 名　日本 记者 派驻　北京，开始了　中日　两国　常驻 记者 的 互派[40]
qī-míng Rìběn jìzhě pàizhù Běijīng, kāishǐle Zhōng-Rì liǎng-guó chángzhù jìzhě de hùpài.

中日　　两国 的 信息[41] 开始　发生　量 的 和 质 的　变化。
Zhōng-Rì　liǎng-guó de xìnxī kāishǐ fāshēng liàng de hé zhì de biànhuà.

遗憾[42] 的 是，　高碕达之助　没　能　亲眼[43]　见证[44]　中日　邦交
Yíhàn de shì,　Gāoqí-Dázhīzhù méi néng qīnyǎn jiànzhèng Zhōng-Rì bāngjiāo

正常化，　　他 于　1964 年　2 月 去世了。　对于 他 的 去世，　同　他
zhèngchánghuà,　tā yú yījiǔliùsì-nián èr-yuè qùshìle.　Duìyú tā de qùshì,　tóng tā

有过　亲密　交往[45] 的　周恩来　总理　表示了 哀悼。 中日　两国 基于[46]
yǒuguo qīnmì jiāowǎng de Zhōu-Ēnlái zǒnglǐ biǎoshìle āidào. Zhōng-Rì liǎng-guó jīyú

通过　贸易 来 实现　繁荣 这 一　共识[47]，　开展了　半官半民　的
tōngguò màoyì lái shíxiàn fánróng zhè yí gòngshí,　kāizhǎnle bànguānbànmín de

大规模 的 贸易。 这项　贸易　往来　持续到　中日 邦交　正常化
dàguīmó de màoyì. Zhè-xiàng màoyì wǎnglái chíxùdào Zhōng-Rì bāngjiāo zhèngchánghuà

---

[32] 廖承志　Liào-Chéngzhì　リョウショウシ
　　（1908～1983）。東京生れ。1919 年に帰国し，
　　1927 年に再来日して，早稲田大学付属第一
　　高等学院に入学

[33] 签订　　qiāndìng 調印する，締結する
[34] 中日长期综合贸易备忘录
　　Zhōng-Rì chángqī zōnghé màoyì
　　bèiwànglù
　　日中長期総合貿易に関する覚書
[35] 合作　　hézuò　協力，合作
[36] 由～　　yóu~　　～から。起点を表わす

[37] 罗马字　Luómǎzì ローマ字
[38] 得名　　démíng　名付ける
[39] 重启　　chóngqǐ　再開する，再始動する
[40] 互派　　hùpài　　相互派遣
[41] 信息　　xìnxī　　情報
[42] 遗憾　　yíhàn　　残念である
[43] 亲眼　　qīnyǎn　　自分自身の眼で
[44] 见证　　jiànzhèng　立ち会う
[45] 交往　　jiāowǎng　付き合う，交際する
[46] 基于～　jīyú~　　～に基づいて
[47] 共识　　gòngshí　共通認識

实现　后　的　第二年，即　1973年。
shíxiàn hòu de dì-èr-nián, jí yījiǔqīsān-nián.

　　1971年　　3月，中国　派[48]代表团　参加　在　名古屋　举办[49]的
Yījiǔqīyī-nián sān-yuè, Zhōngguó pài dàibiǎotuán cānjiā zài Mínggǔwū jǔbàn de

第31届[50]　世界　乒乓球　锦标赛[51]。这是　文化大革命[52]开始　后　中国
dì-sānshíyī-jiè shìjiè pīngpāngqiú jǐnbiāosài. Zhè shì Wénhuàdàgémìng kāishǐ hòu Zhōngguó

首次[53]派　团　参加　该　项　比赛[55]。在　这次　比赛　中，　中美　两国
shǒucì pài tuán cānjiā gāi-xiàng bǐsài. Zài zhè-cì bǐsài zhōng, Zhōng-Měi liǎng-guó

运动员[56]　之间　发生了　一个　小小　的　插曲[57]。这个　插曲　促成了
yùndòngyuán zhījiān fāshēngle yíge xiǎoxiǎo de chāqǔ. Zhège chāqǔ cùchéngle

美国　乒乓球　代表团　的　首次　访华，结束[58]了两国　二十多年
Měiguó pīngpāngqiú dàibiǎotuán de shǒucì fǎng Huá, jiéshùle liǎng-guó èrshíduō-nián

来　人员　交往　隔绝　的　局面。　一年以后　中国　乒乓球队[59]　应邀[60]
lái rényuán jiāowǎng géjué de júmiàn. Yì-nián yǐhòu Zhōngguó pīngpāngqiú-duì yìngyāo

访问　美国。　中美　两国　乒乓球队　的　互访[61]　成为　全世界
fǎngwèn Měiguó. Zhōng-Měi liǎng-guó pīngpāngqiú-duì de hùfǎng chéngwéi quánshìjiè

关注[62]　的　重大　事件，被　媒体[63]　称为　"乒乓外交[64]"。　1971年
guānzhù de zhòngdà shìjiàn, bèi méitǐ chēngwéi "Pīngpāng-wàijiāo". Yījiǔqīyī-nián

7月，尼克松[65]　总统[66]　的　国家安全事务[67]　助理[68]基辛格[69]以　总统
qī-yuè, Níkèsōng zǒngtǒng de guójiā-ānquán-shìwù zhùlǐ Jīxīngé yǐ zǒngtǒng

◀ 2015年に愛知県体育館
に設置されたピンポン
外交記念モニュメント

48. 派	pài	派遣する
49. 举办	jǔbàn	開催する
50. 届	jiè	回数を表わす
51. 锦标赛	jǐnbiāosài	選手権大会
52. 文化大革命	Wénhuàdàgémìng	文化大革命（1966年から1976年まで続いた中国の大規模な政治運動）
53. 首次	shǒucì	初めて
54. 该	gāi	この
55. 比赛	bǐsài	試合，競技
56. 运动员	yùndòngyuán	スポーツ選手
57. 插曲	chāqǔ	エピソード
58. 结束	jiéshù	終結する
59. ～队	~duì	チーム
60. 应邀	yìngyāo	招きに応じる
61. 互访	hùfǎng	相互訪問
62. 关注	guānzhù	関心を持つ
63. 媒体	méitǐ	メディア
64. 乒乓外交	Pīngpāng-wàijiāo	ピンポン外交
65. 尼克松	Níkèsōng	ニクソン（1913～1994）。第37代アメリカ大統領
66. 总统	zǒngtǒng	大統領
67. 国家安全事务	guójiā-ānquán-shìwù	国家安全保障問題担当
68. 助理	zhùlǐ	大統領補佐官
69. 基辛格	Jīxīngé	キッシンジャー（1923～2023）

特使 身份 秘密 访问 北京, 中美 两国 政府 进行了 秘密
tèshǐ shēnfèn mìmì fǎngwèn Běijīng, Zhōng-Měi liǎng-guó zhèngfǔ jìnxíngle mìmì

磋商[70]。 1972 年 2 月, 尼克松 总统 闪电式[71]地 访问 中国,
cuōshāng. Yījiǔqī'èr-nián èr-yuè, Níkèsōng zǒngtǒng shǎndiànshì de fǎngwèn Zhōngguó,

中美 关系 从此 走向 和解。 尼克松 总统 访 华 的 消息
Zhōng-Měi guānxi cóngcǐ zǒuxiàng héjiě. Níkèsōng zǒngtǒng fǎng Huá de xiāoxi

是 在 公开 发表 前 两个 小时 才 通告 日本 政府 的。
shì zài gōngkāi fābiǎo qián liǎng-ge xiǎoshí cái tōnggào Rìběn zhèngfǔ de.

1972 年 7 月 7 日, 对 打开 中日 关系 持 积极[72]态度的 田中
Yījiǔqī'èr-nián qī-yuè qī-rì, duì dǎkāi Zhōng-Rì guānxi chí jījí tàidù de Tiánzhōng

角荣 就任 内阁总理大臣。 田中 首相 在 首相 谈话 中
-Jiǎoróng jiùrèn nèigé-zǒnglǐ-dàchén. Tiánzhōng shǒuxiàng zài shǒuxiàng tánhuà zhōng

表示 "要 加快 与 中华人民共和国 邦交 正常化 的 步伐[73]"
biǎoshì "yào jiākuài yǔ Zhōnghuárénmíngònghéguó bāngjiāo zhèngchánghuà de bùfá".

7 月 9 日, 周恩来 总理 对此 表明了 欢迎 的 意向。 田中
Qī-yuè jiǔ-rì, Zhōu-Ēnlái zǒnglǐ duì cǐ biǎomíngle huānyíng de yìxiàng. Tiánzhōng

首相 决定 抢[74]在 美国 之前 实现 同 中国 的 邦交
shǒuxiàng juédìng qiǎng zài Měiguó zhīqián shíxiàn tóng Zhōngguó de bāngjiāo

正常化。 9 月 25 日, 田中角荣 首相、 大平正芳
zhèngchánghuà. Jiǔ-yuè èrshiwǔ-rì, Tiánzhōng-Jiǎoróng shǒuxiàng、 Dàpíng-Zhèngfāng

外务大臣 等 访问 中国, 国务院总理 周恩来、 外交 部长
wàiwù-dàchén děng fǎngwèn Zhōngguó, guówùyuàn-zǒnglǐ Zhōu-Ēnlái, wàijiāo bùzhǎng

姬鹏飞[75]、 中日 友好协会 会长 廖承志 等 前往[76] 北京
Jī-Péngfēi、 Zhōng-Rì yǒuhǎo-xiéhuì huìzhǎng Liào-Chéngzhì děng qiánwǎng Běijīng

机场 迎接。在 次日 即 26 日 的 会谈 中, 中方[77] 向 日方[78] 承诺
jīchǎng yíngjiē. Zài cìrì jí èrshiliù-rì de huìtán zhōng, Zhōngfāng xiàng Rìfāng chéngnuò

"放弃[79] 战争 赔款[80] 请求", 日方 向 中方 承诺 "承认[81]
"fàngqì zhànzhēng péikuǎn qǐngqiú", Rìfāng xiàng Zhōngfāng chéngnuò "chéngrèn

台湾 是 中国 的 一部分"。 这样, 9 月 29 日, 日本国 总理
Táiwān shì Zhōngguó de yíbùfen". Zhèyàng, jiǔ-yuè èrshijiǔ-rì, Rìběnguó zǒnglǐ

大臣 田中 角荣 和 外务 大臣 大平 正芳, 中华人民共和国
dàchén Tiánzhōng-Jiǎoróng hé wàiwù dàchén Dàpíng-Zhèngfāng, Zhōnghuárénmíngònghéguó

70.	磋商	cuōshāng	協議する，交渉する	76.	前往	qiánwǎng 行く，向かう
71.	闪电式	shǎndiànshì	稲光する，電撃的	77.	中方	Zhōngfāng 中国側
72.	积极	jījí	積極的な	78.	日方	Rìfāng 日本側
73.	步伐	bùfá	歩調，ペース	79.	放弃	fàngqì 放棄する
74.	抢	qiǎng	急いで~する	80.	赔款	péikuǎn 賠償金
75.	姬鹏飞 Jī-Péngfēi 姬鹏飛,キホウヒ (1910 ~ 2000)				81.	承认	chéngrèn 承認する

国务院总理 周恩来 和 外交 部长 姬鹏飞, 分别 在 日本国
guówùyuàn-zǒnglǐ Zhōu-Ēnlái hé wàijiāo bùzhǎng Jī-Péngfēi, fēnbié zài Rìběnguó

政府 和 中华人民共和国 政府 的 共同 声明 即 《中日
zhèngfǔ hé Zhōnghuárénmíngònghéguó zhèngfǔ de gòngtóng shēngmíng jí 《Zhōng-Rì

联合声明》上 签字[82], 中日 邦交 正常化 实现了。
liánhé-shēngmíng》shang qiānzì, Zhōng-Rì bāngjiāo zhèngchánghuà shíxiànle.

　　可以 说, 中日 邦交 正常化 得以[83]实现, 致力于[84]十年 "LT
Kěyi shuō, Zhōng-Rì bāngjiāo zhèngchánghuà déyǐ shíxiàn, zhìlìyú shí-nián "LT-

贸易" 的 经济界 人士 发挥了 重大 的 作用。 还有, 在 实现 邦交
màoyì" de jīngjìjiè rénshì fāhuīle zhòngdà de zuòyòng. Háiyǒu, zài shíxiàn bāngjiāo

正常化 问题上, 周恩来 总理 提出 "求 大同, 存 小异", 大平
zhèngchánghuà wèntíshang, Zhōu-Ēnlái zǒnglǐ tíchū "qiú dàtóng, cún xiǎoyì", Dàpíng-

正芳 外相 提出 "要 为 今后 亚洲[85] 的 发展 开动 脑筋[86]"、
Zhèngfāng wàixiàng tíchū "yào wèi jīnhòu Yàzhōu de fāzhǎn kāidòng nǎojīn"、

"要 培养 日中 两国 间 强有力[87]的 人脉[88]"。 六年 以后, 1978 年
"yào péiyǎng Rì-Zhōng liǎng-guó jiān qiángyǒulì de rénmài". Liù-nián yǐhòu, yījiǔqībā-nián

8 月, 在 福田赳夫 首相 执政 期间, 为了 进一步[89]发展 中日
bā-yuè, zài Fútián-Jiūfū shǒuxiàng zhízhèng qījiān, wèile jìnyíbù fāzhǎn Zhōng-Rì

关系, 签订了 《中日 和平 友好 条约》。 此后, 众多 普通 日本
guānxi, qiāndìngle 《Zhōng-Rì hépíng yǒuhǎo tiáoyuē》. Cǐhòu, zhòngduō pǔtōng Rìběn

老百姓 能够 去 中国 观光 旅游 了。然而, 中国人 到 日本
lǎobǎixìng nénggòu qù Zhōngguó guānguāng lǚyóu le. Rán'ér, Zhōngguórén dào Rìběn

个人 旅游 是 在 2009 年 才 被 允许[90] 的。
gèrén lǚyóu shì zài èrlínglíngjiǔ-nián cái bèi yǔnxǔ de.

　　遣隋使、 遣唐使 等 日本 的 超级 精英[91] 前往 隋朝、
Qiǎn-Suí-shǐ、 Qiǎn-Táng-shǐ děng Rìběn de chāojí jīngyīng qiánwǎng Suí-cháo、

唐朝 学习。但 那个 时代几乎[92]没 人 从 中国 来 日本。 清朝
Táng-cháo xuéxí. Dàn nàge shídài jīhū méi rén cóng Zhōngguó lái Rìběn. Qīng-cháo

末期, 来 日 留学 的 中国 的 知识分子[93]和 学生 是 为了 学习
mòqī, lái Rì liúxué de Zhōngguó de zhīshi-fènzǐ hé xuésheng shì wèile xuéxí

西方 文化。 日本人 和 中国人 在 民间 层次[94]上 面 对 面 的
xīfāng wénhuà. Rìběnrén hé Zhōngguórén zài mínjiān céngcìshang miàn duì miàn de

交流 才 刚刚 开始。
jiāoliú cái gānggāng kāishǐ.

82.	签字	qiānzì	サインする	88.	人脉	rénmài	人脈
83.	得以	déyǐ	～することができる	89.	进一步	jìnyíbù	一步進んで
84.	致力于～	zhìlìyú~	～に尽力する	90.	允许	yǔnxǔ	許可する
85.	亚洲	Yàzhōu	アジア	91.	精英	jīngyīng	エリート
86.	脑筋	nǎojīn	頭脳	92.	几乎	jīhū	ほとんど
87.	强有力	qiángyǒulì	力強い	93.	知识分子	zhīshi-fènzǐ	知識人
				94.	层次	céngcì	レベル

付　録

● 「中華人民共和国政府と日本国政府の共同声明」

● 中国歴史年表

● 中国全図

中华人民共和国政府和日本国政府联合声明

日本国内阁总理大臣 田中角荣应中华人民共和国国务院总理 周恩来的邀请，于1972 年 9 月 25 日至 1972 年 9 月 30 日访问了中华人民共和国。陪同田中角荣总理大臣的有 大平正芳外务大臣、二阶堂进内阁官房长官以及其他政府官员。

毛泽东主席于 1972 年 9 月 27 日会见了田中角荣总理大臣。双方进行了认真、友好的谈话。

周恩来总理、姬鹏飞外交部长和田中角荣总理大臣、大平正芳外务大臣，始终在友好气氛中，以中日两国邦交正常化问题为中心，就两国间的各项问题，以及双方关心的其他问题，认真、坦率地交换了双方的意见，同意发表两国政府的联合声明

中日两国是 一衣带水的邻邦，有着悠久的传统友好的历史。两国人民切望结束迄今存在于两国间的不正常状态。战争状态的结束，中日邦交的正常化，两国人民这种愿望的实现，将揭开两国关系史上新的一页。

日本方面痛感日本国过去由于战争给中国人民造成的重大损害的责任，表示深刻的反省。日本方面重申站在充分理解中华人民共和国政府提出的"复交三原则"的立场上，谋求实现日中邦交正常化这一见解。中国方面对此表示欢迎。

中日两国尽管社会制度不同，应该而且可以建立和平友好关系。两国邦交正常化，发展两国的睦邻友好关系，是符合两国人民利益的，也是对缓和亚洲紧张局势和维护世界和平的贡献。

（一） 自本声明公布之日起，中华人民共和国和日本国之间迄今为止的不正常状态宣告结束。

（二） 日本国政府承认中华人民共和国政府是中国的唯一合法政府。

（三） 中华人民共和国政府重申：台湾是中华人民共和国领土不可分割的一部分。日本国政府充分理解和尊重中国政府的这一立场，并坚持遵循波茨坦公告第八条的立场。

（四） 中华人民共和国政府和日本国政府决定自一九七二年九月二十九日起建立外交关系。两国政府决定，按照国际法和国际惯例，在各自的首都为对方大使馆的建立和履行职务采取一切必要的措施，并尽快互换大使。

（五） 中华人民共和国政府宣布：为了中日两国人民的友好，放弃对日本国的战争赔偿要求。

（六）中华人民共和国政府和日本国政府同意在互相尊重主权和领土完整、互不侵犯、互不干涉内政、平等互利、和平共处各项原则的基础上，建立两国间持久的和平友好关系。

根据上述原则和联合国宪章的原则，两国政府确认，在相互关系中，用和平手段解决一切争端，而不诉诸武力和武力威胁。

（七）中日邦交正常化，不是针对第三国的。两国任何一方都不应在亚洲和太平洋地区谋求霸权，每一方都反对任何其他国家或国家集团建立这种霸权的努力。

（八）中华人民共和国政府和日本国政府为了巩固和发展两国间的和平友好关系，同意进行以缔结和平友好条约为目的的谈判。

（九）中华人民共和国政府和日本国政府为进一步发展两国间的关系和扩大人员往来，根据需要并考虑到已有的民间协定，同意进行以缔结贸易、航海、航空、渔业等协定为目的的谈判。

中华人民共和国	日　本　国
（国务院总理）	（内阁总理大臣）
周恩来	田中角荣
（签字）	（签字）

中华人民共和国	日　本　国
（外交部长）	（外务大臣）
姬鹏飞	大平正芳
（签字）	（签字）

一九七二年九月二十九日于北京

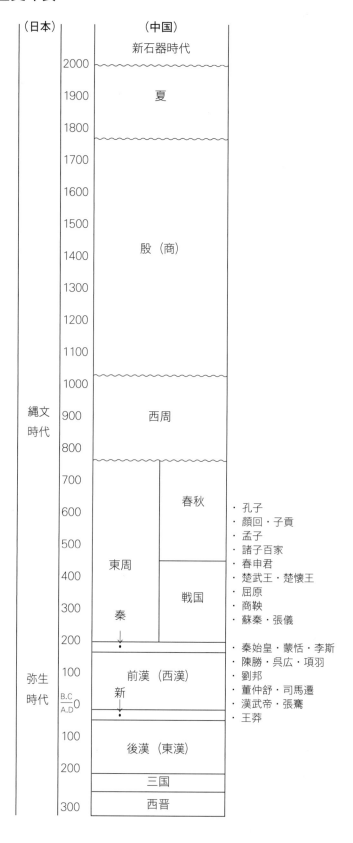

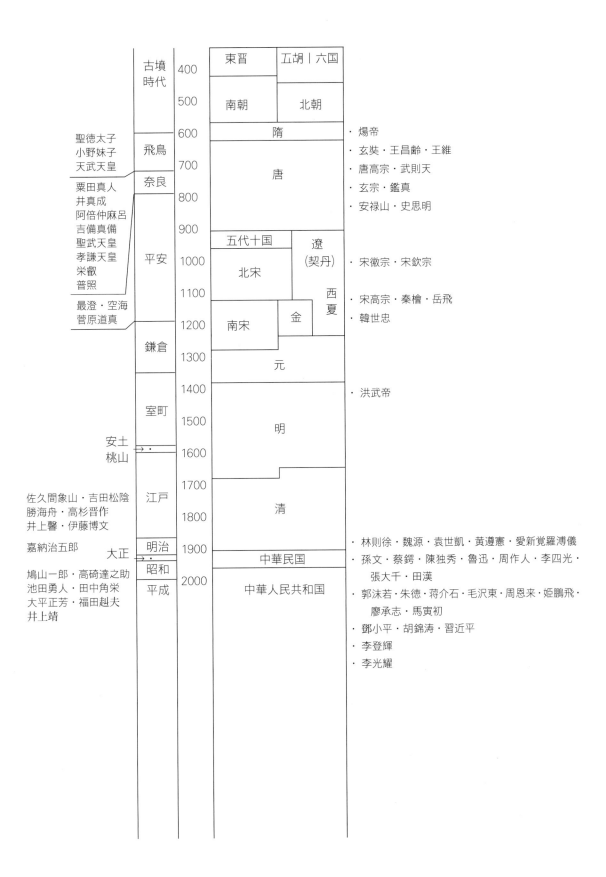

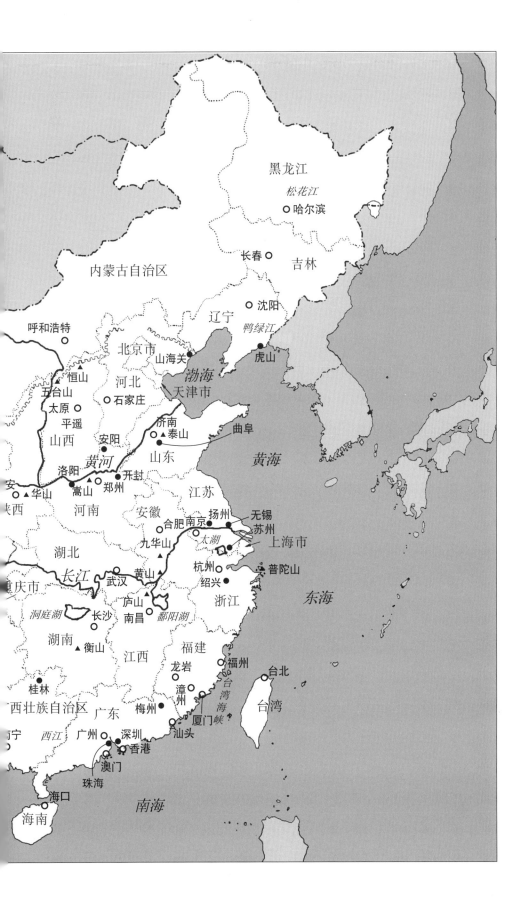

黑龙江

松花江

● 哈尔滨

内蒙古自治区

长春 ◇ 吉林

◇ 沈阳

辽宁 鸭绿江

呼和浩特 ◇

北京市 山海关 ●

河北 渤海 虎山 ●

恒山 ▲

五台山 ▲ 天津市

太原 ◇ 石家庄 ◇

平遥 济南 ◇

山西 安阳 ▲ 泰山 曲阜

黄河 山东 黄海

洛阳 开封 ●

安 ● 华山 嵩山 ▲ 郑州 ●

陕西 河南 江苏

安徽 扬州 无锡

合肥 ◇ 南京 ◇ 苏州

九华山 ▲ 太湖 上海市

湖北 黄山 ▲ 杭州 ◇ 普陀山 ▲

长江 武汉 ◇ 绍兴 ●

庆市 庐山 ▲ 浙江 东海

洞庭湖 南昌 ◇ 鄱阳湖

长沙 ●

湖南 衡山 ▲ 江西 福建

龙岩 ● 福州 ◇ 台北 ◇

桂林 ● 漳州 ● 台

西壮族自治区 广东 梅州 ● 厦门 ◇ 湾 台湾

宁 西江 广州 ◇ 深圳 ◇ 汕头 ◇ 海

澳门 香港 峡

珠海

海口 ● 南海

海南

125

著　者

村松恵子　名城大学教授　文学博士
前田光子　名城大学、名古屋大学等講師
董　紅俊　名城大学、名古屋大学等講師

＊

表紙デザイン
唐　涛

表紙写真　上から

陝西・山西　　壺口瀑布
貴州　　　　　黄果樹瀑布
四川　　　　　藏族寺院
山西　　　　　窰洞

Xīnbǎn・Zhōngguó zhī chuāng［Dì-èr-bǎn］

新 版・中 国 之 窓［第 2 版］

—认识真实的邻国—

新版・中国の窓・第2版——真実の隣国を知ろう

2011 年 3 月 30 日　初版発行
2017 年 3 月 30 日　新版第 1 刷発行
2024 年 3 月 20 日　新版第 2 版第 1 刷発行

著　者　　村松恵子・前田光子・董　紅俊
発行者　　佐藤和幸
発行所　　白 帝 社

　　〒 171-0014　東京都豊島区池袋 2-65-1
　　TEL　03-3986-3271　　FAX　03-3986-3272
　　https://www.hakuteisha.co.jp

組版　柳葉コーポレーション　　　印刷・製本　ティーケー出版印刷

Printed in Japan〈検印省略〉6914　　　　ISBN978-4-86398-577-3
＊定価は表紙に表示してあります。